古塞遗踪

和林格尔县长城论坛暨土城子国家遗址公园建设研讨会论文集

李开元 郝雪琴 乌日罕 主编

燕山大学出版社
·秦皇岛·

图书在版编目（CIP）数据

古塞遗踪 ：和林格尔县长城论坛暨土城子国家遗址公园建设研讨会论文集 / 李开元，郝雪琴，乌日罕主编. -- 秦皇岛 ：燕山大学出版社，2024.6
ISBN 978-7-5761-0666-4

Ⅰ．①古… Ⅱ．①李… ②郝… ③乌… Ⅲ．①古城遗址（考古）－国家公园－建设－和林格尔县－文集 Ⅳ．① K878.34-53

中国国家版本馆CIP数据核字（2024）第 071356 号

古塞遗踪

和林格尔县长城论坛暨土城子国家遗址公园建设研讨会论文集

GUSAI YIZONG

李开元　郝雪琴　乌日罕　主编

出 版 人：陈　玉		责任编辑：方志强	
封面设计：方志强		责任印制：吴　波	
出版发行：燕山大学出版社 YANSHAN UNIVERSITY PRESS		地　　址：河北省秦皇岛市河北大街西段 438 号	
邮政编码：066004		电　　话：0335-8387555	
印　　刷：秦皇岛墨缘彩印有限公司		经　　销：全国新华书店	
开　　本：787mm×1092mm 1/16		印　　张：18.5	插　页：16
版　　次：2024 年 6 月第 1 版		印　　次：2024 年 6 月第 1 次印刷	
书　　号：ISBN 978-7-5761-0666-4		字　　数：257 千字	
定　　价：88.00 元			

版权所有　侵权必究

如发生印刷、装订质量问题，读者可与出版社联系调换

联系电话：0335-8387718

编 委 会

顾　　问：董耀会　安泳锝　王大方　陈永志
　　　　　宝力格
主　　编：李开元　郝雪琴　乌日罕
执行主编：高晓梅　翟　禹　王东麟
副 主 编：王　琼　折义强　柳　风　祁兴兰
　　　　　包俊亮　高文丰　常鹏飞
主　　任：齐慧娟
副 主 任：赵强胜
编　　委（按姓氏拼音排序）：
　　　　　包俊亮　包苏那嘎　常鹏飞　高朵芬
　　　　　高文丰　高文丰　高晓梅　郭雁平
　　　　　韩新梅　郝雪琴　霍志国　康建国
　　　　　李　洁　李开元　李荣辉　林　琳
　　　　　柳　风　马利军　聂春明　齐慧娟
　　　　　祁兴兰　王东麟　王　琼　乌日罕
　　　　　杨建林　翟　禹　张淑会　张文科
　　　　　赵海荣　赵强胜　折义强　甄自明

中国长城学会副会长、著名长城专家董耀会发言　郭雁平 / 摄影

内蒙古博物院名誉院长、内蒙古师范大学历史文化学院陈永志研究员发言　郭雁平 / 摄影

和林格尔县委书记李六小（左二）、和林格尔县文化旅游体育局局长齐慧娟（左一）与著名长城专家董耀会（右二）、呼和浩特市长城科普学会会长高晓梅（右一）座谈交流　高朵芬/摄影

中共呼和浩特市和林格尔县委常委、统战部部长刘宁主持会议　郭雁平/摄影

中国文物学会副会长、内蒙古文物学会会长安泳锝发言　郭雁平/摄影

内蒙古自治区文物局原副局长、内蒙古文物学会副会长兼秘书长王大方发言　郭雁平/摄影

内蒙古自治区社会科学院历史研究所副所长翟禹发言　郭雁平/摄影

内蒙古大学讲师刘一奇发言　郭雁平/摄影

包头博物馆副研究员杨建林发言　郭雁平/摄影

呼和浩特市长城科普学会会长高晓梅发言　郭雁平/摄影

呼和浩特市科学技术协会党组书记李开元（左一）、和林格尔县统战部部长刘宁（左二）、和林格尔县委宣传部副部长周煊凯（左三）在盛乐博物馆与中国长城学会副会长董耀会（右一）交谈　郭雁平/摄影

与会嘉宾参观考察和林格尔县土城子国家遗址公园　李鹏/摄影

与会嘉宾合影留念　李鹏/摄影

三十二村明长城　杨建民/摄影

十三边明长城　高晓梅/摄影

四十二村明长城　汪锡铭/摄影

新店子二道边敌台　高晓梅/摄影

和林格尔黄草梁明长城 王东麟/摄影

前莱木贝转角台山明长城 汪锡铭/摄影

三十八村明长城　高晓梅/摄影

杀虎口明长城　杨建民/摄影

十三边明长城　杨建民/摄影

后爱好村明长城　高晓梅/摄影

三十二村明长城　郭雁平/摄影

十三边明长城　杨建民/摄影

前　言
PREFACE

　　这是一片神奇的土地。万里长城是中国现存规模最大的文化遗产，是中华民族的精神象征，是人类历史上的文化奇观。内蒙古自治区的长城，以其时代最多、长度最长、分布地区最广而独具特色。其中，位于内蒙古自治区呼和浩特市和林格尔县境内的明长城是保存较为完整的一段。

　　来到长城脚下，远远望去，一座连着一座的山峰连绵起伏，一片苍翠，如同绿色的海。登上长城极目远眺，宛若苍龙在崇山峻岭之间蜿蜒盘旋。和林格尔县的明长城大边总长50267米，东起新店子镇二道边自然村，经山保岱村、上红台村、梁家十五号村、丈房塔村、黑台子村、油房沟村等村落，过盘山进入清水河县，呈东北—西南走向，多为土石结构，墙体为自然基础，黑褐色土夯筑。明长城二边长51406米，为内蒙古自治区和山西省的省界线，前接右玉县河西长城，至桦林山。

　　为全面挖掘和林格尔县历史文化资源，全力打造明长城丰富多彩的文化内涵，全方位提升城市文化品牌，扎实推进保护传承、研究发

古塞遗踪
——和林格尔县长城论坛暨土城子国家遗址公园建设研讨会论文集

掘、环境配套、文旅融合、数字再现等五大工程，在《呼和浩特市长城保护条例》施行的第一年，由中共和林格尔县委员会、和林格尔县人民政府主办，和林格尔县文化旅游体育局、内蒙古呼和浩特市长城科普学会承办，呼和浩特市科学技术协会协办的"首届和林格尔县长城论坛暨土城子国家遗址公园建设研讨会"于2023年6月7—8日在和林格尔县巨华宾馆三楼1号会议厅召开。

特邀著名长城专家、中国长城学会副会长、中国旅游协会长城分会会长、燕山大学中国长城文化研究与传播中心主任董耀会先生和内蒙古博物院名誉院长、博士生导师陈永志教授为和林格尔县相关党政干部、职工开展为期半天的学术讲座。董耀会、陈永志分别以《长城国家文化公园建设之文化敬畏》《内蒙古和林格尔土城子古城考古发掘与考古遗址公园建设》为题进行讲座，受到和林格尔县党政干部、职工的一致好评，取得了显著的成效。

活动方式为"先考察、后研讨"。会议期间，专家、学者在盛乐博物馆参观"古塞遗踪——内蒙古万里长城璀璨华章摄影展"，对和林格尔县土城子遗址、盛乐博物馆、清代铺墩、盛乐博物馆珍宝展进行考察。研讨会主题内容为和林格尔县长城的宣传、保护、利用及旅游

前言

开发,历经春秋、战国、秦汉、北魏、隋唐、辽金元等时期的土城子国家遗址公园建设实施项目。长城、文物研究领域颇有建树的论文作者交流了学术成果。这是一次"群贤毕至"的盛会,出席人员之众,学术水平之高,组织计划之严密,保障工作之有力,取得成果之显著,均达到了新的高度。

党的十八大以来,习近平总书记四次考察调研山西,每次都对文化遗产保护发表重要讲话。2023年6月2日,习近平总书记在文化传承发展座谈会上发表重要讲话,站在中华民族伟大复兴的战略高度,深刻总结中华文明具有的连续性、创新性、统一性、包容性及和平性五个突出特性,为我们传承好、发展好长城文化注入了固本培元的思想力量。当前,和林格尔长城事业发展,必须依靠文化传承与发展共同推动。"传承"与"发展",犹如车之双轮,二者相互支撑,缺一不可。我们要在传承中不断发展,在发展中实现传承,只有做到守正而不守旧、尊古而不复古,才能真正推动和林格尔长城事业的进步与繁荣。同时,要深刻领悟总书记重要讲话的思想意蕴,在守正中创新,在传承中发展,赓续历史文脉,守护精神家园。

时代已经赋予和林格尔长城人新的文化使命。这部专辑,就是和

古塞遗踪
——和林格尔县长城论坛暨土城子国家遗址公园建设研讨会论文集

林格尔县长城论坛暨土城子国家遗址公园建设研讨会优秀成果的集中展示。让我们以此为契机，躬身入局，携手前行，共同创造属于和林格尔长城事业暨土城子国家遗址公园建设的绚丽篇章。

本书编委会
2023 年 10 月 18 日

目录

CONTENTS

专题研究

古老长城焕发新活力　董耀会 / 3

内蒙古和林格尔土城子古城的考古新发现　陈永志 / 11

长城文化的若干理论问题　翟禹 / 23

长城建筑工程考察：以内蒙古长城为例　王大方 / 39

和林格尔明长城初探　吴欣 / 58

一条考古文化长廊　项尚 / 69

和林格尔地区的长城是民族大融合历史中的重要一页　王禹 / 85

呼和浩特市南部清代杀虎口驿路沿线铺墩的调查与研究
　　杨建林　张文平 / 91

加强长城文献发掘整理
　　——以杀虎口历史文献整理为例　刘一奇 / 107

呼和浩特地区长城地带民族关系中的女性角色
　　——以王昭君、三娘子、四公主为例　高晓梅 / 114

"一带一路"与草原丝绸之路和万里茶道　王大方 / 129

追寻呼和浩特地区长城文化　铸牢中华民族共同体意识　王东麟 / 137

中国北方长城地带昭君墓文化现象探究　包苏那嘎 / 145

一条绵延两千年的古道　吴言 / 156

内蒙古老爷庙村的一段天然石长城　高海泉 / 171

民俗文化

开展非物质文化遗产原生性抢救　讲好黄河几字弯长城故事
　　——以和林格尔剪纸传承保护实践为例　段建珺／179
北方长城地带的面塑　李　洁／198
在研学旅行中获得一种新的学习方式　高晓梅／205

地方文史

和林格尔县安正福武工队抗日始末　吴　欣／217
绥南托和清县抗日武装斗争初探　项　尚／225
九龙湾有通"无字碑"　刘有文／234
话说老爷坝　刘有文／241
万里茶道上的小客栈——武松车马店　秋　雨／255
桥牙子袖筒里的秘密　刘有文／268
十三边长城与圣山　刘建国／273

盛乐城下话长城　古都文脉铸国魂
　　——首届和林格尔县长城论坛暨土城子国家遗址公园建设研讨会
　　侧记　高朵芬／277

后记／289

专题研究

寺山修司

古老长城焕发新活力

董耀会

人们提起中国，就会想起万里长城；提起中华文明，也会想起万里长城。这些巍然屹立、连绵起伏的建筑及遗迹，已成为中华民族的精神象征，具有特殊的历史文化价值。国家统一始终是中华民族的强烈追求。长城保障了中华文明按照自身的轨迹延续、发展，保证了中华民族几千年延续不断的历史记载和文化传承，促进了国家统一和文明繁荣。在非战争时期，长城关隘成为互市贸易通道，以"茶马互市"等形式将农耕和游牧地区紧密联系起来，成为促进各民族交往交流交融的纽带。目前，国家层面的长城保护体系已初步建立，需采取更加有力的行动，提升整体保护管理水平。开发长城文旅项目应突破行政区划限制，将长城视为一个完整的文化、产业和生态轴带，推进优质文旅资源一体化开发，统筹资源整合、规划制定、制度和管理衔接等方面工作。

长城，横卧于中国大地，现有遗存总长度

为 21196.18 千米。长城之长，不仅在于长度长，也在于历史长。长城的起源，可追溯至春秋战国时期。特别是北方的燕、赵、秦等诸侯国为防御游牧势力，开始在自己的领地修建城墙。此后历经两千多年的持续营造，至明代形成了由墙体、单体建筑（敌台、烽火台、马面）、界壕（壕堑）、关隘城堡及相关遗存所构成的完善的、立体的军事防御体系。万里长城是中国人民珍贵的精神家园，是"活的遗产"。长城的修建，对中华民族的繁衍生息和发展兴盛起到了重要作用，推动了中华民族多元一体格局的形成与发展。长城见证了中华民族一路走来的筚路蓝缕，凝聚了中华民族自强不息的奋斗精神和众志成城、坚韧不屈的爱国情怀，已经成为中华民族的代表性符号和中华文明的重要象征。在新时代新征程上，做好长城的保护和利用工作，古老长城将焕发出新的生机与活力。

一、长城是中华文明的重要象征

两千多年的长城修建史，将一部中华民族发展史展现在世人眼前。自诞生之初，长城就伴随着中华文明的发展，与统一的、多民族国家的形成和发展几乎同步。在这个过程中，长城作为中华民族重要的历史丰碑和精神象征，成为中华优秀传统文化的集中体现。长城蕴含着团结统一、众志成城的爱国精神。

约公元前 220 年，秦始皇将此前修建的一些断续的防御工事连接成一个完整的防御系统，用以抵抗来自北方各族的南下进击。此后，长城历经汉、北朝、隋、唐、宋、辽、西夏、金和明等两千余年的修缮与扩建，最终呈现如今的规模，成为世界上体量最大的军事设施。

长城的存续，与中国文化对于民族融合、国家统一的追求直接相关。纵观中国古代史，从部族到诸侯，从诸侯到天下一统，社会形态始终在不断分裂与统一的过程中交替。国家统一始终是中华民族的强烈追求。以长城为界，游牧民族在与农耕民族进行政治、军事、经济和文化互动的过程中，不断吸收中原文化；农耕民族则吸取游牧民族的优秀文化以充实丰富农耕文化内涵，为中华优秀传统文化的发展作出重要贡献。长城内外各民族团结融合的过程，也是中华民族共同体意识不断凝聚和强化的过程。

二、长城蕴含着坚韧不屈、自强不息的民族精神

长城作为人类历史上最伟大的工程之一，见证了中华民族克服困难、坚守边疆的毅力和意志。构筑长城的每一块砖石都很普通，其中却蕴含着古代中国人民的智慧和汗水，记载着他们为保卫国家付出的牺牲，汇聚了无数普通中国人的无穷力量。

长城的存在，让世人得以窥见中国古代的军事智慧和科技成果。在布局上，战国时期即总结出"因地形，用险制塞"的重要经验，既能控制险要，又可节约人力和材料。在建材方面，各地长城大多就地取材，因此创造出多种结构方法，比如夯土、块石片石、砖石混合等。一些自然条件极为恶劣的沙漠，还利用红柳枝条、芦苇与砂粒层层铺筑，在沙漠中修建长城。

此外，由修筑长城而延展出的建设技术、防御策略、警报系统等，也展现出中华民族的非凡才智和超强勇气。这种无论面对任何困难都始终踏实肯干、积极进取的人生态度，在千年岁月中传承着坚韧不屈、自强不息的民族精神。

三、长城蕴含着守望和平、开放包容的时代精神

中国人为什么投入庞大的人力和物力修筑长城？因为长城是预防战争的有效手段。中国是传统农业大国、粮食生产大国，维护国家稳定和安全的需要始终迫切。这是中国两千多年来持续修建和使用长城的社会基础。在追求"和而不同""以和为贵"的广泛社会认同中，中国人修缮长城，意在建立起农耕与游牧交错地带的安全秩序，最大限度防止战争，体现出中华民族热爱和平、守望和平的思想理念。长城以有形的建筑实体作为军事防御线，似乎是封闭的。而实际上，长城内外同时体现出开放包容的时代精神。对内看，长城的建造需要因势而建、因地取材，与地形、耕地、水源等周围环境有机融合。对外看，长城增加了游牧民族南下对中原、华北地区的农耕民族发动战争的成本，形成了双方长期共存的局面。在非战争时期，长城关隘成为互市贸易通道，促进了各民族之间的交往交流交融。

经过岁月锤炼，长城所凝聚的奋斗精神和爱国情怀，已深深融入中华民族血脉，成为实现中华民族伟大复兴的强大精神力量。传承与弘扬这种精神，正是长城保护的首要之义。

四、长城作为系统工程，有着利国利民的作用

长城保护，是一项利国利民的系统工程。受自然侵蚀风化、人类生产生活和历史环境变迁等多重因素影响，保留至今的长城出现损毁或局部坍塌情况。目前，国家层面的长城保护体系已初步建立，需采取更加有力的行动，提升整体保护管理水平，完善长城保护规划体系。我国设立了三级长城保护规划体系——长城保护总体规划重点贯

彻国家对长城"整体保护"的宏观要求，省级长城保护规划重点贯彻国家对长城保护的"分段管理"要求，长城重要点段保护规划针对国家级长城重要点段编制做进一步细化。

在具体操作中有三个工作重点。一是坚持价值优先，保护工作既要考虑到长城的总体价值，也要考虑到每一段、每一个点位的具体价值及其载体。二是坚持预防为主，尽可能按原状保护，真实、完整地保存长城承载的各类历史信息及其沧桑古朴的历史风貌。三是坚持因地制宜，对于砖石长城、土长城、建筑形态保存较好的长城，分别制定个性化保护管理措施。

健全政府主导的保护机制。长城保护由各级文物管理部门主导，相关保护机制需要进一步健全。目前，尤其需要在建立长城保护数字化信息管理机制，建立长城基础数据资源平台，分类建设长城保护、长城历史、长城文化、长城旅游等资源库，以及整理口述史、深入挖掘长城文化内涵等方面补齐短板。

建立统筹管理和监测机制。文物部门对长城保护工作承担首要责任，但保护长城却不能仅依靠文物部门。长城所在地省、自治区、直辖市人民政府应为本行政区域内的长城段落建立有效的长城保护责任制，制定相应奖惩制度，并针对破坏长城的行为设置专门的投诉处理、建立预警监测制度等。

加强长城本体保护工程管控。当前的长城抢险和修缮，强调最小干预原则和修缮措施可逆原则，意在最大限度保留历史原貌。这体现出长城保护理念的进步与提升。下一步，还应对长城遗迹遗址实行分类保护，针对不同材料、不同状态，在精准分析的基础上对出现的问题抓小抓早，及时采取合适的保护、修缮措施。

完善长城保护法律规范。2006年，国务院公布施行《长城保护条例》，明确了长城保护的法定职责，确定了长城认定、保护、管理、利用等基本制度。这是国务院首部就单项文化遗产保护制定的专门性法规。目前，该法规已颁布17年，需要根据经济社会发展情况和保护工作实践，与时俱进进行调整，加大以法治方式保护长城的力度，丰富保护手段，依法严格保护长城。

鼓励社会力量参与长城保护。长城是所有中国人的共同财富，积极鼓励社会力量依法、有序、科学参与长城保护工作，是长城保护的必由之路。比如，鼓励社会公益组织参与长城保护，开展长城保护志愿服务；发挥高校和科研院所等专业机构力量，开展跨地域、跨学科的长城研究，通过发布长城保护利用的分析数据和战略研究报告等方式，推动世界范围内的长城研究学科建设；搭建更多学术研究活动平台，吸引多学科专家学者共同参与长城研究，让更加丰富的学术成果为长城保护提供智力支撑。

五、让长城"可观可感可用"

长城的重要价值既需要保护、弘扬，也需要开发、利用，让长城"可观可感可用"，增进公众对于长城的深度理解与认同。寻找文旅深度融合节点。长城沿线分布着数量众多的文物文化遗产、历史文化资源、红色旅游资源和非物质文化遗产资源，这些都是长城文旅深度融合发展的重要资源。目前，长城沿线文旅产品多以景区观光为主。一些地方对于长城沿线生活生产方式、传统风俗、非遗文化体验、节事活动等活化利用形式还较为单一，对长城文化内涵的挖掘不足。从发展的角度看，开发长城文旅项目不能只盯着遗址遗存，应与长城区域丰富多彩的文化相结合，重点在于让长城沿线的"游客目的地"成为"文化活动地"，让游客在文化审美、历史追忆、自然美欣赏、情操熏陶、美食享受以及民俗体验中，感受长城的文化价值和精神内涵。同时，也需要充分考虑长城的地域广泛性、文化多样性和资源差异性，以及不同区域的资源禀赋、人文历史和社会经济特点，因地制宜、差异发展，发展具有地域文化特色、体现地域资源优势的特色文化品牌。

近年来，长城国家文化公园建设的推进，为长城保护与活化利用带来了重大机遇。在这项涉及15个省（自治区、直辖市）的重大文化工程中，各地结合长城本体特点、周边特色、当地产业等情况推动文旅融合，打造休闲度假设施、乡村旅游，开发长城文创产品，推出长城旅游线路，为长城沿线聚集人气。比如，山西充分发挥"长城一号"旅游公路、长城民宿的作用；宁夏推出《我和长城的故事》专题节目，升级舞剧《不到长城非好汉》等旅游演艺，充分展示长城文化的独特魅力；青海以大通、贵德、互助、湟中等县区为重点，打造各具特色的文旅融合示范区，实现优质文旅资源的开发利用；河北秦皇岛市山海关古城景区推出气势恢宏的大型室内史诗演出剧目《长城》。此外，全国多地还探索建设了长城文化实践研学基地，深度挖掘长城文化价值。

提升长城文旅产业规模与质量。从空间布局看，目前长城沿线地区的文旅产业发展存在碎片化、区域发展不平衡现象。比如，京津冀地区的长城遗址长度仅占全国总长度约13%，但景区数量占全国长城景区数量的近一半，基础设施水平和开发利用程度相对较高，旅游产品较成熟。而内蒙古、甘肃两地长城遗址长度在全国总长度中占比过半，景区数量却仅占约10%，文旅设施配套欠完善，缺少成熟旅游产品，开发利用程度较低。

开发长城文旅项目应突破行政区划约束，将长城视为一个完整的文化、产业和生态轴带，推进优质文旅资源一体化开发，统筹资源整合、规划制定、制度和管理衔接等方面工作。比如，可通过建设长城国家文化步道，从东到西串联长城沿线资源。

　　长城沿线的不少地区，人口密度相对较低，经济欠发达。在这些地区开发文旅项目，应在突出重点的同时形成集聚效应，增强政策支持的针对性，引导当地发挥资源优势，建设具有较好市场前景、投入产出比较高的文旅融合产业项目，逐渐形成新的发展极、带动区域发展。

　　和林格尔县举办首届长城论坛暨土城子国家遗址公园建设研讨会，既然开了这样一个头，就要把文化成果写在广袤起伏的高原峁峦上，希望和林格尔县尽快申报列入第二批长城国家文化公园项目之中。通过统筹文化资源、生态资源与土地资源，寻求遗产保护、利用与地方社会经济可持续发展的和谐关系。所以，在规划建设和管理利用中要汇聚民智、发动民力，要鼓励各类社会力量参与其中，形成长城国家文化公园建设与管理的各方合力。

　　（董耀会，中国长城学会副会长、燕山大学中国长城文化研究与传播中心主任。）

内蒙古和林格尔土城子古城的考古新发现

陈永志

在中国的正北方,横亘着一条茫茫的青色屏障,它就是中国史书中经常记载的古阴山,也就是现在的大青山。它东起晋北,西与河套地区的狼山衔接,成为中国北方草原游牧与中原农耕地带的自然分界线。历史上北方游牧民族与中原农耕民族在这里碰撞、对接、融合,留下了一幕幕千古传唱、可歌可泣、鲜活而又生动的历史故事,重耳流亡、苏武牧羊、昭君出塞、拓跋建国等,而演绎这些历史故事的重要舞台就是位于阴山南麓呼和浩特土默川平原的和林格尔盛乐故城遗址,即今和林格尔土城子古城遗址。它北傍大青山,南濒黄河水道,地理位置十分险要。盛乐古城是我国规模较大、沿用历史年代最长的古代城址,文化内涵十分丰富。古城遗址现位于内蒙古和林格尔县土城子行政村北 1.5 千米处,南距和林格尔县城 12 千米,北距呼和浩特市 38 千米,位于东经 112°、北纬 41°。1964 年土城子古城遗址被

古塞遗踪
——和林格尔县长城论坛暨土城子国家遗址公园建设研讨会论文集

内蒙古自治区人民政府公布为自治区第一批重点文物保护单位，2001年6月25日被国务院公布为第五批全国重点文物保护单位。古城东傍蛮汗山，北依大青山（古阴山），西濒黄河水道，南扼古道杀虎口，地处中原通往漠北的山口要冲地带，地理位置十分险要（见图1）。

图1　盛乐古城航空遥感图

土城子古城遗址平面呈不规则长方形，东西1450米，南北2290米，面积约4平方千米。墙体保存基本完好，城垣残高0.5至10米不等，东北西三面居中设有城门，外置瓮城。古城遗址分南城、北城、中城三部分。南城南北长550米，东西长520米，系春秋战国至魏晋时期的遗存；北城东西长1450米，南北长1740米，系唐代的文化遗存；中城位于南区的西北部，南北长730米，东西长450米，文化堆积最深处可达 10 余米，含战国、汉、魏晋、唐、辽金元等多个时期的文化遗存。

1997 年至今，内蒙古自治区文物考古部门对土城子古城遗址以及周边的墓葬进行了抢救性考古发掘。其中对城址进行了 4 次大规模的考古发掘，发掘面积计 3580 平方米。通过考古发掘得知，南城地层堆积较为简单，内含春秋、战国、两汉以及北魏时期的文化遗存，始建于春秋时期，战国、秦汉、魏晋沿用；中城地层堆积较为复杂，含战国至元代不同历史时期的文化遗存，始建于魏国，唐、辽金元沿用；北城地层堆积相对较为简单，主要为隋唐时期文化遗存，始建于唐代（见图 2）。

在对城址进行考古发掘的同时，文物工作者还在古城外围发掘春秋至辽金元各个历史时期的古代墓葬 2000 余座，出土有铜器、铁器、玉器、陶器、石器、木器、漆器、铜钱等各类器物计万余件。这些墓

图 2　城址考古发掘现场

古塞遗踪
——和林格尔县长城论坛暨土城子国家遗址公园建设研讨会论文集

葬的种类有竖穴土坑墓、土洞墓、砖室墓、瓮棺葬、乱葬坑等。其中古城东侧以春秋、战国墓为多，南侧、西侧以汉墓为多，北侧以代魏时期的墓葬为多（见图3）。春秋晚期墓葬均为长方形竖穴土坑墓，单人葬，葬式为仰身直肢葬、仰身屈肢葬等，随葬有陶壶、陶鬲、陶罐等器物；战国时期墓葬均为长方形竖穴土坑墓，单人葬，部分尸骨不完整，没有头颅或缺少肢骨，有些尸骨上残存有铜镞和骨镞，以仰身直肢、仰身屈肢、侧身屈肢为主要葬式，部分墓葬中带有壁龛或头龛，还发现带有环壕的墓葬，出土有陶罐、陶钵、陶鼎、陶豆、陶壶、陶盘、陶樽、带钩、铜剑、铜戈、铜璜等器物；秦式墓葬多为竖穴土坑墓，有东西向、南北向两种，以仰身屈肢、侧身屈肢为主要葬式，随葬品有铜带钩、蒜口壶、半两钱等；汉代墓葬形制有竖穴土坑墓、竖穴土坑木椁墓、土洞墓、砖室墓等，葬式以仰身直肢葬为主。一般随葬有陶罐、陶壶、陶井、陶灶等器物，铜器有铜带钩、铜镜、

图3 墓葬考古发掘区

青铜壶、青铜香炉、青铜扁壶、青铜卣、车马具、铜钱等器物；魏晋时期的墓葬多为竖穴土坑墓，埋葬较深，大部分墓葬有葬具，葬式以仰身直肢葬为主，随葬品有陶罐、陶壶、铜镜等，多有殉牲现象；唐代墓葬可分为砖室墓和土洞墓两种，皆带有长方形斜坡或台阶式墓道，砖室墓为单室墓，近方形或圆形，穹隆顶，为双人合葬墓，土洞墓有直洞室和偏洞室两种，部分墓葬用石块或砖封门，葬式以仰身直肢葬为主，随葬品主要有陶器、瓷器、铜器、铁器、泥俑等，出土的白瓷碗、三彩器、铜镜等遗物较为精美，部分墓葬出土有墓志，保存较好，以墨书为志文（见图4）；辽金元时期的墓葬以辽墓为多，多穹庐形砖室墓，台阶式墓道，墓室内以砖砌尸床，随葬有塔形器、篦点纹陶罐、瓷碗、铜钱等器物，部分辽墓墓壁有精美壁画。

图4　唐代墓葬壁画

古塞遗踪
——和林格尔县长城论坛暨土城子国家遗址公园建设研讨会论文集

土城子古城是内蒙古呼和浩特地区最大的古代城市遗址，其城镇建置的历史最早可以追溯到商周时期。根据甲骨文记载，商代的北方有土方、鬼方、邛方、御方、狄等古代游牧民族分布，文献对应记载有薰育、严允、鬼方、犬戎、猃夷、翟等称谓。据郭沫若先生考证，其中的鬼方、土方的活动地域就在今山西省西北部、陕西省北部，也就是今天内蒙古阴山、河套一带。而土方即是古文献中记载的"严允"（郭沫若：《卜辞通纂》《甲骨文字研究》）。西周时期，活动于中国北方的民族主要是薰育、猃狁，实际上还是指的是"严允"，只是文献中写法不同而已。关于猃狁的具体活动地域，根据《诗经·出车篇》中的记载，"天子命我，城彼朔方，赫赫南仲，猃狁于襄"，这里所记载的朔方，即指内蒙古的河套地区（今鄂尔多斯市杭锦旗一带），秦在此建朔方城，汉武帝建朔方郡，皆指的是同一地区。而与之相对应的"襄"，仍指的是地名，也就是猃狁最初的活动地域，其具体地望，根据汉高帝建定襄郡史实可以推知。汉高帝在公元前201年从云中郡中另分出一郡，即是定襄郡，郡治成乐县，取之"安定襄地"之意，由此可知，"襄"的确切地望，即是汉代定襄郡成乐县县治所在，也就是今天的和林格尔土城子古城地区。根据《竹书纪年》的记载，朔方城建于帝乙三年（前1099年），那么，由此推断，古"襄"地在此期间就已经有了人类的频繁活动，其在此活动的主体族团就是古猃狁族。西周大将南仲既然在"襄"地将猃狁族打败，进而也就说明作为古"襄"地的和林格尔土城子古城地区在西周时期就已经是猃狁族的活动中心所在了。

到了春秋时期，在古"襄"地活动的主体民族变为"狄"族，也就是中国古代通称的四方少数民族"蛮夷戎狄"之一的"北狄"。作为春秋时期中国北方强悍的民族，狄族曾多次南下中原，与中原列国发生战争，当时是晋国北方的劲敌。根据文献记载，晋献公二十二年

（前655年），晋文公重耳躲避晋献公的迫害，奔翟（狄）避难，在狄国生活十二年，晋文公重耳的母亲与妻子皆是狄人。据《史记·晋世家》记载"狄，其母国也。……狄伐咎如，得二女，以长女妻重耳……。重耳居狄凡十二年而去。"关于狄族的活动地域，学术界一般认为在今内蒙古自治区的西北部，其具体活动地望，一直未能明确。1986年8月，在土城子古城东侧的墓葬区发现一把铸有铭文的青铜短剑，篆书"耳铸公剑"四字，经学者考证认定为晋文公重耳所用之剑（见图5）。近几年，文物工作者在土城子古城址与墓葬当中发现了春秋时期的一系列遗物，在城内发掘出土了春秋时期的三足器物，在城外墓葬中发掘出土了春秋时期的夹砂陶鬲、陶罐等随葬品，在这些随葬品当中，特别引人注目的是十几件青铜剑，其中四件与"耳铸公剑"的形制一模一样，从而确凿地证实了《史记·晋世家》中记载的真实性，同时

图5 "耳铸公剑"，现藏于乌兰察布市博物馆

古塞遗踪
——和林格尔县长城论坛暨土城子国家遗址公园建设研讨会论文集

也说明了春秋时期狄族的主要活动地域就是今天和林格尔县土城子古城地区。

公元前594年，狄国为晋景公所灭，土城子古城地区于是成为晋国的管辖范围。在土城子古城外围的墓葬群当中，发现了多例带有环壕殉人的墓葬，墓葬普遍呈斗形，并出土有盖式陶豆、盖式陶壶、盖式陶盒等器物，与山西侯马晋墓的形制与出土器物相类，这些都具有鲜明的晋文化因素，也说明土城子古城地区曾一度是晋国的属地。这些带有浓郁晋文化因素的墓葬与器物的出土，充分说明了这一历史事实。

在战国时期，赵国势力膨胀，西进蚕食晋国领土，公元前403年，赵国正式成为诸侯国，公元前376年，韩、赵、魏三家分晋，晋国的西北地区皆成为赵国的领地。公元前300年，赵武灵王建云中郡，古"襄"地属云中郡管辖。土城子古城城址内出土的卷云纹瓦当、圜底陶釜、城外墓葬出土的折肩绳纹罐、蔺字圜钱等器物，都是赵文化的典型器物，同时也是赵武灵王"胡服骑射"、励精图治、开疆破土、修葺长城的重要实物例证。

秦统一六国后，始皇帝二十三年（前224年），秦将蒙恬率十万大军北击匈奴，悉收河南地，因河为塞，置36座县城，屯兵戍边，重置云中郡，古"襄"地仍属云中郡管辖。土城子古城周边发掘的带有壁龛的屈肢葬，出土的盖式豆、蒜口壶、锹式带钩、半两钱等秦代标形器物，说明秦朝曾将土城子古城地区纳入统一的行政管辖范围。

土城子古城具有明确的行政建置是在西汉初年，汉高祖六年（前201年），汉朝从秦云中郡中另析出定襄郡，下属有桐过、都武、定襄、武进、襄阴、武皋、骆、安陶、武城、武要、复陆等11县城，郡治设在成乐县，即今土城子古城的南城，是为定襄郡的政治中心所在，同时也作为汉王朝稳定边疆、抗击匈奴的主要前沿阵地，大将军卫青曾以定襄郡为根据地数次北上出击匈奴。东汉时期，复置定襄郡和辖骆、桐过、武城、善无、中陵五县，成乐县曾一度划归云中郡管辖。在土城子古城周边发现大量的墓葬当中，汉代墓葬占有相当比例，有大型的棺椁墓、竖穴土坑墓、土洞墓、单砖室墓、多砖室墓等诸多种类，出土有陶罐、陶壶、陶井、陶灶等陶器，铜镜、铜壶、铜香炉、青铜扁壶、青铜卣、车马具等铜器，特别是曾发现了前、中、后大型砖室墓，在另一座墓葬中还出土有青铜壶、青铜豆、青铜洗等规格较高的大件青铜器物。这些墓葬形制与出土的器物，基本上与中原地区汉代墓葬的形制与器物特征相一致，充分说明了和林格尔县的土城子古城地区作为汉朝定襄郡郡治所在，其政治、经济、文化都已经达到了相当发达的程度。

东汉末年，鲜卑人崛起于蒙古高原，并逐渐南迁。到西晋时期，鲜卑拓跋部已进入阴山一带。公元258年（甘露三年），拓跋鲜卑首领率部南下，将所部分为三部，其中猗卢率领的西部以土城子古城为活动中心，即是利用汉代成乐城址。其后，猗卢统率三部正式建立政权，即代王位，以盛乐为北都，平城（今山西大同）为南都，现在土城子古城的中城即是此时所建。公元386年（太元十一年），拓跋珪即代王位，建元登国，改称魏王，仍以土城子古城作为盛乐都址所在。398年（天兴元年）拓跋珪迁都平城，次年改号为皇帝，正式建立了北魏王朝。此时土城子古城虽已不是政治中心所在，但在其附近还埋葬有北魏早期五代皇帝的陵墓，足见其当时政治地位的重要。在对土城子古城城址进行考古发掘的过程中，我们发现了大量具有鲜卑文化特点的器物，在南城发现有束颈敞口印花纹陶壶、陶瓮、陶罐等器物，在中城发现有黑面磨光筒瓦、板瓦、莲瓣纹瓦当等建筑构件，在城外发现有数量较多的鲜卑墓葬。陶壶、陶瓮、陶罐等器物皆泥条盘筑，手工制作，器表戳印蓖点纹，滚轮磨压波浪暗纹，器底带

古塞遗踪
——和林格尔县长城论坛暨土城子国家遗址公园建设研讨会论文集

有方形戳印；出土的黑面磨光筒瓦、板瓦、莲瓣纹瓦当与山西平城地区、河南汉魏洛阳故城遗址出土的同类器物相一致；城外墓葬带头箱有殉牲，随葬有细颈盘口的陶壶与波浪纹陶罐，墓葬形制与出土陶器器形特点上承东汉，下衔魏晋，时代特征明显。土城子古城南城鲜卑早期陶器的发现，真实地反映了鲜卑人在原成乐城居住生活的实际状况，中城大量建筑构件的发现，表明当时的城市建筑已经达到了相当的程度，而城外数量较多鲜卑墓葬的发现，说明鲜卑人在土城子地区生养死葬的事实。以上具有浓郁鲜卑文化特点器物与墓葬的出土，是鲜卑人从呼伦贝尔大草原南迁至古阴山地区建都立业的真实物证，结合"盛乐"称谓与西汉定襄郡"成乐"县名称之间的演变关系，足以证实内蒙古和林格尔土城子古城即是北魏的盛乐都址所在。

隋王朝于585年（开皇五年）在原盛乐城设置云中总管府。599年（开皇十九年）突厥启民可汗率众归附，隋王朝将启民可汗所属突厥人民安置在呼和浩特平原上游牧，并兴建了大利城。605年（大业元年）又设置了定襄郡，郡治大利城。这座大利城即是现今和林格尔县土城子古城的中城外围的高大城垣，也是唐代城垣的前身。唐代初年，突厥首领阿史那思摩曾在"定襄故城"即土城子古城设立牙帐，为唐王朝守卫北部边疆。唐高宗时，将原设在漠北的瀚海都护府迁到定襄之成乐城，改名为云中都护府，公元650年（永徽元年）改名为单于都护府，或称单于大都护府，负责管领漠南地区的广大羁縻州，即管领这一带地方的少数民族事务。唐代兴筑的单于大都护府，基本上是在隋代大利城城垣的基础上扩建的。唐代中期以后，出现了节度使制度，745年（天宝四年）王忠嗣任振武节度使，将振武军由东受降城迁至单于大都护府，管领阴山以南的单于大都护府、东受降城（今托克托县大皇城）、麟州（今陕西神木市境）、胜州（今准格尔旗十二连城）等广大区域。振武节度使设置了150年后，唐王朝才灭亡。

唐代，土城子古城作为漠南的重要政治军事中心，是控制北方的突厥、回纥等族的重要据点，也是中西交通线上的一个重要枢纽，因而当时的振武城就有很高的知名度，振武军时期，是这座城市最为繁荣的阶段。在今和林格尔县土城子古城的中城地区，考古发现了一处大型多联间的房屋基址，出土了大量板瓦、筒瓦、方砖及莲雷纹瓦当，同时还发现有大型的陶瓮、钱币窖藏及各类完整的瓷器、三彩器，在城外还发现许多隋唐时期的墓葬，部分唐墓中出土有墓志铭，尤以葬于唐贞元十四年（798年）的"唐故守左金吾卫大将军试太长卿刘公墓志铭"为典型，弥足珍贵。另外，在其他的一些唐墓中还出土有塔形器、白瓷碗、注壶、釉陶罐、铜镜、铜钱、赌具等随葬器物，这些都真切地反映了唐代单于大都护府政治、经济、文化的真实面貌。

辽代在呼和浩特平原的大黑河北面兴筑了西三州，即丰州（今呼和浩特市东郊五路村北）、云内州（今托克托县古城乡南园子村北）、东胜州（今托克托县托克托城大皇城），政治经济中心北移至呼和浩特平原的西北部，原来土城子古城所在地的振武城改设振武县，归属丰州管辖。金、元时代沿袭称为振武镇或振武城。辽金元时期的城镇主要沿用的是现在的中城，现今古城中部临近宝贝河一带，地表分布有辽金元时期的遗迹和遗物，也是古城内文化堆积层最厚的地方，都是此时大规模建设所为。经过考古发掘确认，这些遗迹主要有庙址、窖穴及其他建筑基址，遗物主要有沟纹砖、兽面纹瓦当及白釉褐花瓷罐等。辽金元时期的墓葬发现得较少，只在古城北部发现二十余座，其中有些辽墓带有精美壁画，墓葬中出土有塔形器、篦纹陶罐、铜钱等遗物。

土城子古城遗址的考古发掘最主要的特点是出土的遗迹、遗物所跨越的历史年代久远，历史序列也最为完整，而其所处中国北方农牧结合带这样一个特殊的地理位置，又赋予其特殊历史意义。据史料记载，土城子古城所处地区在商周至春秋时期为猃狁、北狄居住的"襄"地，战国时期属赵国的云中郡，汉为定襄郡成乐县，北魏时为盛乐都，唐代在此设立单于大都护府，辽代为丰州振武县，元代为振武城。古城历经春秋、战国、秦汉、魏晋、隋唐、辽金元等几个大的历史发展阶段，城镇间置的历史长达2000余年，这在内蒙古地区是独一无二的，在全国来说也是十分罕见的。而考古发掘出土的春秋、战国、秦汉、魏晋、隋唐以及辽金元不同历史时期的文化遗存，文化关系衔接紧密，中间没有缺环，又与史料的记载相吻合。因此，可以这样说，土城子古城遗址是内蒙古地区出土文物较为丰富、沿用历史时间最长的古代城址，真实地反映了中国北部边疆地区各民族交往交流交融的历史状况，也是进一步研究古代中原王朝与北方游牧民族之间政治、经济、文化关系十分珍贵的历史文化遗迹。

（陈永志，内蒙古博物院名誉院长，内蒙古师范大学历史文化学院研究员。）

长城文化的若干理论问题

翟禹

一、中华长城文化符号的时代价值

习近平总书记在2019年全国民族团结进步表彰大会上提出,"树立和突出各民族共享的中华文化符号和中华民族形象",这既是事关提升和改进我国民族工作,也是集中阐释和展示弘扬中华优秀传统文化,更是在国际上树立中国形象、发出中国声音的重要理论和实践指导。为了贯彻这一指导思想,内蒙古自治区提出了"两个打造",即打造更多政治性强、内涵丰富、意蕴厚重、接受度高的中华文化符号和中华民族形象,打造一批具有中华文化底蕴、汲取各民族文化营养、融合现代文明的书籍、舞台艺术作品、影视作品、美术作品。做好这项工作有助于推进新时代党的民族工作高质量发展,有助于传承和弘扬中华优秀传统文化,也有助于在国际上树立中国形象、传递中国声音。内蒙古是边疆民族地区,在维护民族团结和边疆安宁上担负着重大责任，要注重突出各民族共有共享的中华文化符号和形象，增强各族群众对中华文化的高度认同，筑牢祖国北疆安全稳定屏障。

我国有许多比较典型、被普遍接受的中华文化符号和形象，它们具有悠久的历史、鲜明的中国特色，有着广泛的社会影响、深厚的群众基础。比如，政治类符号，典型的有国旗、国徽、国歌、人民大会堂等；历史文化类符号，典型的有甲骨文、中医药、故宫、敦煌莫高窟等；地理景观类符号，典型的有长城、黄河、长江、大运河、珠穆朗玛峰等；精神谱系类符号，典型的有长征精神、延安精神、抗美援朝精神、抗洪精神等。这些中华文化符号和形象，都是在中华大地上或在中华民族历史上产生的，经过漫长的历史演变，不断传承发展，其社会影响范围逐渐扩展到全国，成为具有普遍意义的文化符号和形象。纵观内蒙古地区的重要文化资源，广泛分布于各地的历代长城及其所承载的文化内涵，可称得上是内蒙古自治区推行"两个打造"的一种重要文化符号。

（一）中华长城文化是中华文化符号和中华民族形象的典型代表

中国历代长城承载着中华民族几千年的历史，见证着中国历史的军事政治、社会交往、经济交流、民族交融和文化认同。中国长城是中华民族的精神象征，是中华各族人民劳动智慧的结晶，是古代世界建筑工程的伟大奇迹，是人类文化艺术的宝库。1961年，中国长城被列为国家重点文物保护单位。1987年，中国长城被联合国教科文组织列入世界文化遗产名录。中国长城始建于春秋战国时期，到明朝为止，历代修筑的长城总长度达到2万多千米。其中，大规模修筑长城的秦、汉、明三个朝代，都超过了5000千米，有"万里长城"之称。

2019年，习近平总书记在考察甘肃嘉峪关关城时的讲话中指出：

"当今世界,人们提起中国,就会想起万里长城;提起中华文明,也会想起万里长城。长城、长江、黄河等都是中华民族的重要象征,是中华民族精神的重要标志。我们一定要重视对历史文化的保护传承,保护好中华民族精神生生不息的根脉。"可见,党和国家高度重视长城这一伟大的世界文化遗产,也体现了长城在中华文明中的重要地位。

各民族共有共享的中华文化符号和形象,是铸牢中华民族共同体意识的重要资源。突出各民族共有共享的中华文化符号和形象,就要将中华文化特征、中华民族精神、中国国家形象,通过特定的、具有广泛认同的符号和通俗易懂、雅俗共赏的形象展示出来。中华长城文化就是一种非常典型的中华文化符号和中华民族形象的代表。

关于中华优秀传统文化的地位和作用,习近平总书记强调:"中华优秀传统文化是中华民族的精神命脉,是涵养社会主义核心价值观的重要源泉,也是我们在世界文化激荡中站稳脚跟的坚实根基",而"长城凝聚了中华民族自强不息的奋斗精神和众志成城、坚韧不屈的爱国情怀,已经成为中华民族的代表性符号和中华文明的重要象征"。可见,中华民族历代所创造的长城及其承载的深厚文化内涵,已经成为中华民族精神的象征,是能够作为中华传统文化符号和中华民族形象的典型代表。

(二)中华长城文化的基本内涵与价值

中国长城历史很悠久,享誉国内外。长城从最早的先秦时期诞生至今,历经两千多年的时间,逐步发展、完善和变迁,最终形成了一个复杂而庞大的体系。中国历史上的历代长城,最初是作为长城修建主体的军事防御工程而发挥作用,这是长城作为历史产物的基本功能。作为军事功能的长城也并非仅仅是一道墙体,而是以墙体及相关设施组成的一整套防御体系,包括墙体本身及墙体上附属设施(敌台、马

古塞遗踪
——和林格尔县长城论坛暨土城子国家遗址公园建设研讨会论文集

面、城楼)、墙体外设施（烽火台、挡马墙、壕沟、居住址）以及沿线的关隘、城堡等。

除此以外，又不断衍生出管理、使用以及围绕各类军事、政治和社会活动所形成的多种历史文化信息，使得留存至今的有关长城的各类文化遗存呈现出非常复杂的局面。对于长城的研究，也不仅仅是长城实体建筑的考证，还涉及军事、政治、经济、文化、地理等多个方面。作为一条以线性墙体为主线的东—西延伸的狭长地带，长城地带，或称为长城区域社会，是一块迥异于农耕文化区和游牧文化区的地带，在漫长的民族交往、文化融合、军事冲突、商贸往来、多元共生的综合作用之下发展到今天，留给我们的历史文化遗产独具特色。

从中华多元民族、多元文化交往交流交融的历史视角来认识长城的历史文化，可以看到历代长城具有鲜明的军事防御、经济交往、文化交流、民族交融等历史特征。尤其是其最基本的军事防御功能特征，这些都是不争的历史事实，不需要夸大，但也不能回避。长城的历史是一部以长城墙体为核心的区域社会史，是一部农牧文化交融史，更是一部中国多民族的关系史。相对于整个中国历史来说，长城历史是地方史，因此它是构成中国历史的重要组成部分。正因为有了这样一部"长城史"，才使得中华民族的历史多姿多彩、内涵丰富、文化多元却又具有极强的凝聚力、向心力，典型地展现了多元一体、共生共荣的中华民族共同体深刻内涵。

从文化遗产的视角来认识，中华长城文化具有鲜明的农耕文化与游牧文化交流碰撞、高度融合的特征，是中华文化的重要组成部分，具有丰富的历史文化遗产，内涵丰富、融合深入，是中华民族历史的重要内涵。

认识和理解中华长城文化符号，要从以下几个层次来把握：一是作为物质文化遗产和非物质文化遗产的中华长城文化，这是其最基础、最具体的文化内涵,也是中华长城文化其他层次内涵赖以存在的基础。具体包括与长城有关的考古遗迹遗存、非遗、民俗文化、传统村落文化、民间信仰,这些文化遗产是民族融合与文化交汇的历史见证。

二是文学、文化意象中的中华长城文化,历史上留下了许多与长城主题有关的诗文、故事等名篇佳作,例如民间传说故事《孟姜女哭长城》、汉乐府诗歌《饮马长城窟行》,唐代以长城及其相关意象为主题的大量边塞诗等等。传统政治文化中,因为秦始皇及其施政被称为"暴君""暴政",故"秦始皇修长城"成为暴政的代名词,为后世所否定和批判。唐朝、元朝是中国历史上为数不多的不修长城的大一统王朝,他们都将大一统的政治格局作为更坚固的"长城"。

三是在近现代形成的,以抵御外侮、寻求民族独立解放为主题的近现代中华长城文化,其主体内涵是"众志成城、保家卫国"。著名的长城抗战响彻中华大地,是中华各族人民共抗日本侵略者的伟大壮举。这一时期产生的《义勇军进行曲》,后来成为新中国的国歌,传唱至今,其中有一句"把我们的血肉筑成我们新的长城",就鲜明地体现了"众志成城、保家卫国"的中华长城文化。在流行歌曲领域,产生了从《长城谣》(1937年)到《万里长城永不倒》(1982年)、《长城长》(1994年)等以"长城"为主题的歌曲,其中的歌词"万里长城万里长,长城外面是故乡""都说长城两边是故乡,你知道长城有多长?""万里长城永不倒,千里黄河水滔滔",无一不将长城文化作为中华民族精神的象征,展现着中国人民的家国情怀,鼓舞着中华民族奋勇向前。

四是文化地标、文化品牌,新中国成立以来,特别是改革开放以来,经济发展、文化繁荣、社会进步,改善人民生活水平成为时代主题,由此产生了许多以"长城"命名的文化地标、文化品牌,比如长

古塞遗踪
——和林格尔县长城论坛暨土城子国家遗址公园建设研讨会论文集

城牌葡萄酒、长城牌润滑油等等,还有各行各业涌现出来的"长城"精神,比如植树造林,打造"绿色长城";强军卫国,把人民军队建设成为保卫国家的"钢铁长城"。2021年,在建党一百周年之际,习近平总书记讲到的中国人民不怕任何外来势力的欺负、压迫和奴役,如果"谁妄想这样干,必将在14亿多中国人民用血肉筑成的钢铁长城面前碰得头破血流"。总书记用"钢铁长城"比喻中国人民反对外来欺压的决心和魄力。

我们今天弘扬长城文化,要抓住"长城精神"的实质。既不能局限在狭隘的"中原与化外""内外之分""华夷之辨"等概念之中,也不能将特定时空条件下的概念与今天的概念混淆。"保家卫国"是其精神,不能狭隘地理解"家国"。"众志成城"是长城精神的新内涵。时代和社会的变迁会让文化遗产有不同内涵,因此要辩证地、联系地、发展地看待问题。从实现中华民族伟大复兴的最高目标来认识长城历史与文化在中华文明中的地位和作用,才能够正确阐释长城的历史价值、文化价值和当代价值。

经过不同时代,不断地赋予"长城"以新的内涵、新的精神和新的阐释。要对符号和形象的基本内涵进行科学、准确、精炼的阐释。要把中国历代长城的修筑历史、分布范围、基本形制及其长城文化和精神的内涵用高度概括和凝练的语言表述出来。内涵的表述要符合学术研究、公共认知和历史文化传统,成为中华传统文化和中华民族的最佳代表者和传承者。符号和形象的内涵、概念绝不能是错误的、有悖于常识和历史的,更不应该是被某种势力、思想人为强加甚至是曲意迎合的,这样的符号和形象即使当下不会被诟病,也必然经受不住历史的考验。

(三）突出中华长城文化符号和形象的基本路径

首先，要总结凝练，阐释内涵。要科学规范地使用中华长城文化符号和形象的名称，并对其基本内涵进行阐释。要用高度概括和凝练的语言，把长城的修筑历史、分布范围、基本形制及其文化内涵讲清楚。对符号和形象的阐释要符合历史事实，经得起历史检验。

其次，要加强宣传教育。要运用科学的普及方法，准确把握受众的认知过程，把宣传教育覆盖到方方面面。要善于运用新媒体、新技术，创新打造现代表现方式，赋予中华长城文化符号和形象新的时代内涵，并塑造新时代的中华长城文化符号和形象，激发共鸣、凝聚力量。

再次，要分层次推广中华长城文化符号和形象。对于已经广泛认可的中华长城文化符号和形象内涵，要发挥其社会价值，加强宣传推广。对于地方性、具体性和特殊性的中华长城文化特定符号和特定形象，要加强挖掘培育，积极引导建设，不断丰富内涵。要立足全局考察地方的历史文化在中华民族形成发展中的地位和作用，在总结历史经验的基础上，赋予其新的时代内涵。

最后，要坚持以社会主义核心价值观为引领，深入挖掘各民族文化的丰富资源，突出各民族共有共享的中华长城文化符号和形象，讲好各民族交往交流交融的故事，构筑中华民族共有精神家园，铸牢中华民族共同体意识，不断增强各族群众对伟大祖国、中华民族、中华文化、中国共产党、中国特色社会主义的认同。

中华长城文化内涵具有复杂性、多层次性，并随着不同时代的变迁而不断发生变化。习近平总书记在《把中国文明历史研究引向深入　增强历史自觉坚定文化自信》文章中指出："我们要积极推进文物保护利用和文化遗产保护传承，挖掘文物和文化遗产的多重价值，传播更多承载中华文化、中国精神的价值符号和文化产品。"中华长城文化就是展现中华文化、中国精神最典型的一个价值符号和文化产品，应该予以大力弘扬。内蒙古作为全国拥有历代长城文化最为丰富的地区，应该把中华长城文化符号作为推进和践行"两个打造"的重要举措、典型示范和成功案例。

二、从长城精神深刻把握中华文明的突出特性

2023年6月2日，习近平总书记在文化传承发展座谈会上高屋建瓴地凝练概括了中华文明的突出特性，深刻阐明了"两个结合"的重大意义，这是对中华文明发展规律的深刻把握，表明我们党对中国道路、理论、制度的认识达到了新高度，表明我们党的历史自信、文化自信达到了新高度，表明我们党在传承中华优秀传统文化中推进文化创新的自觉性达到了新高度。

长城的历史是中国历史的重要组成部分，见证了中华各民族交往交流交融的漫长历史发展进程，在这个过程中所形成和累积的长城文化，成为中华优秀传统文化的重要组成部分。长城文化内涵深厚，从最初的军事工程到后来的诗词意象，从商贸往来的管理者到民族交融的见证者，从承载传统历史文化到饱含众志成城、保家卫国的长城精神。这一切都昭示着这样一个事实：长城精神在漫长的发展历程中，内涵不断被丰富、被充实，逐渐成为中华民族精神的象征，成为代表中华民族向国外展示中国形象的典型代表。长城作为一项伟大的工程，还体现了中华各族劳动人民坚强不屈、吃苦耐劳、勤劳智慧的精神。今天的长城遗迹遗存已成为文化遗产，作为一道亮丽的文化景观，展现在世人面前。

中国古代持续不断修筑长城的历史，体现了中华文明具有突出的

连续性。长城的修筑和使用、长城文化内涵的丰富充实、长城精神持续弘扬的历史,就是伴随着中国历史的产生、发展、繁荣并绵延至今。中华文明是世界上唯一绵延不断且以国家形态发展至今的伟大文明,而长城及其文化的历史,始终伴随着这个伟大的过程,在中华文明历史的怀抱中保持了绵绵不绝的活力和生机。长城的历史和文化,深刻地熔铸着中国人民的智慧和思想。长城的历史也充分证明了中华文明具有自我发展、回应挑战、开创新局的文化主体性与旺盛生命力。

古代各族劳动人民在修筑长城时表现出来的创造性,体现了中华文明具有突出的创新性。中华文明是革故鼎新、辉光日新的文明,静水流深与波澜壮阔交织。连续不是停滞,更不是僵化,而是以创新为支撑的历史进步过程。中华民族始终以"苟日新,日日新,又日新"的精神不断创造自己的物质文明、精神文明和政治文明,在很长的历史时期内作为最繁荣最强大的文明体屹立于世。中华文明的创新性,从根本上决定了中华民族守正不守旧、尊古不复古的进取精神,决定了中华民族不惧新挑战、勇于接受新事物的无畏品格。具有伟大创造精神的中国人民,先后建设了万里长城、都江堰、大运河、故宫、布达拉宫等气势恢宏的伟大工程。其中万里长城位居第一,它是我国古代劳动人民勤劳智慧的结晶,这一点充分地体现在建筑工艺、艰苦施工和持续不断的修筑等许多方面。长城可以说是中华民族所独有,虽然欧洲也有过类似的长城,如古罗马哈德良长城。但是,欧洲的长城无论是从体量、规模、内涵,还是其所包含的历史文化信息,都无法与中国的历代长城相媲美。因此可以说,长城是中华民族的独有创造。这种独有的创造性,不仅仅体现在漫长的历史和文化发展过程之中,还体现在长城的精神内涵仍然在被不断地丰富,被广泛地使用在中华民族的各个历史时期。尤其是在当代,长城精神成为中华民族的

古塞遗踪
——和林格尔县长城论坛暨土城子国家遗址公园建设研讨会论文集

象征，是中华民族具有无限创造活力的最好体现。正如习近平总书记所指出，对历史最好的继承，就是创造新的历史；对人类文明最大的礼敬，就是创造人类文明新形态。长城的历史及绵延至今的长城精神，就是创造新历史、创造文明新形态的最好注脚。

历代长城所承载的多民族交往交流交融的历史，体现了中华文明具有突出的统一性。中华文明长期的大一统传统，形成了多元一体、团结集中的统一性。"向内凝聚"的统一性追求，是文明连续的前提，也是文明连续的结果。长城历史中的绝大多数内容，都是中华各民族不断交往交流交融的史实。不论是在长城沿线发生的战争冲突、移民迁徙，还是贸易交换、文化交流，都在客观上促进了多元一体的大一统格局向前发展。在中国历史的大一统时期，例如秦汉、隋唐、元明清时期，无论中央王朝是否大规模修筑长城，都没有影响到中原民族和北方民族之间的频繁交流往来，长城本体也没有对大一统局面造成破坏。相反，中国古代由大一统陷入分裂割据的原因往往都与长城没有关系。长城沿线，除了发生军事冲突以外，更多的是商业贸易、文化交流、人群往来，其发生的频率、深度和广度，都超过其他地区。明朝中期隆庆和议以后，明蒙关系实现和平，双方在长城沿线开展了互市贸易，这个稳定和谐的局面一直延续到清朝。清代在长城沿线各关口设置税收机构，专门负责管理往来商旅。同时，走西口浪潮一波又一波地持续进行，使得长城地带的人群发生着前所未有的交往交流交融。这一切都是在大一统格局之下有序地进行着，同时反过来也极大地促进了大一统格局的深化。

长城修筑的多元目的、成效以及其所承载的丰富历史内涵，体现了中华文明具有突出的包容性。中华文明从来不用单一文化代替多元文化，而是由多元文化汇聚成共同文化，化解冲突，凝聚共识。历代长城的历史，就是见证了中华文明包容性的典型例证。通观历代长城的修筑位置、功能、作用和修筑主体可知，长城的修筑起因各不相同。战国时期的齐、魏、中山、楚等诸侯国，修筑长城都是为了防御相邻的诸侯国。燕、赵、秦三国更加典型，他们都在自己所控制地区的边界修筑了长城，比如在北方修筑的长城，一般被称为"赵北长城""燕北长城"以及"秦昭襄王长城"，是为了防御北方的东胡、林胡、楼烦、狄历等北方游牧民族。此外，这些诸侯国还都在其他边界地带修筑长城，乃是为了防御相邻的诸侯国。可见，中原政权修筑长城不仅仅是为了防御北方游牧民族，他们不过是为了保护自身的财产、生命安全。当然，大多数情况下，长城都是被修筑在农耕文化与游牧文化交错交界地带。长城的历史，可以说就是一部中华民族内部不同文化形态之间的交往交流交融的历史。长城只不过是修筑主体为了"保家卫国"，为了保障自身安全，从而客观上承载了中国历史中的重要内容，见证了中华文明具有突出包容性的特质。

长城修筑是为了保证各族人民能够有一个安定的生活环境，体现了中华文明具有突出的和平性。和平、和睦、和谐是中华文明五千多年来一直传承的理念，主张以道德秩序构造一个群己合一的世界，在人己关系中以他人为重。始建于春秋战国时期的长城，历经秦汉、北朝、隋、辽宋金、明等时代，不论哪个王朝或政权修筑长城，其主导思想都是防御，是保护自身安全，而不是对外侵略扩张。从这个意义上来说，长城的修筑就是为了和平，而不是为了发动战争。不同时期的长城，其修筑的最初是为了军事防御，是修筑主体为了防御，为了保障自身的安全而修筑，防御不是进攻。长城的历史，符合了中华民族向来"倡导交通成和，反对隔绝闭塞""倡导共生并进，反对强人从己""倡导保合太和，反对丛林法则"的一贯宗旨。长城精神所蕴含的和平性，是中华文明对外展示和平形象的最典型形象。长城精神的形成历史，显示了中国始终是世界和平的建设者、全球发展的贡献者、国际秩序的维护者，决定了中国不断追求文明交流互鉴而不搞文化霸权，决定了中国不会把自己的价值观念与政治体制强加于人，决定了中国坚持合作、不搞对抗，决不搞"党同伐异"的小圈子。

长城凝聚了中华民族自强不息的奋斗精神和众志成城、坚韧不屈的爱国情怀，已经成为中华民族的代表性符号和中华文明的重要象征。现存的大量历代长城遗存以及各类相关文化遗产成为长城文化、长城精神的实物见证。这些形态各异、内涵丰富、类型多样、丰富多彩的文化遗产，已经不仅仅是考古学、历史学上的重要资料和研究对象，更是成为一道亮丽的风景线，与当代自然地理、人文社会融为一体，成为展现中国形象的优秀文化景观。

长城文化见证着中华民族多元文化交融互动的历史。最初作为军事设施的长城，逐渐扩展了功能，在历代商贸往来、文化交流等方面都作出了贡献，对于维护民族关系的和谐发挥了积极作用。近代以来，长城见证了中华儿女保家卫国的艰难历程，万众一心、众志成城的伟大民族精神提升和丰富了长城的历史价值和时代内涵。长城精神在漫长的发展历程中，内涵不断丰富充实，逐渐成为中华民族精神的象征，成为代表中华民族向国外展示中国形象的典型。

三、挖掘长城文化资源　丰富北疆文化品牌内涵

2023年7月5日中国共产党内蒙古自治区第十一届委员会第六次全体会议通过了《内蒙古自治区党委关于全方位建设模范自治区的决定》，提出要"着眼传承发展中华优秀传统文化、推动中华民族现代文明建设，充分挖掘和生动展现内蒙古大地上的厚重历史文化和丰富人文资源，融红色文化和草原文化、农耕文化、黄河文化、长城文化

等于一体，打造以各民族交往交流交融、守望相助、共同弘扬蒙古马精神和'三北精神'、铸牢中华民族共同体意识为基本内容的'北疆文化'品牌，教育引导各族群众牢固树立正确的国家观、历史观、民族观、文化观、宗教观"。打造"北疆文化"品牌，就是要进一步传承发展中华优秀传统文化，不断用最新的马克思主义理论成果丰富和发展文化血脉，坚守文化根脉，顺应时代发展，融多元为一体、汇古今为一脉，让根植在北疆大地上的优秀文化在新时代活起来、火起来，为提升内蒙古正面形象提供有力支撑，为各民族人心凝聚、团结奋进锻造强大精神纽带。

长城始建于春秋战国时期，到明朝为止，修筑长城的王朝政权主要情况如下：春秋时期，楚、齐等国纷纷在边境修筑长城，以防御相邻诸侯国。战国时期，楚、齐、韩、赵、魏、中山、燕等诸侯国也纷纷在边境修筑长城。战国末期，秦、赵、燕为了防御北方游牧部族，在北方修筑长城。秦始皇统一全国以后，将战国燕、赵、秦三国长城连接起来，东起辽东，西至临洮，初步形成万里长城。西汉时期，在战国、秦长城的基础上继续完善、增修扩容，形成了万里长城。此后，东汉时期也在前期基础上有所完善，但主要沿用秦、西汉长城。北魏建立以后，曾在今内蒙古、河北北部地区设置军镇以防御柔然等族，并在军镇辖区修筑长城。北齐、北周基本沿用北魏长城。隋朝为防御突厥等族，曾短暂地修筑长城，主要在今晋北、陕北和内蒙古中南部等地。辽朝在漠北也修筑有长城，因目前尚未进行大规模调查，其走向和分布有待认识。北宋时期，曾在宋夏边境修筑烽燧 - 城寨防御线，位于今陕北、鄂尔多斯等地。金朝为了防御塔塔儿、蒙古等草原部族，在漠南地区修筑长城，当时被称为"界壕"，自呼伦贝尔地区向西南延伸至呼和浩特、包头一带。明代修筑长城规模最大、持续时间最长、留存遗迹最多，主要是东自辽东，向西经过今天津、北

古塞遗踪
——和林格尔县长城论坛暨土城子国家遗址公园建设研讨会论文集

京、河北、山西、内蒙古、陕西、甘肃、宁夏、青海等地，当时被称为"九边"。大规模修筑长城的秦、汉、明三个朝代，都超过了1万里，故称之为"万里长城"。

内蒙古自治区域内的长城，在万里长城中占有非常重要的地位。内蒙古域内分布有战国燕、战国赵、战国秦、秦朝、西汉、东汉、北魏、隋、北宋、金、明等时代的长城。分布于长城墙体之上及周边的单体建筑、关隘、城堡和其他相关遗存多达万余处。据统计，各个历史时期修筑的长城遗址遗存总长达7570千米，占中国长城的三分之一。内蒙古长城修筑朝代之多，长度之巨，成为中国长城之最。

内蒙古地区的历代长城遗存多呈东西延伸，分布在广袤的内蒙古大地上。战国燕长城主要分布于今赤峰、通辽一带。战国赵北长城主要分布于今内蒙古中部，经过乌兰察布、呼和浩特和包头沿阴山（大青山）一线。战国秦长城主要在今鄂尔多斯、乌海等地。秦朝长城规模较大，在内蒙古域内的秦长城主要是在战国燕、赵、秦时期的长城基础上增筑、扩修。汉长城在秦朝长城的基础上继续增筑扩修，还增加了复线长城墙体，同时部分地段大量新筑墙体，延伸地域甚广，内蒙古东中西部均有汉代长城遗存。北朝长城在内蒙古地区的主要有北魏和北齐，北魏长城主要分布在乌兰察布、锡林郭勒、呼和浩特和包头一带。此外还有"畿上塞围"可能分布在今乌兰察布、呼和浩特南部一带，但因未见遗存，故尚难确定。根据文献记载，北齐长城分布在乌兰察布、呼和浩特南部一带，据推测多处墙体被叠压在明长城之下。隋朝修筑的"紫塞长城"在内蒙古域内主要分布在呼和浩特南部杀虎口至黄河一带，保存较差，踪迹难寻。北宋为防御西夏在边境修建了一系列军事设施，今鄂尔多斯域内的北宋烽燧、城寨体系就是北宋长城防御体系的一部分。金代长城（界壕）大部分都位于今内蒙古域内，东起呼伦贝尔向西南延伸经过兴安、通辽、赤峰、锡林郭勒、乌兰察布、呼和浩特、包头等地，有多道墙体为不同时期修筑。明长城是内蒙古域内历代长城的集大成者，主要分布在乌兰察布、呼和浩特、鄂尔多斯、乌海、阿拉善等盟市，多处为内蒙古与周边省区的接壤地区，修筑时间自洪武至万历年间，历经200多年，长城防御设施齐全，遗存众多，为历代长城军事防御工程之大全。

2019年，习近平总书记在考察嘉峪关关城时指出："当今世界，人们提起中国，就会想起万里长城；提起中华文明，也会想起万里长城。"长城从最早的先秦时期诞生至今，历经两千多年的时间，构成了一个复杂而庞大的体系，在作为纯粹军事防御工程作用的长城本体以外，又不断衍生出管理、使用以及围绕各类军事、政治和社会活动所形成的多种历史文化信息，使得留存至今的各类文化遗存呈现出非常复杂的局面。中国历代长城承载着中华民族几千年的辉煌历史。历代长城见证着中国历史漫长的发展历程，见证着中国历史的军事政治、社会变迁、民族交融和文化汇聚。现存历代长城遗存总量巨大，已经成为一处重要的文化遗产。长城文化遗产沿线的社会及与其相关的历史、文化、风俗和观念，都蕴含着珍贵的文化信息，对当代社会的发展有着不可忽视的重要意义。

长城凝聚了中华民族自强不息的奋斗精神和众志成城、坚韧不屈的爱国情怀，已经成为中华民族的代表性符号和中华文明的重要象征。内蒙古地区拥有丰富的长城文化，大量历代长城遗存以及各类相关文化遗产，见证着中华民族多元文化交融互动的历史。最初作为军事设施的长城，逐渐在商贸往来、文化交流等方面都发挥了重要作用，对于内蒙古地区的稳定、民族关系的和谐都起了积极的作用。近代以来，长城见证了中华儿女保家卫国的浩然史诗，万众一心、众志成城的伟大民族精神提升和丰富了长城的历史价值和时代内涵。长城修建及其承载的历史，从侧面见证了北疆文化产生、发展的过程。长城精神在漫长的发展历程中，内涵不断丰富充实，逐渐成为中华民族精神的象征，成为代表中华民族向国外展示中国形象的典型。

鉴于此，打造"北疆文化"品牌，长城文化是其中不可或缺的重要内涵。要充分认识到长城文化内涵的丰富性、复杂性和多层次性。长城文化会随着不同时代的变迁而不断发生变化。习近平总书记提出，"要做好长城文化价值发掘和文物遗产传承保护工作，弘扬民族精神，为实现中华民族伟大复兴的中国梦凝聚起磅礴力量"，还指出，"我们要积极推进文物保护利用和文化遗产保护传承，挖掘文物和文化遗产的多重价值，传播更多承载中华文化、中国精神的价值符号和文化产品"。长城文化是展现中华文化、中国精神最典型的一个价值符号和文化产品，要予以大力弘扬，助推"北疆文化"品牌的打造，丰富"北疆文化"品牌的内涵。

〔基金项目：国家社会科学基金中国历史研究院重大历史问题研究专项 2022 年度重大招标项目"中国北方民族交往交流交融史研究"（编号 22VLS011）的阶段性成果。〕

（翟禹，内蒙古社会科学院历史研究所副所长，内蒙古自治区社会科学院北疆文化研究中心副主任、研究员。）

长城建筑工程考察：以内蒙古长城为例

王大方

我国长城工程艰巨，规划严谨，设计复杂，在中国古代建筑工程史上创造了不朽的业绩。长城建筑风格多样，体现了不同历史时期的建筑艺术风格。我国长城资源分布在北京、天津、河北、山西、内蒙古、辽宁、吉林、黑龙江、山东、河南、陕西、甘肃、青海、宁夏、新疆15个省（自治区、直辖市）的404个县（市、区），包括各类遗存43000余处，遗址遗存总长度为21196.18千米。

历史上关于长城工程与建筑结构的具体情况记载较少，加之长城工匠的"作而不述"，故此类问题需结合文献与实地考察深入探讨。笔者通过查阅资料结合实际的考察调研，逐渐厘清内蒙古长城工程与建筑结构之特点，现以此文抛砖引玉。

内蒙古自治区的长城遗存长度为7570千米，约占全国长城总长的30%以上，包括长城墙体、壕堑、单体建筑、关堡和相关设施等长

古塞遗踪
——和林格尔县长城论坛暨土城子国家遗址公园建设研讨会论文集

城遗产 13728 处。长城修筑的时代包括战国时期的赵国、燕国、秦国和秦朝、汉朝、北魏、辽、宋、西夏、金、明朝等 11 个历史时期。内蒙古的长城主要分布在全区 12 个盟市的 70 余个旗县,既有诸侯国之间的防御工事,也有中原与草原民族对峙的长城,还有一个游牧民族为了防御另一个游牧民族而兴修的,例如北魏长城、西夏长城、金长城等。

一、长城工程的战略规划与组织实施

(一)战略规划、纵深防御

长城是我国古代劳动人民建筑的防御工程,在修筑长城之前先要进行战略规划,只有在重要地区构建纵深防御体系,才可以确保国家的长久和平与安定。战国赵长城、秦汉长城的纵深防御重点,即位于今内蒙古中部至河北省最北部的阴山山脉。该山脉呈东西走向,包括狼山、乌拉山、色尔腾山、大青山等。地理坐标为东经 106°~116°,北界大致在北纬 42°;南北宽 50~100 千米,平均海拔 1800~2000 米。

阴山山脉不仅是我国农耕区与游牧区的天然分界线,还是我国季风与非季风区的北界,属温带半干旱与干旱气候的过渡带。西部的狼山尤为干旱,大青山较为湿润。山坡低处为草地,中部有栎、榆、桦等树种,阴坡处有矮曲林。阴山地区古代人类活动的历史非常悠久,是农耕民族与北方游牧民族交往、交流、交融的重要区域。在阴山地区分布有战国赵长城、秦汉长城(见图 1)、高阙塞、鸡鹿塞、王昭君墓等。

阴山山脉战略地位十分重要,由于南坡陡峭,许多隘口就成为内蒙古高原越过阴山通往中原的重要通道。例如位于狼山的古代军事重镇高阙塞,就是因阴山山脉的西段狼山与乌拉山之间中断,形成了一个缺口,"望若门阙"因而得名。门阙宽 100~200 米,纵深长约 30 千

图 1　内蒙古包头阴山地区的秦汉长城（内蒙古长城保护中心供图）

米，两侧断崖峭壁。战国时期，武灵王二十六年（前300年）赵武灵王筑赵北界长城，东起于代（今河北宣化域内），经大青山、乌拉山、狼山南麓至高阙进行纵深防御。秦始皇万里长城，即将战国秦、赵、燕北长城连接加固，增筑而成。汉长城，在此段基本沿袭了秦始皇长城，加筑塞外受降城、光禄塞列城和武帝外长城（见图2）。

据《汉书·元帝纪》记载，西汉元帝竟宁元年（前33年）"春，正月，匈奴呼韩邪单于来朝，自言愿婿汉氏以自亲。帝以后宫良家子王嫱字昭君赐单于。单于欢喜，上书愿保塞上谷以西至敦煌，传之无穷。请罢边备塞吏卒，以休天子人民"。元帝下诏，请诸臣议论罢边备塞吏卒之事可否。

生长于北方边郡的郎中官侯应深知边情与阴山山脉长城纵深防御体系的重要作用，遂奏上《论罢边十不可》，分析论述了阴山长城边塞的重要战略价值与规划建设过程。侯应奏曰："臣闻北边塞至辽东，外有阴山，东西千余里，草木茂盛，多禽兽，本冒顿单于依阻其中，治作弓矢，来出为寇，是其苑囿也。至孝武世，出师征伐，斥夺此地，攘之于幕北，建塞徼，起亭隧，筑外城，设屯戍以守之，然后

图2 内蒙古阴山地区的汉长城（内蒙古长城保护中心供图）

边境得用少安。……起塞以来百有余年，非皆以土垣也。或因山岩、石、木、溪谷、水门，稍稍平之，卒徒筑治，功费久远，不可胜计。"（《汉书·匈奴传》）从侯应《论罢边十不可》，可见汉长城的大战略规划与具体建筑之情况。

（二）分段包筑，各负其责

在长城施工时，为了保障工程质量，便于监督管理，加快长城修筑速度，历代多采取分段包修，各负其责的办法。例如，在内蒙古域内的明长城当时分属山西、延绥、大同三镇所管，其修筑也是由三镇分别负责。据《明史·兵志》记载："先是翁万达之总督宣、大也，筹边事甚悉。……乃请（兵部）修筑宣、大边墙千余里，烽堠三百六十三所。"翁万达在任宣大总督时，曾对长城分段设计，提出修筑方案。大同宣府两镇，总计修长城1669里，翁万达在任期间完成800里，又在长城之外挖壕堑、壕外又种树木以防骑兵的冲击。这些系统工程，需要事先规划设计并且申报朝廷安排工程经费。

（三）因地制宜，就地取材

由于长城沿线地理情况不同，有高山峻岭，也有沙漠戈壁和黄土高原，为了避免长距离运输，节约人力物力，明以前修筑的长城在山区均采用石块，在平地一般用黄土。比如在今包头市固阳县北色尔腾山山脊上的秦始皇长城，因山上无土，全是岩石，遂就地取石块，垒砌成城墙。又如在今乌兰察布察右后旗、四子王旗的金代长城，因所经系草原地带，无山石，故均为先挖壕沟再用挖出的土来夯土墙。由于草原地区地势平坦无险可守，女真人只有用深挖沟壕、高筑边墙的办法来防备蒙古骑兵之进攻（见图3）。

图3　内蒙古赤峰地区的金代长城——金界壕遗址（内蒙古长城保护中心供图）

在平坦草原之地修筑界壕的方法为：先在平地挖壕沟，在壕沟南用挖出来的土建筑一道墙，这道墙名叫主墙；主墙筑好后，再在其南侧挖一条内壕，修起副墙，在其北侧挖上外壕。这一套工程下来，整个界壕的壕体宽度已逾50米。通过计算，一匹好马在50米左右的距离内要连续做4次腾空跳跃，翻墙过堑几乎是不可能的。为了万无一失，在壕内侧又筑有城堡且两城相连。城墙上士兵搭弓射箭，对付侥幸冲过来的骑兵；城内的士兵做后备队，与城墙上的士兵相互策应。到了明代，修筑长城所用的建筑材料除了土石之外，还有大量的砖、瓦和石灰。这些建筑材料也都是附近石场、窑场的石和砖、瓦、石灰。

二、长城的施工方法

（一）"因地形，用险制塞"

"因地形，用险制塞"即利用自然山体的险阻筑长城以设防，这是秦大将蒙恬修筑秦长城所用的方法。这一方法可以收到事半功倍之效，故为后代长城工程所普遍采用。

例如，在包头市固阳县的秦长城就是蒙恬利用阴山山地的险峻地形修筑的。这里的长城是沿山脊内低外高而筑，其间的"固关"（在固阳县康图沟村北）则是建在两山之间峡口之处。这样既能控制险要，亦可节约人力与材料。呼和浩特和林格尔县南杀虎口的明代长城，也是沿山脊修筑的，因为山脊本身就好似一道大墙，再在山脊上修筑长城，就更加险峻了。这种建在山脊上的长城从外侧看去，非常陡险，但内侧却比较平缓低矮。这样既可以提高防御能力，又利于士卒上下供应军需。

（二）修建山险墙和劈山墙

修建山险墙和劈山墙是利用自然山险或是将一些悬崖绝壁劈削而成。山险墙是利用高山的险阻障壁为墙，劈山墙是利用险峻的山岭，顺山势加以人工劈削而成的长城，均可节约大量人力与材料。例如，在呼和浩特武川县南部、乌兰察布卓资县北部的大青山山谷里的"当路塞"，就是汉代利用高山谷口修筑的一种山险墙（见图4）。再如，呼和浩特清水河县老牛湾的明代长城，从"阎王鼻子"至黄河岸边的一段属于典型的劈山墙式的长城建筑（见图5）。

包头市固阳县九分子乡段秦长城遗址，长约12千米，城墙外侧高5米，内侧高2米，顶宽2.8米，底宽3.1米，墙体就地取材，长城修

图4 阴山汉长城"石门障"山险（内蒙古长城保护中心供图）

古塞遗踪
——和林格尔县长城论坛暨土城子国家遗址公园建设研讨会论文集

图 5　老牛湾明长城从"阎王鼻子"至黄河岸边的一段为劈山墙式的长城

筑的工匠们以当地黑褐色厚石片交错叠压垒砌而成。石片重的每块 50 余斤,轻的每块 10 余斤,这样垒砌起来的长城,历经二千余年而未坍塌。

(三)蒸土筑城

蒸土筑城以胶泥为主,掺入石灰、细沙,加水发酵,搅拌捣匀,然后铺筑基础,待稍微干燥,用平夯打实,再铺第二层。因生石灰遇水后释放出大量热量,故形如蒸土。蒸土即是现代意义的三合土。因用蒸土筑城坚固耐久,故后来在有条件的沙漠地带修筑长城也采用了三合土。在内蒙古乌审旗毛乌素沙漠中的统万城夯土建筑遗址中，发现夯土墙的每层夹缝里均有糜黍糠壳，有记载说这是修城时在夯土墙上涂了一层米汤，以增强联结的黏性，使墙体更为牢固。

（四）绞盘上山与"飞筐走索"

此为古代劳动人民为减轻劳动强度，而在实践中创造出的"土办法"。在运送大石上山时长城工匠在山上、山下安装绞盘，把大石头或装载砖块的大筐子绞上山去。笔者于2000年在清水河县口子上村考察明长城时，看到某文物工程部门在维修长城时在山上与山下安装了两具绞盘以运输石头、砖、白灰上山，从而节约了大量的劳动力。

在深沟峡谷处，长城修筑工匠还采用"飞筐走索"的办法，把维修长城的材料装在大柳条筐内，从绳索上滑到对面的工地上；还有利用善于爬山的驴、骡、山羊把砖石驮运上山的。

（五）地基平，垒石平，上下咬缝平

在长城施工过程中为使墙坚城固，历代长城工程管理部门都很重视建筑质量。在修建长城之时先要找平地基，再垒石平砌，上下咬缝，以避免塌陷。例如，今包头市固阳县北色尔腾山山脊上的秦长城，因山上无土，全是岩石，长城修筑工匠们就地取石块，运用不规则的石块来垒砌城墙。这段秦长城的石砌墙体高达5米，地基平直，采用规则的片石层层垒筑。虽然是毛石，但均选择平面部位砌墙，而且上下两层石块勾缝，长城直立而起，屹立至今（见图6）。内蒙古明代长城为砖石合筑，有司对质量要求甚严，所砌条石、城砖都要求平行，墙缝要笔直。

图6 固阳县北色尔腾山脊上的秦长城,因山上全是岩石,长城工匠们就地取石块,运用不规则的石块来垒砌城墙(内蒙古长城保护中心供图)

三、修长城的劳动力来源

(一)戍边士卒是筑长城的主力

修长城的劳动力以戍边士卒为主。《史记·蒙恬列传》记载,秦始皇北逐匈奴后,以戍边的三十万大军修筑长城,历时九年完成。《金史·张万公传》载,金修西南、西北路,沿临潢到泰州的界壕,三万士卒连年施工告竣。金章宗时期所补筑的西北路长城的女墙副堤也是由戍军完成的。据《历代长城考》载,今内蒙古鄂尔多斯地区准格尔旗南境大战村的紫城岩长城,是明成化七年(1471年)由延绥巡抚余子俊部队所修边墙的一部分。另在乌兰察布地区南境属大同镇管辖的明代外边长城,为正德年间(1506—1521年)由宣大总督翁万达所修。

(二)强征民夫服劳役和招募民工

如北魏"发司、幽、定、冀四州十万人"筑"畿上塞围"长城(位于乌兰察布地区)。隋大业三年(607年)修筑位于今内蒙古中部的"西拒榆林、东至紫河"长城时,征调丁男达百余万。明代修筑长城所用的建筑材料需要大量的砖、瓦和石灰,这些建筑材料大部分是来自就近招募民工开设的石场、窑场。因此,参与长城修筑工程的民夫很多。

四、修筑长城的建筑材料和建筑结构

(一)石块垒砌,版筑为墙

内蒙古长城的城墙或以不规则的石块垒砌成石墙,或者用版筑夯为土墙。战国时期,内蒙古地区的赵、燕长城均采用版筑夯土墙的方法来建长城。这也是我国最早采用的筑城方法。所谓版筑就是两版相夹,内填黏土或灰石,一层一层地用杵夯实。用这种方法修筑的土墙就是版筑夯土墙。战国时期秦长城除大部分是夯土筑墙外,也有的山地段落是石砌墙(见图7)。秦汉时期的石筑墙,就比战国时期前进了一步。

战国赵长城为版筑的夯土墙,夯层较薄,一般为9~10厘米。例如,在卓资县的赵长城遗址附近的地面上,残留有陶制绳纹残片,应是守卫长城的驻军遗址,还有一座骑在长城上的方形墙台,高1.4米,长宽各17米,用黄黑色土交叠夯筑而成,共夯筑13层,每层厚约10

图7 鄂尔多斯地区的战国秦长城石砌城墙遗址（内蒙古长城保护中心供图）

厘米，这座墙台是守边戍卒瞭望用的。到了汉代，长城夯土层有所加厚，一般为10~15厘米。长城土墙的底宽顶窄，顶部宽度一般为墙宽的四分之一至五分之一。

（二）构筑"边墙"砖石并用

"边墙"是长城的另一种表述。自司马迁在《史记》中使用"长城"称谓后，到了明朝，长城被称为"边墙"。明朝修筑长城所用的建筑材料除了土石之外，还使用青砖砌墙。从宣德七年（1432年）起至万历年间（1573—1619年），开始在边墙沿线包砖。城墙顶部内侧筑宇墙，以防墙上将士坠落。外墙高过人头，留垛口，用以瞭望兼射击。依墙附建敌台（楼）二层或三层，顶层为楼铺，可驻兵藏粮。马面广建城墙上，突出墙外，上置铺房，起"兵夫得以安身，火器得蔽风雨"作用。如水泉营地处要冲，城墙"土埤沙薄，不堪捍御"，于万历三十六年（1608年）朝廷批准包砖。明中后期边墙经改建增筑，山西镇边墙使用30多斤重的墙砖选择关键地点包垒。包砌后的墙宽达7米，高7~8米，顶部宽达4~5米，铺以方砖或石板，可容5马拉车、10人并行。对于墙体的边角与基础部位，还用石条来加固。因此，在长城的一些段落附近，可以发现采石场的遗迹。例如，在呼和浩特清水河县海拔1600米的小元峁明长城附近，发现有多处采石场遗迹。用青砖、石块垒砌成长城墙体，或者长城包砖、包石条的建筑墙体，可以在清水河县、凉城县的"边墙"遗址看到。运用砖石砌墙由于山石承重力好，又能抗御自然侵蚀，所以砖石砌的城墙、敌楼、城门，均以条石作基础，砌筑到离地面1米多高，上面再砌大城砖。由于砖的体积小，重量轻，使用灵活，便于施工，所以就用来砌筑城墙的上层。这样的结构更加坚固，对当时的各类兵器具有更强的抵抗能力。

明朝修筑长城建筑技术有了很大的改进，许多地段还采用了整齐的条石和大城砖砌筑。例如，呼和浩特市清水河县北堡乡口子上村的明长城在墙基外用经过锤凿加工平整的大条石砌筑，内部填满土石块；墙基以上的墙身，用大城砖砌成，外砖内土，白灰勾缝；城墙顶部用三四层砖铺砌，面上一层用方砖，石灰勾缝；墙面陡峭处还砌成梯道，以便驻军人员上下。

五、修筑长城烽火台的方法

（一）运土搭台，填土夯筑

修筑长城烽火台的方法是先把泥土运到台址附近，然后在长城台址旁择一高地，建一条土筑栈道。长城修筑工匠们推车抬筐把土从栈道上运到台址处，填土夯筑。随着烽火台一层一层地加高，栈道也相应地加高和延长。待筑至十几米，工程将要告竣时，拆除栈道，等到上部设施全部完工，一座烽火台便立在山冈上了。

（二）搭脚手架逐层填土，夯筑成墩

修筑烽火台，有时采用绑扎脚手架的方法进行工程建设。长城修筑工匠们登上脚手架，再逐层填土，夯筑成墩。脚手架，就是用麻绳绑木杆，围着烽火台立起一个大木笼，然后在木笼上搭上踏板，以便上下。例如，从内蒙古地区明代长城的烽火台遗址上可以看出，土台的周围常常留有碗粗的圆孔，有的是上下交叉孔，有的则为一排排的圆孔，一层又一层直到顶上，这些圆孔，是绑脚手架遗留下的痕迹（见图8）。

图8　内蒙古乌海市二道坎明长城烽火台（内蒙古长城保护中心供图）

又如，位于毛乌素沙漠的"大夏"统万城角楼遗址高达40米，在夯筑的角楼墙体上面留有多层密集的椽孔，从下部直到上部，各层之间相距数米。因此分析认为统万城角楼也是用脚手架修筑起来的。脚手架已比土筑栈道前进了一步，直到今天在维修长城的文物保护工作中仍被采用。

（三）汉代烽燧，土坯建筑

考古调查发现的汉代烽燧多呈底宽上窄的方柱形，主要建在长城内侧，也有极少数是建在长城以外的。汉代烽燧的结构主要有四种：一是用黄胶土夯筑而成；二是用天然板土、石块夹红柳、胡杨枝垒筑，每隔20厘米，铺一层芦苇而筑成；三是完全由石块筑成，每层石块间铺芦苇一层；最后较多的一种是用土坯砌筑，每3~5层土坯间隔一层芦苇，苇层较薄，土坯一般长40厘米、宽20厘米、厚14厘米左右，为黄土、砂砾掺短苇筋脱坯制成。

由于干燥高温的气候，内蒙古额济纳旗汉代居延遗址一些烽燧至今仍然保存较为完整，底部每边宽达7~8米。烽燧顶部，四边有不高的女墙，形成一小屋。烽台下面有若干小房子，一般有"坞"（院墙）。烽燧的主要作用是传递消息，举火报警，根据出土的"塞上烽火品约"的规定，白天煴烟，夜晚举火，以示传递消息。报警的方式主要是举燔苣、燃积薪。

汉代居延地区最高长官居延都尉府官衙遗址为一座边长23.3米的正方形障城，现存城墙高约4.16米，墙厚4~4.5米。外围还筑有边长约46米的坞墙，形成一个长城防御体系的屯兵院落（见图9、图10）。

古塞遗踪
——和林格尔县长城论坛暨土城子国家遗址公园建设研讨会论文集

图9 居延汉代障城示意模型（内蒙古长城保护中心供图）

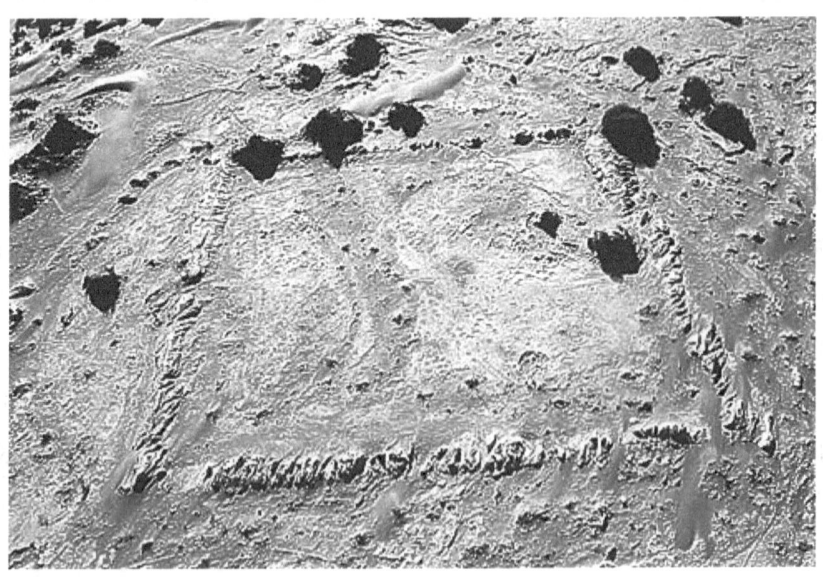

图10 汉代居延"甲渠侯官遗址"鸟瞰图（内蒙古长城保护中心供图）

（四）烽燧报警，驿递建墩台

长城在我国古代之所以能够有效地发挥防御作用，除了因为有坚固的墙体和无数的城、堡、障、塞等御敌设施外，还因为有比较严密的军事信息传递系统。古代军事信息传递系统一是烽燧报警，二是驿递。烽燧报警专用于军事，看守堠夫在烽火台点火放烟以传递军情。驿递就是由政府所设的驿站传递公文书信。自隋以后直至清末，驿传隶属兵部。明代对烽燧的管理很严，成化二年（1466年）法令规定："合设烟墩，并看守堠夫，务必时加提调整点。须要广积秆草，昼夜轮流看望。遇有警急，昼则举烟，夜则举火，接递通报，毋致损坏，有误军情声息。"明清两朝，均置驿丞，掌邮传诸事。朝廷或边关大吏遇有紧急情况，严令"驿马不停"以"日四百、日六百、日八百"里的高速传递。

康熙三十一年（1692年），清政府为了加强对于大西北地区的管理，在明长城口外设立了12所台站。台站路线从北京开始，经山西大同到杀虎口进入内蒙古地区。其中在土默特旗域内的有6所，为杀虎口（汉站）、新店子（蒙古站，今和林格乐）、二十家子（蒙古站，今和林格尔）、伍什家（蒙古站，今托克托）、沙尔沁（蒙古站，今土左旗）、归化城（蒙古站，今呼和浩特）。据调查，从新店子到二十家子后，即分为两路：一路从二十家子到沙尔沁、归化城直通北方；一路从二十家子到伍什家、向西到盐房口（位于土默特左旗），然后向西经内蒙古鄂尔多斯市、巴彦淖尔市、阿拉善盟直通宁夏、青海，终点到今新疆乌鲁木齐。各站之间距离一般为50千米左右，即骑马走一天的路程。各所驿站台站的附近均建筑有高台墩，夯筑成墩状如烽火台，一度曾经有人误认为是明代长城建筑，实际上是清代的驿站台墩。

1987年，联合国教科文组织世界遗产委员会根据世界文化遗产遴选标准，把中国长城列入《世界遗产名录》，世界遗产委员会对长城的评语为"长城在文化艺术上的价值，足以与其在历史和战略上的重要性相媲美"。

六、内蒙古秦长城上的匈奴岩画

近年来，内蒙古在维修位于阴山乌拉特前旗阴山地区小佘太秦长城时，在长城上下发现了4处共计70余幅岩画。古老的岩画与长城相融汇，显得格外庄严肃穆，体现了长城内外的民族文化。

据现场考察，刻绘有岩画的山体为石英脉岩石，被当地牧民称为"红墙"，它与黑色的秦长城并行由东向西延伸，宛如黑红两色的两条石龙，在阴山上缓缓舞动。在已发现的4处计70余幅岩画中，刻有牧羊人、狩猎人、北山羊、猎犬、马、驴等图案。其中，北山羊占3/4，刻绘的方法是用石器和青铜器在岩石上敲凿，并逐步加以磨制而成（见图11、图12）。

图11 内蒙古小佘太秦长城

图 12　内蒙古小佘太秦长城上刻画的牧羊人与北山羊（内蒙古长城保护中心供图）

岩画的作者应当是生活在阴山地区的匈奴人，其年代上起青铜时代，下至战国、秦汉时期，有些岩画是蒙恬在此修筑长城以后，才刻绘上去的。此外，在这一地区还发现有植物化石、海藻化石等。小佘太秦长城附近发现的这批岩画，丰富了长城文化与"阴山岩画"的内涵，特别是对研究长城与匈奴的历史关系提供了宝贵资料。

内蒙古历代长城历经两千多年，由古代长城修筑工匠们以血肉之躯，历经千辛万苦在崇山峻岭、荒漠戈壁上所修建。长城工程所创造出的高超的建筑技术工艺，集中体现了中华民族的勤劳与智慧，锻造了中华民族吃苦耐劳、顽强坚毅、众志成城的精神。历史上，内蒙古长城内外农耕文明和游牧文明不断的碰撞与交往、交流、交融，在长城的沿线形成了独具魅力的长城文化。长城文化推动了多民族共同奋斗、共同发展的历史进程。在内蒙古长城文化中，一些优秀的工程建筑理念与技术实践，至今依然具有重要意义与参考价值。

（王大方，内蒙古自治区文物局原副局长，内蒙古文物学会副会长兼秘书长。）

和林格尔明长城初探

吴 欣

在和林格尔东南部山区，可见雄伟连绵的明长城。由于此段长城地处晋蒙交界处人烟稀少的山区，再加上当地文物部门及所在区域老百姓自觉的保护，因此，长城城墙、马面、烽火台、军堡及其他设施大部分保存完好。

一、明长城的建设

据历史记载，明朝为了防御蒙古、女真等族的南下进击，对北方的防务非常重视，从明太祖朱元璋开始，在明朝的200余年中，几乎没有停止过对长城的修筑和加固，从而修筑了中国历史上最后一道东起鸭绿江、西达嘉峪关，全长达8851.8千米的万里长城，设置了辽东、蓟州、宣府、大同、山西、榆林、宁夏、固原、甘肃等九个边镇，简称为"九边"，负责修建和镇守长城。和林格尔县域内的长城属山西行都指挥使司管辖。山西行都指挥使司由洪武八年

（1375年）的大同都卫改组而来，其管辖范围东至北京的居庸关，西迄黄河转弯处的偏关、保德，北临丰州滩，南抵雁门关，东西延绵千余千米，南北亦有数百千米，其范围之大，实属九边之首。因此，明朝政府对该区域修筑长城倍加重视。

明长城工程之浩大，自秦始皇、汉武帝之后，没有哪一个朝代能够与之相比。在工程技术方面也大有改进，结构更加完整坚固，防御作用也大大加强。可以说，万里长城从春秋战国时期开始修筑，秦始皇连接成万里长城的伟大工程，到明朝才大规模修筑完成。

为了巩固北方的边防，明朝始终重视对长城的修筑。明朝前期（1368—1447年）对长城的修缮始于开国之初，其时国势强盛。明朝前期的长城工程主要是在北魏、北齐、隋长城的基础上，"峻垣深壕，烽堠相接"，"各处烟墩务增筑高厚，上贮五月粮及柴薪药弩，墩旁开井……"，"自长安岭（今宣化域内）迤西，至洗马林（今山西天镇），皆筑石垣，深壕堑"，即增建烟墩、烽堠、戍堡、壕堑，局部地段将土垣改成石墙。修缮重点是北京西北至山西大同的外边长城和山海关至居庸关的沿边关隘。

明朝中叶（1448—1566年）长期的大规模兴筑。"土木堡之变"以后，瓦剌、鞑靼不断兴兵犯边掳掠，迫使明王朝把修筑北方长城，增建墩堡作为当务之急。明弘治十五年（1502年）四月，都督佥事庄鉴和巡按御史韩春奉命，会调右玉林卫、威远卫等兵校壮丁6万余人、指挥154员重修边墙，历时四月余，于八月完成。墙宽一丈五尺，高一丈三尺，共修980里，增置斥堠百处，加筑堡砦670个，挑凿坑堑百万，进一步加强了长城的防御功能。

明长城由城墙、关、城堡、墙台和烟墩等组成完整的军事防御工程体系。城墙是长城工程主体，墙体依材料区分为砖墙、石墙、夯土墙、铲山墙、山险墙、木柞墙、壕榨等类型，随地形平险、取材难易

古塞遗踪
——和林格尔县长城论坛暨土城子国家遗址公园建设研讨会论文集

而异。除蓟镇长城的墙身全部用条石、青砖砌筑，其余诸镇长城多采用夯土墙，仅关门、敌楼包砖。铲山墙指将天然山体铲削成陡立的墙壁，山险墙一般依靠峻峭的山脊用砖石垒砌，木柞墙指树林中的木栅栏墙，壕榨指挖掘壕堑后于一侧的培筑土垣。城墙断面下大上小呈梯形，高厚尺寸亦随形势需要而异。城墙顶面，外设垛口，内砌女墙，两面皆作垛口者，如北京慕田峪长城，显示军事控守地位的重要。砖、石结构的长城以北京八达岭居庸关为例，用整齐的条石砌城墙身外侧，内部填充灰土碎石，平均高7~8米，基宽6~7米，顶宽5~6米。顶部用青砖砌成垛口、女墙，垛口高约1.8米，女墙高约1.2米。垛口开有瞭望孔和射孔。墙体顶面用方砖铺砌，两侧设有排水沟和出水石嘴。墙身内侧间隔修砌券门暗道，以供守城士卒上下。

明长城关城是出入长城的通道，也是长城防守的重点，建砖砌拱门，上筑城楼和箭楼。一般关城都建两重或数重，其间用砖石墙连接成封闭的城池，有的关城还筑有瓮城、角楼、水关或翼城，城内建登城马道，以备驻屯军及时登城守御。关城与长城是一体的。城堡按等级分为卫城、守御或千户所城和堡城，按防御体系和兵制要求配置在长城内侧，间有设于墙外者。

墙台在长城上，约间隔300米设一座，突出墙外，台面与城墙顶部相平，建铺房，供守城士卒巡逻时遮蔽风雨，墙台外滑砌有垛口，用于对攻城之敌进行侧击。空心敌台，亦称敌楼，跨城墙而建，分二层或三层，高出城墙数丈，开拱门、箭窗，内为空心，守城士卒可以居住，储存火炮、弹药、弓矢之类武器，顶面建楼橹，环以垛口，供隙望之用。敌台视长城险要之处而设，周阔十二丈，可容三四十名军士。空心跨墙敌台是戚继光任蓟镇总兵时创建的。

烟墩也称烽燧、烽堠、墩台、亭、烽火台等，是一种白天燃烟、夜间明火以传递军情的建筑物，多建于长城内外的高山顶，易于瞭望的丘阜或道路折转处。烟墩形式是一座孤立的夯土或砖石砌高台，台上有守望房屋和燃放烟火的柴草，报警的号炮、硫黄、硝石。台下有用围墙圈成的守军住房、羊马圈、仓房。

二、和林格尔域内的明长城

明代称长城为"边"或"边墙"，因功能、规模和建筑时间不同又分为"大边""小边"或"主边""次边（二道边）"等，在重要的关隘险要地段还修筑有好几道边墙，多的达十几重，分别称为"一边""二边""三边"等，依此类推。明长城在和林格尔段分为内长城和外长城，总计101673米。内长城又叫"主边"，是晋蒙的界限。从杀虎口西面，经新店子镇的前菜木贝、羊塔、前海子洼、十二沟、磨扇洼、三十八，进入羊群沟乡的爱好庄旺、韭菜沟、井沟子、大沙口、楼沟，然后进入清水河县域内，全长约51406米。这段长城基宽4~5米，残高5~15米，个别地段仍保留昔日的风姿，高不可越。骑墙筑有34座墩台（敌台、马面），好像银线穿珠。墩台一般基宽11~14米，残高约10米，墙体和墩台外侧曾砌有青砖。有的墩台外面还有围墙，用以拱卫墩台。

外长城又称"大边"，一些专家学者称其为"次边"，是相对于较晚修建的"主边"而言的，而民间又称"大边"为"二道边"。明代大边是明初最早修筑的第一条长城，完全在丰镇、凉城、和林格尔、清水河等县域内。据丰镇市隆盛庄东山角的石碑文记载："大明洪武廿九年（1396年），岁次丙子四月甲寅吉日，山西行都指挥使司建筑。"当时山西行都指挥使司设在今山西省大同市。《读史方舆纪要》载："明初封代藩于此，置大同五卫（大同前、后、左、右及朔州卫）及阳和五卫（阳和、高山、天城、镇虏、蔚州卫）、东胜五卫（东胜、

古塞遗踪
——和林格尔县长城论坛暨土城子国家遗址公园建设研讨会论文集

左右二卫及玉林、云川、威远三卫），卫各五千六百人，以屯田戍边。又设大边、二边，以为捍蔽，是时云内、丰州，悉为内境，边圉宁谧者数十年。"这道明长城大边，如长龙起伏于群山之巅，其西据黄河，扼鄂尔多斯高原，北望河套阴山，可防蒙古诸部骑兵南下，东面和南面与主边隔山相望，相互拱卫，成为京师北京西北边防的屏障。又是塞外玉林卫、云川卫、镇房卫、东胜卫的前哨依托，是保卫京师的第一道防线。明长城大边由杀虎口向西南经过和林格尔县新店子镇的二道边，向西南过山保岱、上红台、驴圈沟、好来沟、彦崖，进入羊群沟乡的一间房、丈方塔、黑台子、新窝铺进入清水河县，墙体状况与内边基本相似，沿边有24座墩台，总长度经测算为50267米。

大边之后修建的长城，又称"二边"或"二道边"，是介于大边与主边之间的边墙，是对大边的补充或强化，且与大边或分或合，大多修筑于军事要地，与大边、主边、烽燧、边堡形成完整的军事防御设施。传统上所谓"大边"即"二道边"，"主边"即"大边"的说法是不准确的。事实上，大边是明朝早期修筑的长城，稍晚修筑、位于大边以南的便是二道边。而主边的修筑晚于大边，是山西和内蒙古的界线。大边在北，主边在南，二道边介于大边与主边之间。

和林格尔县与山西省朔州市右玉县之间的明长城，在总体修筑完成之后，又先后数次重修。明朝宣（化）大（同）总督翁万达创建了"窦、墩、塘"制度，"窦"也就是孔道，长城经过河流时，采取飞梁而过，在城墙基石下券筑水门，如经过杀虎口沧头河的明长城就在河上修筑有万全桥；"墩"就是沿着建筑在山巅之上的烽墩，与长城结合为一体；"塘"就是在长城跨越大河，无法筑窦、墩的地方，沿河两岸修筑夹岸长城，如清水河域内老牛湾跨越黄河的长城，这就使得长城防御体系达到了严密无间的程度。此外，和林格尔域内的明长城，大多为夯筑，夯层厚在0.2~0.3米之间，也有石砌长城，但大多已毁。

明初修筑的长城在一定程度上有利于抵御蒙古的侵扰，特别是军屯的发展，长城沿线驻军战时驱敌，无战时耕田守边，以屯田自给自足，这样的战争在一段时间内促进了长城区域经济与文化发展。

明代正统之后，军屯越来越不能适应当时政治经济发展局势，边防军士不堪忍受军官的剥削，且耕种的土地无法满足其温饱，大量士兵开始逃亡，屯田制度在边境开始瓦解。随着军屯的解体，明朝北部经济支撑削弱，边防力量随之减弱，蒙古族各部趁机侵扰明朝边疆，进而爆发了大规模的明蒙战争，长城沿线战火连天。面对蒙古军的进攻，明朝京师濒危，朝廷急募边军，并集中全国人力物力到长城沿线修筑边墙，想要以自视坚固的长城来抵挡蒙古族的侵袭。据有关史料记载，明朝八十余万军队散布于万里长城之上，每里不过几十人驻守，而蒙古军队常常以十万大军攻其一点，跨越长城如履平地，往往使万里长城的某一段墙体筑而即毁、毁而复筑，东边的刚修完，西边又被攻破，由此形成恶性循环。直到隆庆五年"俺答封贡"后，长城沿线明蒙贸易市场大量开辟，明蒙双方才迎来和平安定的局面。而随着明蒙关系的缓和，长城的军事功能也大大减弱了。

明长城主边、次边等，经过几百年的风雨剥蚀和战争破坏，其风采犹在，雄姿不减当年。它蜿蜒于崇山峻岭之间，盘旋于陡坡险峰之中，雄视着古代的战场和强敌，保卫着京师的安全，充分显示了我国古代人民的勤劳勇敢和聪明智慧。

在和林格尔县新店子镇好来沟村，人们至今可见场面宏大、边墙重重的明长城，这一处明长城因其规模大、景色美、保存完整、气势雄伟而备受人们的青睐。立在西坡上看去，进入视野的明长城犹如巨龙一般，在崇山峻岭之中起伏连绵，十几座墩台、烽火台又像一个个勇士，威严地矗立在高山之巅。长城在这里不是一道，而是几道、十几道，这可以从当地的一些诸如二道边、十三边等村名得到答案，一道道或分或合,沿着山脊游走,凭险建筑,遇沟修桥而过,技术之高超,工程之坚固,防御体系之完整,堪称古代军事设施之精华。烽火台高大威武,有的烽火台还在内侧的向阳处修筑有藏兵洞,可容纳3到5人,据说这样做是为了守边战士在冬季取暖之用。由此可见,古代军事家为了防御北方游牧民族的侵扰,真是煞费苦心,同时也足见当时该地区是明军防御的重点区域。

明长城作为军事防御工事,在当时确实发挥了重要的作用,但是,长城却始终没有割断关内外人民的情谊,通过杀虎口、云石口等关口,关外的少数民族源源不断地把牲畜、皮革等产品运往口里,而关内的农具、铁器、耕作技术也不断来到草原,为发展当地的农牧业生产作出了贡献。而今,长城作为军事设施已失去了它的意义,但它的历史意义、文化意义、经济意义却在日益显现。

三、明长城上几处关口的形成

关口是指关的出入口或来往必经的处所。从自然形态上讲,关口所在地一般为两山夹峙,中为孔道,往往是在地质历史上形成的地貌形态;从人文意义上讲,只有当人类经过不断探索,经常性通过这样的孔道,那么这样的孔道才具备了"关口"的严格概念。

2018年至今,笔者陆续对山西省右玉县与和林格尔县之间明长城之上(即主边)的杀虎口、二分关、云石口、口子沟、大沙口等五处关口进行了实地考察,对这五处关口的形成、设施、作用等有了一些粗浅的认识。这些关口均处于明长城主边,即晋蒙交界处长城之上,均有道路连通关内外,这些关口附近均形成了现代村落,多数关口附近有河流经过,有的还筑有坚固的土堡。

杀虎口位于右玉县西北35千米,坐落于明长城脚下两省区(山西省、内蒙古自治区）三县（和林格尔、凉城、右玉）交界处。春秋战国时杀虎口便有参合陉、参合口之称，唐称白狼关，宋名牙狼关，明改杀胡口。清朝前期为缓和蒙汉矛盾，御赐更名为杀虎口。杀虎口两山夹峙，西有苍头河（浑河上游）从南至北流过，中间为狭长的走廊连通关内外。杀虎口内东侧，即是明代修筑的杀虎堡。

二分关在距杀虎口西南15千米处的右卫镇二分关村，一条沟谷由西向东贯通明长城主边，边内是二分关村，出边便是内蒙古和林格尔县新店子镇辖地。

云石口位于右玉县丁家窑乡西北，其南侧为云石堡，分新旧两堡。云石口就在新堡北侧，中有王石匠河，堡沿河由东向西而去，并汇入马场河，穿过明长城主边进入和林格尔县域内，最后注入浑河。云石口西北便是内蒙古和林格尔县羊群沟乡韭菜沟行政村。

口子沟、大沙口位于右玉县丁家窑乡西北明长城主边脚下，云石口西不到5千米，两村南面有河自西向东流过，经云石口马市接纳王石匠河、堡沿河折而向西，汇入马场河，最后注入浑河。两村往北，均有沟谷穿过明长城主边通往和林格尔县羊群沟乡。

从军事上讲，杀虎口历来是兵家必争之地。史载，西汉高祖七年（前200年），徙韩王信代都马邑，信投降匈奴，屡引兵南犯，十一年（前196年），汉将柴武等在参合击败韩王信的军队，杀死韩王信，收复雁门郡；西汉天汉三年（前98年），匈奴入雁门郡，太守害怕逃跑，被汉武帝下令处死；东汉延光元年（122年），鲜卑进攻雁门、定襄郡（治在今右卫古城南侧）；隋开皇二十年（600年），太平公史万岁从朔州出兵，经杀虎口在大芹山（今大青山）大破突厥军；宋庆历元年（1041年），李元昊反叛，杨偕请弃河外，保合河津，帝不许，于是会张亢管勾麟府军马，破之于柏州地，又破于兔毛川，筑十余栅，河外始固。

古塞遗踪
——和林格尔县长城论坛暨土城子国家遗址公园建设研讨会论文集

明嘉靖二十三年（1544年），山西行都司在杀虎口筑堡，万历二年（1574年）砖包，堡周二里，高三丈五尺。嘉靖四十三年（1564年），于近关处另筑一新堡，名平集堡，周二里，高与旧堡等，中建客店，内外交易。复于两堡中间东西筑墙，连环为一。设城守备一员，坐堡把守一员，旗军777名，马骡152头。

尽管如此，长城还是未能抵挡蒙古军的冲击。史载，明嘉靖六年（1527年），鞑靼攻入杀虎口，杀死民众多人；嘉靖三十三年（1557年）十一月，土默特蒙古军从杀虎口大举南下，包围右卫城；清顺治五年（1648年）十二月，大同总兵姜瓖倒戈反清，并派兵占领雁门北各城镇，右卫参将彭有德及清兵溃不成军，弃城而逃，被赶出杀虎口。

从经济上讲，明嘉靖二十三年（1544年），由于军事与贸易的需要，杀虎口开始筑堡，伴随着马市的设立，杀虎堡集市贸易更加繁荣。于是，万历四十三年（1615年），该地另筑新堡，名为平集堡，并与旧堡合二为一。从此，杀虎堡市场更加完善，关外所需商品，关内所需草原畜产品等，大多经杀虎口销售。

清顺治七年（1650年），杀虎口始设税务监督机构，专门征收杀虎关口沿长城进出货物的关税，为大清王朝聚财。杀虎关税务机构前期称"户部抽分署"，以后改称"钦差督理杀虎口税务督署"，简称税务监督署。又因衙门上挂有一面"户部钦差"的大匾，因此老百姓都习惯地称"户部衙门"。衙门位于杀虎堡新、旧堡之间的中关北路，内设科房、班房两个属科和一个库房，中间有一个大堂。杀虎口税务监督署管辖山西天镇新平堡至陕西神木长城沿线的税收和人事事务。按照规定，"商人运载货物例额直赴杀虎口输税，不许绕避别口私走"，因此税收繁忙，人口众多。有关史料记载，清嘉庆、道光之前，全国国库收入约为4800万两白银，其中商税中最大宗的关税每年收入不过四五百万两，而杀虎关（含归化关）的关税收入就达到16919两白银，这只是解送户部的数额，尚不包括被地方税收官员分成、贪污之数。因此，杀虎口号称"日进斗金斗银"，收入之巨可想而知。

在杀虎口大关之外，另有一隶属于大关的小关，也即二分关，在杀虎口西15千米的长城主边上，俗称"二分关"。二分关同样建有税厅和营房，主要征收过往小商小贩的税收。

云石堡马市遗址位于和林格尔县羊群沟乡东石咀行政村韭菜沟自然村，当地人称"马市疙瘩"，紧依长城而建。东有十三边河和碓臼沟河流出，东南有堡沿河流出，两河汇于马市前，向西注入王石匠河转为北流，汇入马场河，再汇入浑河，并最终汇入黄河。云石堡马市隔十三边河与右玉县云石堡相望。

云石堡马市于明隆庆六年（1572年）设置，贸易对象是多罗土蛮等部。云石堡马市遗址结构十分严谨，与关口、长城连为一体。长城从东向西延伸至王石匠河口，爬上"较量山"逶迤西去。河口东200米为关口，关口东25米处有一墩台，石、土混筑，方形，底宽13.5米，残高6米，原有三层楼阁，当地百姓称为"互市楼"（或为护市楼）。紧靠关口之外有一堡，东西58米，南北62米，现存东、北、西墙遗址，底宽约4米。紧依关口之南亦有一堡，正方形，边长48米，四墙遗址明显，底宽约5米。该堡之东115米处有一大堡，距长城10米，依长城走向而建，呈长方形，东西长248米，南北宽186米，原墙遗迹尚存，有的地段墙高5米，底宽约6米，此大堡应为马市无疑。堡内原有一水井，现湮没无痕。堡内到处散落着城砖、盆、碗残瓷片，板瓦、筒瓦残片，琉璃构件，残石磨等。可见，马市内当时建有房舍，可供人畜生活之用。关口内外两小堡用途不明，推断关内小堡应为守关驻军所用，堡内遗存有瓦砾残瓷，东墙有一马面与关口的互市楼遥相呼应。堡门坍塌不明，依瓦砾石块遗迹看应在南墙开门。关外小堡似为蒙古人的停留地和马匹的停放地。每到开市之前，边外

古塞遗踪
——和林格尔县长城论坛暨土城子国家遗址公园建设研讨会论文集

牧民就早早等候在堡内，由管理者编号、排队、检疫牲畜。开市吉炮一响，牧民们就按顺序牵牲畜、负物鱼贯而入，有秩序地到达指定市场。

口子沟村东为胶泥沟村，西为大沙口村，与大沙口村相距不到2千米，与云石堡相距也不超过5千米。口子沟、大沙口因长城穿过，分为口内口子沟、大沙口，属山西省右玉县丁家窑乡管辖；口外口子沟、大沙口，属内蒙古和林格尔县羊群沟乡管辖。两村村南均有小河由西向东流过，并经云石堡西折向西北，是为马场河上游，并最终注入浑河。

关于这两处"口"，史籍未载，但也有着久远的历史。当地群众中流传，大沙口原名为"大杀口"，历史上曾发生过惨烈的战争，死人无数，至于哪个时代，已无从可考。但据史籍记载，有明一代，游牧于草原的蒙古军曾多次突破长城关隘，侵入口内，如明天顺四年（1460年）八月，蒙古军侵入威远，九月包围右玉城；明弘治十三年（1500年）四月，蒙古军骑兵7000人侵入威远卫，大败明军，明军900余人战死；明嘉靖九年（1530年）七月，蒙古军由黄榆山入，寇威远卫；明嘉靖四十三年（1564年），蒙古军数万人举兵入侵威远卫。距威远卫最近的长城隘口，恰是云石口、口子沟、大沙口等关口，但因云石口建有新、旧两堡，防御工事坚固，蒙古骑兵不宜通过，而大沙口与口子沟便成为蒙古军的首选之地。因此，我们完全可以判断，当年蒙古军正是突破长城沿线这几处相对薄弱的关口，进逼威远卫的。

（吴欣，内蒙古作家协会会员，呼和浩特市作家协会副主席，呼和浩特市长城科普学会会员。）

一条考古文化长廊

项 尚

浑河是黄河的一级支流，发源于山西省朔州市平鲁区郭家窑村，向北流经右玉县，出杀虎口转而向西进入内蒙古和林格尔县，在清水河县岔河口注入黄河。浑河干流全长约200余千米，其中上游称为苍头河，在朔州市域内全长96千米，下游清水河域内全长47千米，中游和林格尔县域内全长72千米。浑河干流先后接纳了马营河、欧家村河、牛心河、李洪河、大沙河、古力半几河、清水河等支流，流域面积约2500平方千米，均占右玉、和林格尔、清水河三县面积的大部分，也是我国为数不多的由东向西流向的河流之一，故又称"倒流河"。

历史上，浑河流域是由多民族共同生活、开发的一片沃土，为我们留下众多文物古迹。特别是沿着浑河干流，就有诸如中陵古城、右卫古城、玉林卫故城、云川卫故城、上城湾古城、岔河口聚落遗址以及小板申东汉壁画墓、鸡鸣驿北魏贵族壁画墓等等，形成一条历史遗迹众多、形态多样的文化长廊。本文就以浑河流经的和林格尔域内为例，来展示这条丰富多彩的文化长廊的迷人风采。

一、古城遗迹

（一）明代玉林卫及汉代武成县遗址

在和林格尔县新店子镇榆林城村，有一座古城遗址，这就是明朝玉林卫古城遗址，其南部叠压着汉代武成县，古城遗址现为内蒙古自治区重点文物保护单位。

榆林城村是一个有千余口人的村落，大多居住在公路北侧的古城内。这里北依山峦，南濒浑河，城内地势平坦，丛林茂密，浑河为这里带来了肥沃的泥土，也带来了兴旺和繁荣。古城南去10多千米有明长城横亘于崇山峻岭间，东南20千米为长城隘口杀虎口，有汉代定襄道、清代杀虎口驿路连通。

这座古城明代称之为玉林卫，之后以讹传讹，竟成了榆林城。榆林城东西城墙长1400米，南北墙长1200米，略成长方形，总面积182万平方米。城墙最高残存10.3米，基宽最宽8.7米，墙体均为夯土构筑。古城有四个门，东南北都有瓮城，西面没有瓮城，但有护城河，即今水泉沟河，而南城门呈双联瓮城，原有雄伟的城门楼，后被大火焚毁。城内东北处有一圆形的较高台地，可能是当时的一大建筑。在古城的南部，还叠压着一座古城，考古工作者认定这就是东汉定襄郡下设的武成县遗址，小板申村的东汉壁画墓就绘有武成县当时的景象，当年汉墓的主人护乌桓校尉曾在这里任武成县长史。

据《明史·地理志》记载，玉林卫于"洪武二十六年二月置，属（山西）行都司，永乐元年徙治北直畿内，直隶后军都督府，宣德元年还旧治，仍属行都司。正统十四年徙治旧定边城，与大同右卫同治，而卫城遂虚"。从历史记载可以看出，玉林卫城初建于1393年，永乐元年（1403年）内迁，宣德元年（1426年）复建，正统十四年（1449年）明朝下令收缩防区，将玉林卫迁至大同路的右卫，称右玉林卫，即今山西省右玉县的右卫古城。

武成县故城，在榆林城村南，即明代"玉林卫"故城南半部所叠压之古城址。古城东西约900米，南北约300米。墙体现在仅存有一小部分，东墙在公路北侧的一段长约4米，残高3.7米，基宽6米，夯层9~12厘米，黄土结构，土质坚硬。公路南侧还有一段，长约150米，成缓坡土楞状，方向175度，如今已植树。南墙为历代浑河洪水泛滥侵蚀，了无痕迹。西墙为历代农耕破坏，已成平地。北墙被明代"玉林卫"城叠压破坏。如今，古城墙及其所有设施均已不复存在。

经考古工作者探测考证，古城内东部有大约300平方米，西部有大约600平方米的建筑群痕迹，稍高于地面。土色为黄色，堆积较厚，残砖碎瓦、陶片较多，板瓦与筒瓦内饰方格纹或布纹，外饰绳纹，厚1.2~1.5厘米；残砖以绳纹、草席纹和菱形几何纹为主。另有表面抹成素面，或经过磨压的板瓦片。据这些遗物判断，城址的上限属于西汉，东汉时期沿用，这也在东汉壁画墓中的武成图中得到了印证。

武成县故城的确定，是根据1972年小板申东汉壁画墓的发掘资料，再加上考古发现来确定的。在这座古墓的后室北壁上绘有武成图，南壁画有庄园图，武成图用榜题"武成寺门"表示这里是当时的县衙所在地，又有"武成长舍""武成寺门""长史宫门""长史舍""尉舍""井""堂""内"等建筑，表示武成县应是当时墓主人的籍贯所在，也就是东汉壁画墓主人护乌桓校尉出生和任职的地方。壁画中的庄园图，是墓主人的出生地和退仕还乡后安富尊荣庄园生活的所在。"庄园图"下部画一条横向大曲线，应该表示河流，即今天古城南边由东而西流淌的浑河。城址与东汉壁画墓之间相距 2.5 千米，在浑河北岸，与武成图与庄园图所示相吻合。根据生居死葬的关系，确定壁画中的武成图，就是明玉林卫叠压的那座汉城。

（二）小红城古城

小红城古城位于和林格尔县大红城乡小红城村北，是一座低山、丘陵环抱的古城，现在是内蒙古自治区重点文物保护单位。城址南 1 千米是由东而西流淌的浑河，城东为林地，城内现在是农田。

小红城古城平面呈梯形，东墙微成西南而东北走向，全长约 431 米，基宽约 7.5 米，残高约 1.5 米。城门设在中段，宽 8 米，无瓮城；南墙 415 米，基宽约 9.2 米，残高 1 米，中段设有城门，门宽 8 米，无瓮城；西墙南北走向，全长 415 米，基宽约 9.2 米，残高 1.5 米，中段设有城门，与东门相对应，宽 8 米，设有瓮城；北墙长 446 米，基宽约 11 米，残高 2 米，是全城保存最高的一段，城门设在中段与南门对应，宽 8 米，没有瓮城。

古城内街道依稀可辨，呈十字形，贯穿东西南北四座城门。经过钻探发现，距地表 50 厘米下有约 57 厘米的文化层，土色呈黄红泛白，内含陶、瓷片，其下是沙土层，呈白黄色，含有 5 厘米厚的木炭；再往下是红土层，土质坚硬并含有料渣等物。在古城内，文物工作者采集到众多遗物的残片，主要器物有陶器，器型主要有瓮、罐、盆、碗等；瓷器的器型主要有瓮、罐、盆、瓶、盘、盏等。此外，还发现有砖、瓦、铁锅、石磨、石臼等。1969 年，小红城古城出土了一件铁釜，口径为 0.5 米，重达 13.5 公斤。

小红城古城南临浑河，明代称乌兰沐伦河，也称浑河川，小红城的名字应与浑河川有关。当地语言中"红""浑"不分，因此，才有了"小红城"这一名称。

从历史记载和考古发掘证实，小红城古城的使用时间主要在金代，但上限也有可能到汉代。2008年，文物考古工作者在古城北500米处发现了7座汉代墓葬，出土了50多件陶器、铁器、铜器等精美文物；2021年，文物工作者在城西北发掘了31座西汉时期的古墓葬，出土了200余件时代特征鲜明的文物。这些墓葬究竟与小红城古城存在什么样的关系，令人深思。

又据《和林格尔县志草》记载，1931年冬天，在小红城发现了一具石柜，方广二尺、长三尺，内藏壶瓶香料等，又有方不到寸、长二寸齿牙一枚，又有方广四寸、厚二寸许，叠折九层，似牙非牙、似石非石一枚，又略似兽掌，五瓣相并，方广二寸、厚七分，甲灰色，坚如石，中夹一层色红质松俱，不知为何物。石柜之上镌刻有兴国寺首座沙门功德主，时间为天会十五年（1137年）五月。而"天会"的年号为金太宗、金熙宗时期使用，时间自1123年至1137年。这也从实物方面证明，当时的小红城确为金代云川县治所。《金史·地理志》载，西京路云内州之下设有柔服县、云川县，其云川县条下云："云川本曷董馆，后升为裕民县，皇统元年复废为曷董馆，大定二十九年复升，更为今名（云川县）。"无论是"天会""皇统"还是"大定"，均为金代年号。到元代，云内州下不再设县。据此，小红城古城应为金代云川县治所。此外，小红城古城略作菱形倾斜的平面布局，与金界壕沿线的古城非常相似，因此，现在的小红城遗址应为金代云川县旧址。

（三）明代云川卫故城遗址

在大红城乡大红城村北部，一座古城遗址巍然矗立，这就是明代的云川卫古城遗址，是内蒙古自治区重点文物保护单位。

古城北高南低，呈正方形，东西约为1500米，南北为1440米，目前城墙保存基本完好。城的北墙为东西走向，全长1500米，用褐色

古塞遗踪
——和林格尔县长城论坛暨土城子国家遗址公园建设研讨会论文集

黏土夹小石块夯筑而成，夯土层厚10~12厘米，西段最高处约7米，基宽13米，上部残宽3.2米，城门设在中段，较为完整，门宽约15米，现在看来还有完整的瓮城；东墙为南北走向，全长1440米，基宽约13米，南段残高约7米，城门设在中段，有瓮城；南墙为东西走向，全长约1500米，东南角已被浑河发洪水时冲毁，基宽约13米，墙体高平均为5米，城门模糊不清，现在是居民住宅区；西墙南北走向，全长约1497米，基宽13米，墙体上部宽约3.3米，西北角最高约7米，城门设在中段，破坏严重，宽约8米，有瓮城。

这座古城曾出土过大量遗物，采集的标本主要有陶器和瓷器，器型主要有盆、碗、筒瓦、板瓦等，多为明代遗物，时代特征明显。

从考古发掘以及建城时间看，大红城古城与和林格尔县榆林城古城为同一时段，都是在明洪武二十六年（1393年）建设。明永乐元年（1403年）曾一度撤出，1429年又迁回原址，1449年云川卫内迁至左卫，即今山西省左云县城，其时称为左云川卫。

从城池的规模看，大红城古城要比榆林城古城稍大一些，可能与这里地势更为开阔、利于开垦农田有关系；从功能看，两城都是明代管理北方军政事务的重要基地，都有驻军戍边、屯田垦荒的功能。明初，在今内蒙古地区的军事行政设置，仍然沿用元代的府、州，后改为卫、所，大抵以5600人为一卫，主要任务是作战和戍守。山西都指挥使司设在大同，本县域内的云川卫、玉林卫属山西都司管领。洪武二十五年（1392年）明朝政府规定，全国卫所以十分之七屯垦，以十分之三守城，后来逐渐形成边地三分守城、七分屯种，内地二分守城、八分屯种的定制。每名军卒给田15~50亩，国家拨给耕牛、农具和籽种，屯田军卒则要向国家缴纳税粮，叫作"屯田籽粒"。从洪武二十六年（1393年）到正统十年（1445年）内迁，云川卫前后经历53年之久，历明太祖、惠帝、成祖、仁宗、宣宗六朝，除军事防御外，军卒的长期屯种，使这里的农业开发事业得到了长足发展。

二、古墓葬

（一）新店子东周墓地

1999年夏，内蒙古自治区文物考古研究所在呼和浩特市和林格尔县新店子镇小板申村西北发现一处春秋战国时期的氏族墓地，取得了许多重要文物资料。

探明的54座墓葬分布在浑河北岸一处向阳的坡地之上，均为土坑竖穴单人葬，墓宽皆在1.5米左右，长为2米。大多数的墓上，有祭奠时留下的牛、马、羊的头骨，但各墓的数量不等，反映出当时北方草原氏族独特的葬俗。出土的器物有青铜短剑、青铜戈、青铜连珠饰件、铜带扣、铜泡饰件、铜环、弹簧式铜耳环、铜箭头、骨环、骨箭头、骨针管和骨针、蚌饰件、绿松石饰件等。其中一座墓葬的顶部出土了排列较规律的牛头骨18具、马头骨4具和羊头骨22具，这个数量在墓地内是最多的。墓内男性骨架一具，仰身直肢，项上戴一件月牙状素面金项圈，十分醒目。在头部左边放着1件尖部残损的青铜戈，腰部整齐有序地排列着青铜连珠饰件和多组青铜环，清楚地表现了当时饰件的组合方式和佩戴方法，同时在头骨和腰部还发现有磨制精细的骨箭头。从墓葬规模和随葬品的丰富程度上初步推断，这应是氏族首领的墓葬。

这处墓地内的墓葬保存完好，数量较多。各墓中出土的随葬品数量不一，内容不同，明显地反映出等级差别。青铜短剑、连珠饰件等大部分随葬品呈现出鲜明的北方草原民族文化特色，然而青铜戈这种中原常用武器的出现，则说明北方少数民族部族早在春秋战国时期，就已经同中原发生了密切的交往和联系。墓地内出土的唯一月牙形金项饰，是内蒙古地区首次经科学发掘出土的，具有很高的考古科研价值。

这处经过科学发掘的春秋战国时期氏族墓地，是近年内蒙古地区春秋战国时期考古工作的一次重要收获，它将为研究和探讨当时我国北方草原地带部族生活、民族的发展演变以及与内地的交流等提供珍贵的资料。

（二）小板申东汉壁画墓

1971年秋，和林格尔县新店子公社小板申村农民在修筑梯田时，发现东汉壁画墓一座，内蒙古文化局派出文物工作队当即前往调查了解，并于次年秋对古墓进行了清理，对墓内壁画进行了临摹。

古墓位于新店子镇西2.5千米浑河北岸一处向南突出的高丘，编号为和林格尔县新店子一号墓。墓葬外貌略高于四周地面，墓顶外部填土1.8米左右，墓道后宽前窄，呈凸字形。前宽1.6米，深2.2米。后宽2.24米，深2.65米，自墓道口至墓门长7.2米，底部为18度的斜坡。墓门向东偏北3度。墓门有内外三重封门砖，下层立向上垒砌到1.3米以上呈"人"字形交错封闭，封门砖面以石灰抹平，有模糊不清的彩绘。

墓室用青灰色条砖建造，是具有墓门、前室、中室、后室及三耳室的多室墓。墓门、前室及通往中室的甬道地面，皆为方砖铺地。中室及后室的铺地砖已遭破坏。前室至中室甬道以及中室的铺地方砖，表面印着凸起的菱形纹，中间印有两行隶书"子孙繁昌，富乐未央"。前室的南、北耳室及中室的南侧室地面，用长条素砖铺砌，过道作横直平铺，室内为人字形铺砌。中室南侧地面及甬道铺地砖两层，所以略高于其他各室及甬道。因为中室与南侧室的位置向北延伸，所以中室通往前、后两室之间的甬道，都偏于中室以南，使墓门及各墓室的甬道组成一条平直的中心线，结构平稳。

该墓早年被盗，残存的陶器位置被打乱，一件器物的碎片往往于数处发现。中、后室的铺地砖全被起去，铺地砖下的扰土中，清理出不少随葬的陶器碎片。这次清理的随葬品，除一件残铜镜及少数铁器、残漆品外，大部分是陶器，经修复可认出器形的共有8件。

陶器计有20项，分别为罐、鼎、勺、溺器、井架、水斗、灯、堆塑人物灯座各1件，碗、木盉、木盉盖、魁斗、皿、洗各2件，尊、盖、灶釜各3件，案4件，盘8件，耳杯14件。其中堆塑人物灯座较为精致，豆形、中空、盘口，外周有彩画人物，漫漶不清，外部中间有向外突出的台阶，台阶四面各塑一人，其一已残，全高36厘米。

绿釉器3项，计有绿釉盘、熏炉盖、壶各1件。

残铜镜1面，应为变形四叶四凤纹镜，残半，直径18厘米，外边以内有沟纹及圆弧纹。圆弧纹以内为云纹及草叶纹交织，有文字两周，外周残存"宜""生"二字。

壁画是小板申东汉墓葬的重大发现。全墓除年久脱落及被盗窟破坏外，共有彩绘壁画100多平方米、46组、57幅，榜题250项共700多字，这也是我国考古发掘迄今所见榜题最多的汉代壁画，弥足珍贵。壁画所绘人物、车马、鸟兽、城垣、建筑等，场面宏伟，内容丰富，造型生动，技配娴熟，堪称古代壁画的精品。其中的精品有《使持节护乌桓校尉车马出行图》《宁城护乌桓校尉幕府图》《武成图》《乐舞百戏图》《牧马图》《朱雀、凤凰、白象图》等。目前，该墓被列为国家重点文物保护单位。

（三）另皮窑鲜卑墓葬

1982年8月，和林格尔县原三道营公社（今属城关镇）另皮窑村破坏古墓一座,因出土有较珍贵的金银器到县银行变卖,被文化馆得知后,随即会同乌兰察布市文物站的考古人员,奔赴现场进行调查。

另皮窑地处县城正南约30里,属黄土丘陵地带。古墓埋藏在两条沟谷交叉处的东北坡上,有骆驼沟河由此向南注入浑河。因历年水土流失,部分暴露地表,被当地农民发现,私自进行了发掘。墓葬深度1.5~2米,除出土遗物外,并有人骨。原来应是没有被盗而完整的墓葬。收回文物38件,其中金器占了大部分。

金器有金碗1件、条形金片1件、管状金饰2件、野猪纹金带饰牌4件、野猪纹金圆饰牌2件、纠结纹金饰牌2件、钮形金饰5颗,其他金器已被揉成团状,无法展开观察,其中残存金花叶1件,制作精细,线条呈凸起的辐射状与鱼鳞状,是分别用直口凿和弧口凿錾成的。除金器以外,又有铜腹1件。其他遗物还有银器1件、熏炉等铜器7件、大型陶罐1件、玉器8件。其中野猪纹金带饰牌和野猪纹金圆饰牌十分精美,既有极高的文物价值,同时也具有极高的艺术价值,是北魏文物中的精品,弥足珍贵,这为我们深入了解北魏时期社会文化、民俗民风提供了实物资料。

(四)鸡鸣驿北魏贵族壁画墓

1993年秋,内蒙古文物考古工作队在城关镇浑河北岸榆树梁村,清理发掘了一座北魏时期的大型砖室壁画墓,在这座已遭破坏的古墓内,考古工作者发现了一幅近20平方米、10余组的彩绘壁画,壁画色彩鲜艳,内容丰富,绝大部分保存完好,充分展示了1500年前拓跋鲜卑在当地的生产、生活图景,为人们解读了北魏在其发祥地盛乐时期的社会生活的深刻内涵。

这座壁画墓由墓道、甬道、前室和后室组成,全长22.6米。前、后室为不同时期两次修造,后室早于前室。后室面积有5平方米,形制为四角攒尖顶式，前室近 20 平方米，正方形。四壁呈弧形外凸。这种形制的砖墓，魏晋以来在中原地区十分流行，呼和浩特、包头以及山西大同地区发现的北魏早期砖室墓都是这种形制。但是，前、后室分两次修造然后合为一体的做法在北魏墓葬中还是第一次发现。

壁画中有出行、燕居行乐、游乐、狩猎、升仙和四神等图像，另外在主题画的空隙处还绘有采桑、莲花、虎牛咬斗、牧羊和鹿的图像。壁画色调有红色、黑色、橘黄和石青几种。画法是先用红色线条作画稿，然后再以墨线勾勒，最后着色。其用笔的简练、率意、朴拙之风，给人以粗犷豪放、遒劲有力的美感。

壁画中的"狩猎图"是该墓壁画中面积较大、画面最紧凑、气势最壮观的一部分。内容包括人物、山川、河流、林木和十多种动物，其特点是突出和放大人物的形象，绘制工艺也十分细腻。山川、河流和树木用笔不仅简练，其形体也比人小。这种绘画风格与文献记载的这一时代的山水画"群峰之势，若细饰犀栉，或水容泛，或人大于山"正相吻合。由于时代变迁，北魏时期的山水画已无真迹传世，研究我国绘画史的人士每以无从目睹这一时代的山水画为憾事。这幅狩猎图年代准确，再度体现了我国北方山水画的画风，足可填补绘画史上的这一空白。

壁画中所绘人物都穿前领开衩的宽式长衫或短衫，传统的小圆领窄袖口胡服已经不见。成年男子都头戴二梁冠，脚穿脚尖上翘的靴子，女子头顶起髻。从总体装束上看，仍笼罩着浓厚的鲜卑色彩，呈现出一种汇而未融、并而未合的时代气息。根据这些特点，考古学家认为这座墓的年代当在公元 486 年北魏孝文帝开始实行新服制以后、迁都洛阳以前，又据这座墓葬的规模与形制分析，认为这极有可能是一位贵族的墓葬。

三、古村落遗址

（一）秦家二十七号遗址

遗址位于浑河南岸之大红城乡秦家二十七号村西南约 0.5 千米处，北距浑河不到 5 千米。该遗址处在一山丘之中部，地势略作南高北低，呈台地状；其东面由于水土流失严重，形成两条较深的沟谷，在紧挨遗址的北面交汇，继续向西作延伸；沟内均有泉水，亦在遗址的北面汇合，形成小溪，向西流去，并最终汇入浑河。遗址面积约 3 万平方米，但因水土流失，文化层破坏十分严重，地表暴露有多处面积较大的红烧土及灰土遗迹，经打探个别地方保存文化层厚 42~50 厘米。地表散布有较多的陶器。陶器皆为手制。以泥质陶为主，少量夹砂陶，而夹砂陶根据器物大小的不同，掺和以粗细不等的白色砂粒，这些砂粒似经淘洗，十分纯净；陶色以红陶为多，褐陶较少，有个别灰陶，而褐陶则多见于做饮具用的夹砂罐；纹饰有绳纹、弦纹、线纹、彩陶等。彩陶均为黑彩，以宽带纹为多，同时亦有圆点钩叶及弧线纹。器型有钵、双唇小口尖底瓶、盆、敛口瓮、夹砂罐等。生产工具只采集到陶刀一件，由宽带纹陶钵口沿改制而成，弧背、平刃，两端亦作圆弧形。陶刀长 10.8 厘米、宽 5.8 厘米、厚 0.6 厘米。

从秦家二十七号遗址采集的双唇小口尖底瓶、盆及夹砂罐同庙底沟二期的同类器物大致相近，从尖底瓶的口部变化来看，应晚于清水河县白泥窑子遗址出土的同类尖底瓶，大型的泥质红陶敛口瓮外折部分加长，变为弧形沿面。白泥窑子遗址的年代大致定在由半坡向庙底沟过渡阶段，而从秦家二十七号遗址所采集的遗物来看，应略晚于白泥窑子遗址 F1，似可暂定其时代为仰韶文化庙底沟阶段。

（二）鸡鸣驿北魏房址群

2010年9—11月，内蒙古文物考古研究所、和林格尔县文物保护管理所对位于和林格尔县大红城乡榆树梁行政村鸡鸣驿自然村的北魏遗址群进行了抢救性考古发掘，其中有大型的房址群、窑址、墓葬，在鸡鸣驿村南，浑河以北台地上。

大型房址群开口于表土层下，距地表深15~20厘米，由三组房址组成，从西往东编为F1、F2、F3。房址F1被灰坑打破。灰坑平面呈椭圆形，口大底小，平底，带有台阶。口径长5.6米、宽5米，底径长4.4米、宽4米，深2.7米。台阶长0.9米、宽2.5米、深1米。灰坑出土物有花纹的砖以及陶罐、陶盆的残片。

F1总体平面呈圆形，直径23.4米，面积大约为434平方米。房址墙体夯筑而成，夯层厚10厘米，夯窝直径8~10厘米。墙体宽5.5~6.4米，外侧残高0.5~0.8米，内侧残高2米左右。墙体外侧局部用砖修补以加固墙体。房址内部呈袋状，口径长10.8米、宽10.2米，底径长10.4米，残高1.5~10.7米。房址门道朝向东南，长6.4米、宽4.1米。房址墙体内侧有柱洞11个，直径15~20厘米。房址的填土为黄灰褐色的沙土，出土物有铜器、铁器、石器、陶器以及建筑构件——砖等。砖边的纹饰有忍冬纹、蔓草纹、菊花纹、花草纹等。

F2后墙宽5米左右，房址长28米，间宽12.6米；西北部发现有两个灶：一为地面灶，平面呈椭圆形，东西长85厘米，南北宽60厘米；一个为坑灶，平面呈长方形，南北长50厘米，东西宽44厘米，深12厘米。F2、F3出土器物较少，有陶罐、陶盆等陶器的残片。

房址群所出土的器物为北魏时期典型的器物。大型的房屋基址F1在墙体内侧有夹骨木柱的残存，屋内地表铺有豪华的砖块以及出土大型的陶瓮等，表明该房址为一处圆形穹庐式的建筑，这也是该地区首次发现。房址的规模较大，出土物丰富，等级较高。此次发掘清理的窑址、墓葬以及大型房址群等级较高，位于"盛乐"古城（今和林格尔县土城子古城）与平城（今大同）之间的交通要道上，是北魏早期一处重要文物遗存。

（三）前瓦窑沟辽、金遗址

前瓦窑沟遗址位于和林格尔县新店子镇前瓦窑沟村西南约1千米处。其东、西、北三面均被低山丘陵环抱，南约1.5千米处为两汉定襄郡武成县和明代玉林卫故城遗址，浑河在古城南面由东向西流过。遗址地势较为平整，南北长约650米，东西宽约600米，地表暴露有大量的陶、瓷片外，还有一定数量的砖瓦和建筑构件等。

1990年5—7月，为配合丰（镇）准（格尔）铁路建设，内蒙古文物考古研究所在遗址内分三个区进行了重点发掘。总共清理出房址1处，窖穴73个，灰坑10条，还有大量的陶、瓷器和建筑材料等。

出土遗物主要有陶器、瓷器，建筑材料亦占一定比例。此外，还有少量的釉陶器、铜钱、骨器、铁器和石器等。其中陶器以泥质灰陶为主，砂锅类为砂质陶；制法皆为轮制，火候较高，普遍质地坚硬。纹饰多作横向压光，少量的纵向压光，还有极少数的纹索状附加堆纹、几何纹和柳斗纹。器型有瓮、罐、盆、锅、碗、盏、纺轮等。釉陶和瓷器胎质多略粗，且数量大；细瓷和粗瓷均占很小比例。釉色以白釉为主，黑釉次之，有极少红绿釉、兔毫釉等。釉面多无装饰，内底残存有支钉或圈足迹，有少量的印花及剔花釉，图案以重叠式圆弧形花瓣和缠枝花草为主。此外，有少数碗、盘在足部或近足部书有墨书字款。器型以碗、盘、盏为主，少量的瓮、罐、盆、直壁罐及玩具等。建筑材料有砖、瓦、瓦当、滴水和其他建筑构件，多为大型屋顶构件，造型多样，还有少量的绿釉琉璃构件。此外还出土铜钱43枚，包括唐代、北宋以及金代铜钱。出土的骨器有刷、簪。出土的铜器有坠、饰件。出土的铁器有箭头、钉、臼。

遗址内出土的瓷器，器底上有一些墨书字款，可以辨识的有"黑驴""官仁""官""赵角儿"等，这应是器物使用者的姓名和身份。尤其是"官仁""官"字款的多次出现，说明遗址内有一定身份或官职的人居住。

此外，遗址内发现众多的窖穴，绝大多数是经过精心加工而成的，个别的还有防潮作用。窖穴之内大多比较干净。它在当时应该是专门用来储存物资的，不是一般的垃圾性灰坑。

根据遗物分析，该遗址早期遗存的年代上限应为辽代晚期，下限当在金代早期。此外，在遗址内暴露和出土数量较多的砖、瓦、滴水、瓦当及层顶大型建筑构件、琉璃构件等建筑材料，表明遗址内曾有一定数量的砖、瓦修建成的大型建筑。通过分析，大致可以得出这样一个结论，遗址在当时可能是一个由官方机构管理的储存物资基地或是一个较为繁华的商品集散地。

四、对这条考古文化长廊的几点认识

（一）文物古迹众多，揭示了多民族辐辏交错的历史

除本文详述的文物古迹外，为配合基本建设，历年先后发掘了将军沟战国墓群、大堡山战国墓群、西头号战国墓群、新店子西汉墓群、大板申西汉墓群、店湾战国墓群、小红城汉代墓群等，仅汉代墓葬，就发掘超过50座，此外，还发现了为数众多的从仰韶时期、春秋战国一直到辽金元时期的聚落遗址。这些墓葬与聚落遗址，揭示的

经济有以游牧为主的，也有以农耕为主的，还有畜牧与农耕结合的；出土文物有的具有明显的中原文化特点，也有的具有浓郁的北方少数民族特征。由此可知，浑河作为黄河的支流，其流域内的文物古迹同样展示了鲜明的黄河文化特征，并且揭示了多民族辐辏交错、共同繁荣发展的历史。

（二）文物形态丰富，展示了多姿多彩的历史文化

上文所述文物古迹，只是浑河流域众多文物形态中的一部分。放眼浑河流域，这里还有明长城及其次边、汉代至明代的窑址、清代杀虎口驿路、清代魁星阁以及庙宇等古建筑，地上文物与地下文物都十分丰富，且形态多样，既具有文物考古价值，也具有艺术价值，还具有观赏价值，对于综合开展历史探索、艺术研究、游览参观都是难得的文物富集地带。特别是，经过近年来的生态修复以及基础设施建设，浑河流域的自然生态环境持续向好，道路交通不断改善，文物古迹得到了很好的保护，这也为开发旅游创造了条件。

（三）反映时间久远，展示了悠久灿烂的历史文化

从已发现的文物古迹看，从新石器开始，浑河流域就已经生活着人类的祖先，进入战国时期，这里便纳入了赵国的版图，西汉到东汉设有武成县，金代设有云川县，明早期建有玉林卫和云川卫，清代开辟了新店子驿站（腰站），历朝历代都对这里进行了有效统治与管理。可以说，作为内蒙古中南部地区文物最为富集的地区，浑河就是和林格尔县的母亲河，这条绿色走廊的文物古迹书写的就是一部和林格尔史。

（项尚，内蒙古作家协会会员，呼和浩特市作家协会副主席，呼和浩特市长城科普学会会员。）

和林格尔地区的长城是民族大融合历史中的重要一页

王禹

和林格尔县位于长城边上，为自治区首府呼和浩特市所辖旗县之一，北靠呼和浩特市郊区、土默特左旗，西连托克托县，南接清水河县，东与凉城县、山西省右玉县毗邻，与山西右玉以长城为界。

自古以来，和林格尔就是农耕文明和游牧文明冲突与融合的前沿阵地。长城就类似"邻居"间的院墙，从来阻隔不了"隔壁吃糕，一递一招"的交流、交融。和林格尔域内的长城，是民族大融合历史中的重要一页。

长城主要是中原王朝为防御北方的游牧民族而建，是战争的产物。历史上各个朝代向长城沿线广大地区移民、屯田，长城区域的争战本身在客观上都起到了促进民族融合的作用，因此，长城不单单是军事防御工程，长城所在区域更是古代各民族交错杂居，既互相对抗，又互相学习，乃至共同生活的地方，由此产生了广泛的民族融合。长城在此意义上可以说是民族融合的纽带。

　　据考证，和林格尔域内的长城，依据目前史料与现实探究，基本上是属于明代长城。明长城是中国最后一道大规模修筑的长城，也是有史以来规模最大的长城，东起鸭绿江、西达嘉峪关，遗址遗存全长达 8851 千米。

　　明朝建立以后，退回到漠北草原的蒙古贵族鞑靼、瓦剌诸部仍然不断南下骚扰抢掠；明中叶以后，女真族又兴起于东北地区，也不断威胁边境的安全。为了巩固北方的边防，在明朝的 200 多年统治中几乎没有停止过对长城的修筑。

　　明长城在和林格尔段，总计长约 101 千米。明长城修建之初既有军事功能也有商贸功能，和林格尔县长城沿线留下大量文化交流和民族融合遗迹。以杀虎口为代表的长城遗址是长城两侧民族与文化发生碰撞、交流、融合的见证。

　　明代称长城为"边"或"边墙"，因功能、规模和建筑时间不同又分为"大边""小边"或"主边""次边（二道边）"等，在重要的关隘险要地段还修筑有好几道边墙，多的达十几重，分别称为"一边""二边""三边"等，依此类推，明长城在和林格尔段分为内长城和外长城。

　　内长城又叫"主边"，是晋蒙的界限。从杀虎口西面，经新店子镇的前菜木贝、羊塔、前海子洼、十二沟、磨扇洼、三十八，进入羊群沟乡的爱好庄旺、韭菜沟、井沟子、大沙口、楼沟，然后进入清水河县域内，全长约 51406 米。

　　外长城又称"大边"，一些专家学者称其为"次边"，是相对于较晚修建的"主边"而言的。明代大边是明初最早修筑的第一条长城，完全在丰镇、凉城、和林格尔、清水河等县域内。明长城大边由杀虎口向西南经过和林格尔县新店子镇的二道边，向西南过山保岱、上红台、驴圈沟、好来沟、彦崖,进入羊群沟乡的一间房、丈方塔、黑台子、新窝铺进入清水河县,墙体状况与内边基本相似,沿边有24座墩台,总长度经测算为50267米。

大边之后修建的长城,又称"二边"或"二道边",大多修筑于军事要地,与大边、主边、烽燧、边堡构成完整的军事防御设施。

大明王朝沿长城设立卫所制度,在这些地区实行"寓兵于民,实边屯垦"的政策。同时,大量地实行移民实边政策充实边疆地区的人口。从洪武年间开始,大量的人口从山西移民至包括内蒙古、甘肃、青海、宁夏在内的全国18个省(自治区、直辖市)。这一事实是长城带民族融合得以实现的基础,也是长城带民族融合得以实现的主要表现形式。

明长城作为军事防御工事,在当时确实发挥了重要的作用,但是,长城却始终没有割断关内外人民的情谊,通过杀虎口、云石口等关口,关外的少数民族源源不断地把牲畜、皮革、食盐等产品运往口里,而内地的农具、铁器、耕作技术也不断来到草原,为发展当地的农牧业生产作出了贡献。

在明王朝与蒙古诸部落长达200多年的军事对峙中,双边关系时战时和。战时,也先部、俺答部等蒙古部落轮番登场,和林格尔与右玉边界的边堡——杀虎口、云石堡,成为南北交锋、战马嘶鸣的大战场。和时,相关边堡又成为汉族同蒙古各部落贸易交流的重要场所。特别是明代隆庆议和后,和林格尔县域内的长城沿线陆续开设了多处马市。

和林格尔县羊群沟乡东石咀子行政村韭菜沟村,与山西云石堡"一墙"(当地人称长城为"边墙")之隔,此村的南面有一块平地,村民们称之为"市场圪沓",村民们在这里发现了很多散落的铜钱,据相关人员推断,这里是长城边上的一个明代蒙汉互市的重要场所,

古塞遗踪
——和林格尔县长城论坛暨土城子国家遗址公园建设研讨会论文集

也是民族融合的历史见证。

和林格尔县域内的长城,最初也是一项军事防御工程。但是,长城作为一个军事防御工程,其更大的意义在于构建了农耕与游牧两种完全不同的经济类型,构建了以这两种经济类型为生产生活手段的民族,以及在此民族基础上建立起来的政权之间的秩序。

形式上,长城似乎是一个封闭的系统,有一条有形的建筑实体作为防御线。但实际上,长城还有其开放性的一面,这就是长城内外的联系。作为一项防御体系,长城的对内开放性体现在与周围环境,如地形、耕地、水源及前方、后方构成联系;对外开放性则通过千万座联通长城内外的关隘体现,它将农耕和游牧地区紧密联系起来。

特别是到了清代,随着大一统局面的日益巩固,长城的军事功能日趋弱化,并逐渐从军事建筑变为融合纽带,进而在民族贸易、民族交融等方面发挥着越来越重要的作用,见证了清代中国统一多民族国家的进一步发展。

和林格尔东南部同山西省的左云、右玉县接壤。著名的长城边塞杀虎口(清代以前称"杀胡口"),就坐落在晋蒙交接处的崇山峻岭之中。杀虎口是当年山西人"走西口"的起点。从杀虎口到和林县城,向西可达呼和浩特、包头、河套地区,称为西口西路,向东可达集宁、张家口,称为西口东路。

和林格尔县的村落地名很多与"走西口"有关。自明代嘉靖年间起,中原地区尤其是山陕地区百姓为谋生,经杀虎口出关,向西北迁移至内蒙古、新疆地区,形成大规模人口迁移活动,称为"走西口"。作为中国历史上规模最大的人口迁移运动之一,"走西口"持续时间长、迁移范围广,对于推进我国北方各民族交流与融合发挥了重要作用,使其在中华民族形成与发展史中具有不可忽视的独特意义,成为一部跨越400余年民族大融合的厚重史诗。

和林格尔地区的长城是民族大融合历史中的重要一页

据考证，和林格尔县各个村落的居民大多是第一批通过走西口来的晋冀两省移民，时间应该是明末清初。和林格尔许多村名是以数字编号的，如以数字为村名的五号村、六号村、八号村、十一号村、十二号村等。有些村在数字前加姓氏，如尹家头号、李家二号、贺家三号、冯家七号、徐家十二号、樊家十五号、刘家二十三号、苗家二十九号等，这些村落大多分布于和林格尔域内浑河南岸和靠近山西省的古勒半几河流域的丘陵地带。

和林格尔地处晋蒙交通要道，自古以来，都是北方少数民族经山西进入中原的必经之地。其间有众多关塞、屯兵处、驿站等，这些都同今天的地名有关。明朝政府于1375年（洪武八年），设榆林、红城二卫，位于今天新店子乡的榆林城村和大红城乡的大红城村。公元186年鲜卑族建北魏政权，定都盛乐城，时间长达140年，位于今天的盛乐工业园区西南部。隋代杨广北巡，建大利城，召见万国通使，就是在今天的和林格尔县城北的南园子村。清初设和林厅，驻地二十家子。沿途商道众多，如新店子、店湾、鸡鸣驿、骆驼沟，就是商品贸易中转站。二铺、三铺、四铺、柳树铺，这些村镇都同当时商道有关。

从和林格尔县城二十家子向北，在清代时，这里是蒙古族居住地，也是当年著名的走西口之路，向东北是连绵不断的蛮汉山区，可到达绥西各地及张家口，被称为东路。向北是归化城（今呼和浩特）。这是走西口重要目的地。和林格尔县公喇嘛乡、西沟门乡、巧什营乡就分布于此处。清朝初年到咸丰年间的百年内，这里是蒙古族领地，蒙古族在这里放牧，是千里草原。咸丰初年山西大旱，无数灾民背井离乡，经杀虎口，穿过崇山峻岭的蛮汉山区，来到此处，汉民为蒙民打工放牧，或租借土地，开荒种地，形成广大的农业区，完成民族融合，形成了大量村庄。如公喇嘛、前公喇嘛，据说是有一任公职的喇

古塞遗踪
——和林格尔县长城论坛暨土城子国家遗址公园建设研讨会论文集

嘛在此主持,由此得名;巧什营,据说是一个从西藏来的喇嘛在此处筑庙讲经后而得名;善友喇嘛,因一个叫善友的喇嘛在此处传经而得名;公布营,有一个任公布的官员在此居住;猛独木,两个叫猛独木的牧民兄弟,故留名;巴尔旦营,据说这里有一位蒙古族勇士;讨速号,烧砖之地。克略,围墙;恼木吉太,弓箭匠;古尔半,三水交汇处;古尔半忽洞,有水井之处……这些至今以蒙古语命名的村落表现了走西口的漫长历史过程和民族融合、社会经济发展的情况。

此外,当年山西人走西口,或以同村,或以同族为单位,携老扶幼,走西口,出口外。在此过程中,和林格尔县域内形成了许多以宗族为主的村子,如郭家营、郭保营、郭家滩、郭家窑、赵家营、赵家山沟、李家山沟、韩家沟门、蓝家房子、陈家营子、陈梨窑子、黄家窑、樊家窑、董家营、段家园子、蔡家营、侯家梁、苏家湾等。

长城典型地展现了中华民族多元一体、共生共荣的深刻内涵。长城文化具有的鲜明的农耕文化与游牧文化碰撞、高度融合的特征,是中华文化的重要组成部分。在漫长的历史进程中,各民族交往交流、文化融合、商贸往来等活动延续和发展到今天,留给我们独特的历史文化遗产。可以说,长城的历史是一部以墙体为核心的区域史、民族交往社会史,是农耕文化交融史,更是一部各民族交融汇聚成多元一体格局的辉煌历史。和林格尔域内的长城,是中华民族多元一体历史中的重要一页。

(王禹,和林格尔县作家协会主席,中共和林格尔县委党校教研室主任。)

呼和浩特市南部清代杀虎口驿路沿线铺墩的调查与研究

杨建林　张文平

2008年6月，内蒙古自治区明长城资源调查队对呼和浩特市和林格尔县、土默特左旗域内沿着省道S210和国道G209一线的土筑墩台遗存进行了调查，经调查队员实地调查以及后期的查阅资料研究对比，认为该类遗存为清代杀虎口驿路沿线的铺墩，为附属于驿路沿线铺的一种建筑。

一、前人调查与研究成果概述

目前对和林格尔县、土默特左旗域内沿省道S210和国道G209一线的土筑墩台遗存作记载和研究的，可见于《和林格尔县志草》《和林格尔县志》《和林格尔县文物志》三书与《和林格尔县新店子乡窑沟村明代烽燧址的清理》考古报告。

成书于1934年的《和林格尔县志草》，在"津梁铺墩附"一节中列出了当时所见的铺墩，

古塞遗踪
——和林格尔县长城论坛暨土城子国家遗址公园建设研讨会论文集

共 18 座："铺墩：九龙湾头铺、二铺，喇嘛湾铺，坝北铺，坝顶铺，榆树梁西铺、东铺、底铺，东石嘴子铺，三道河铺，茶坊铺，三保岱铺，二道边铺，西石嘴铺，下土城铺，上土城头铺、二铺、三铺。"①

成书于 1993 年的《和林格尔县志》，对这些铺的记载较为详细，在"邮政·驿站"一节中描述如下："同治九年（1870 年），因西路羽书络绎，军情繁杂，奏开设开站，次年批准境内增设坝底、佛爷沟等三个腰站，加配马夫 15 名，驿马 15 匹，兽医、铁匠、驿书各 1 名。两站之间设 19 个铺司，一铺建一烽火台，每铺之间相隔 2～5 千米，配备铺兵 2～3 名，北路有厅北石咀子铺，上下土城子铺、二铺、三铺、四铺入绥远境内。东南路有厅东南头铺、九龙湾头铺、榆林城铺、东石嘴子铺、三道河铺、茶坊河铺、三保岱铺、二道边铺。清光绪年间弃驿归邮。"②

《和林格尔县志草》在排列铺名的时候以和林格尔县县城为界，先由西北向东南排列县城东南部的铺墩，之后由南向北排列县城北部的铺墩。《和林格尔县志》在介绍铺的时候采用了与之相同的叙述方式，名称也大体与之相同。同时，《和林格尔县志》在"长城·烽火台"一节中再次提到这些铺墩："到了清时，又沿长城内侧修筑了驿站墩台，为边境通信设施。县境残存的墩台有：东二铺，将军沟，九龙湾，苏家湾，南园子，上土城，四铺等古台。"③《和林格尔县志》对铺墩的记载比较混乱，既然认定其和驿站相关，就不应再归入"长城·烽火

---

① 内蒙古图书馆编：《和林格尔县志草》，内蒙古历史文献丛书之五（上），远方出版社 2008 年版，第 291—292 页。

② 和林格尔县志编纂委员会：《和林格尔县志》，内蒙古人民出版社 1993 年版，第 264 页。

③ 和林格尔县志编纂委员会：《和林格尔县志》，内蒙古人民出版社 1993 年版，第 514 页。

台"之中。

成书于1988年、反映和林格尔县第二次全国文物普查成果的《和林格尔县文物志》，对这类铺墩的记载较为简略，结论近于推测，认为它们是明代连接杀虎口至土默特平原、沿"古定襄大道"的夹道烽台。[①]

2000年4月，为配合省道S210和林格尔至杀虎口段的扩建工程，内蒙古文物考古研究所在和林格尔县文物管理所的配合下，对位于窑沟村附近的一座铺墩进行了抢救性清理解剖，认为是与和林格尔县及凉城县南部明长城沿线烽火台相类似的夹道烽燧。[②]

上述四项记载和研究，其中《和林格尔县文物志》与《和林格尔县新店子乡窑沟村明代烽燧址的清理》的观点大致相同，均认为是明代的烽火台；《和林格尔县志草》与《和林格尔县志》则认为是清代杀虎口驿路上的铺墩。

循着《和林格尔县志草》与《和林格尔县志》的相关记载，在部分为二者史源的《嘉庆会典事例》和同治十年（1871年）修成的《和林格尔厅志略》中，均可找到杀虎口驿路沿线设立站铺的相关记载。《嘉庆会典事例》卷五三七记载，和林格尔"厅前铺三十里至五素途路铺，十五里至坝底铺，十五里至新店铺，二十里至佛爷沟，二十里至八十家子铺，二十里至右玉县在城铺"[③]。《和林格尔厅志略》在"驿递附递役"一节中详细介绍了杀虎口驿路上驿马、马夫的配备情况，特别是提到了同治九年曾增设腰站："新设本街递马十匹、马夫五名。

[①] 和林格尔县文物保护管理所编：《和林格尔县文物志》，内部发行，1988年，第142页。

[②] 内蒙古自治区文物考古研究所、和林格尔县文物管理所：《和林格尔县新店子乡窑沟村明代烽燧址的清理》，《内蒙古文物考古文集（第三辑）——配合国家基本建设专集》，科学出版社2004年版，第430—433页。

[③] 《钦定大清会典事例》（嘉庆朝）卷五三七，台北文海出版社1991年版。

新设坝底腰站递马十匹、马夫五名。新设佛爷沟递马十匹、马夫五名。以上新设腰站马共三十匹，马夫十五名。兽医、铁匠、驿书各一名。同治九年，因西路羽书络绎，经国道宪详请添设开站，于十年四月奉准兵部咨覆。"①

站与腰站均配备有马夫、兽医、铁匠、驿书等人员与驿马，站下所辖的铺日常驻扎二三名士兵。《和林格尔厅志略》在"营汛"一节中详细记载了这些铺的具体位置：

北路二铺。每铺设兵二三名不等。石嘴子铺离厅十里，北至下土城子铺八里。下土城子铺离厅十八里，北至上土城，归属界二铺五里。

东路四铺。头铺离厅三里，东至九龙湾头铺八里。九龙湾头铺离厅十一里，东至九龙湾二铺五里。九龙湾二铺离厅十七里，东至喇嘛湾铺五里。喇嘛湾铺离厅二十二里，东至五定汛八里。

五定防汛五铺。坝北口铺离厅三十五里，东至坝顶铺五里。坝顶铺离厅四十里，东至榆树梁西铺五里。榆树梁西铺离厅四十五里，东至榆树梁东铺五里。榆树梁东铺离厅五十里，东至榆树梁底铺五里。榆树梁底铺离厅五十五里，东至新安汛五里。

新安防汛六铺。榆林城铺离厅六十五里，东至石嘴子铺五里。石嘴子铺离厅七十里，东至三道河铺五里。三道河铺离厅七十五里，东至茶坊铺十里。茶坊铺离厅八十五里，东至三保代庄铺五里。三保代庄铺离厅九十里，东至二道边铺五里。二道边铺离厅九十五里，东至杀虎口五里。②

---

① 内蒙古图书馆编：《和林格尔厅志略》，内蒙古历史文献丛书之五（上），远方出版社2008年版，第26—27页。

② 内蒙古图书馆编：《和林格尔厅志略》，内蒙古历史文献丛书之五（上），远方出版社2008年版，第26—27页，第21页。

呼和浩特市南部清代杀虎口驿路沿线铺墩的调查与研究

关于清代在长城以北设置驿路的情况，金峰[①]和韩儒林[②]两位先生均对此作过专门研究，长城以北五路驿站中的杀虎口驿路，即通过今和林格尔县与土默特左旗。本次调查中的铺墩所在位置，均可与以上记载相对应，从而确认，对于该段土筑墩台遗存，《和林格尔县志草》与《和林格尔县志》的记载应当是正确的，它们为杀虎口驿路沿线站铺所属铺墩。

乌兰察布市和呼和浩特市南部地区分布有南、北两道明长城，分别命名为二边和大边，它们都大致呈东西走向，而分布于和林格尔县、土默特左旗的这道土筑墩台遗存大致呈南北走向。此外，这些墩台的形制与明长城沿线的烽火台差别很大。如明长城大边沿线烽火台多高大雄壮，形制为上小下大的覆斗形或圆柱形，外部多数砌有砖石，有的还带有台基和围院等附属设施（见图1），而这些铺墩则相对

图1 和林格尔县明长城二边梁家十五号村烽火台（呼和浩特市明长城资源调查队供图）

---

① 金峰：《清代内蒙古五路驿站》，《内蒙古师范学院学报》，1979年第1期。
② 韩儒林：《清代蒙古驿站》，《穹庐集》，河北教育出版社2000年版。

较小，形制多呈上小下大的覆斗状，且其外侧附带的登台步道也是明代烽火台所未见的，进一步表明它不具有军事防御的功能。

二、本次调查的主要收获

杀虎口驿路沿线铺墩多数分布在和林格尔县域内，东南起自和林格尔县新店子乡佛爷沟村，向西北沿着省道 S210 分布，至和林格尔县城后折向北，沿着国道 G209 分布，最后至土默特左旗沙尔沁乡二道凹村东 100 米处，为今天可见沿线最后一个铺墩。本次调查，共调查可见铺墩 14 座，另 2000 年内蒙古文物考古研究所清理解剖的位于窑沟村附近的一座铺墩虽已为公路所覆压，但保存下来了完整的考古资料。这些铺墩的间距一般在 2~5 千米之间，间距超过 5 千米者，是由于原来分布在它们之间的铺墩现已消失不存。

关于目前所知 15 座铺墩所在铺的具体名称，因其时代距离现在很近，当时的铺名或为附近村庄名，现代的村庄名或来自当时铺名，因此可结合相关记载，将它们逐一作分析比对。首先，《嘉庆会典事例》记载和林格尔厅以南、杀虎口以北最早有 5 个铺，由北向南依次为厅前铺、五素途路铺、坝底铺、新店铺、佛爷沟（铺）。到《和林格尔厅志略》，共记 17 铺，并说明了它们相互之间的方位关系，和林格尔厅北有 2 铺，和林格尔厅南至杀虎口有 15 铺。厅北 2 铺当时称作北路二铺，由南向北依次为石嘴子铺、下土城子铺；厅南 15 铺分为东路四铺、五定防汛五铺和新安防汛六铺，由北向南依次为头铺、九龙湾头铺、九龙湾二铺、喇嘛湾铺、坝北口铺、坝顶铺、榆树梁西铺、榆树梁东铺、榆树梁底铺、榆林城铺、石嘴子铺、三道河铺、茶坊铺、三保代庄铺、二道边铺。造成《嘉庆会典事例》厅南 5 铺与《和林格尔厅志略》厅南 15 铺差异的原因，在于同治九年（1870 年）新设 3 个

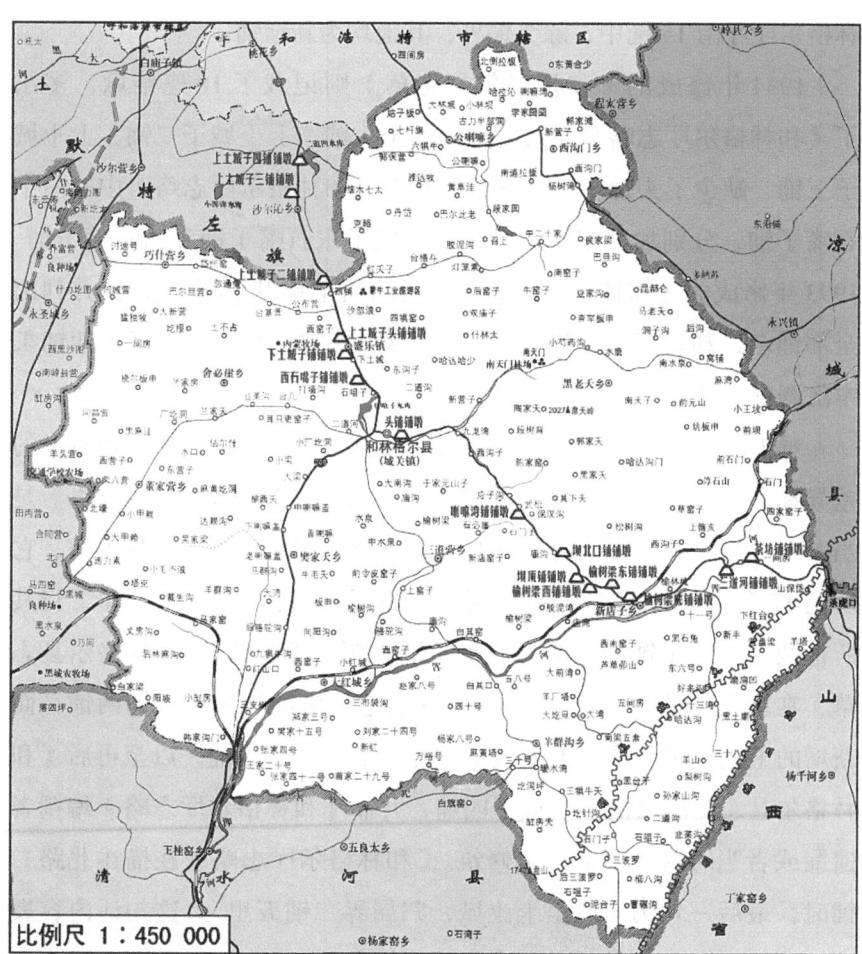

图2 呼和浩特市南部铺墩分布图（来源：标准地图服务 http://bzdt.ch.mnr.gov.cn）

古塞遗踪
——和林格尔县长城论坛暨土城子国家遗址公园建设研讨会论文集

腰站及同治十年（1871年）新增铺若干。两相对比，《嘉庆会典事例》所记厅前铺应改名为头铺，五素途路铺升格为五定汛，坝底铺、新店铺、佛爷沟（铺）均升格为腰站。综此统计，同治十年（1871年）和林格尔厅厅南15铺中，除头铺外，其他均为新增铺。

1934年修成的《和林格尔县志草》则记载了18座铺墩，多出了《和林格尔厅志略》无载的上土城子头铺、上土城子二铺、上土城子三铺，缺少了头铺、榆林城铺，并将《和林格尔厅志略》中的两个石嘴子铺，分别加上东、西方位，变成了东石嘴子铺和西石嘴子铺。1993年修成的《和林格尔县志》描述同治十年设19个铺，虽并列出全部铺名，却多了一个以前文献均无载的"四铺"（上土城子四铺），本次调查也发现了这座铺的铺墩。

对于同一条驿路上在同一时间内设置的铺，为什么会出现数量的差异和名称的不同呢？具体问题需具体分析。《和林格尔厅志略》是当时人记当时事，所记铺又有明确的方位和相对距离，资料可信，它所记17铺除个别铺名外不会有错，如此后的《和林格尔厅志草》将其所记两个石嘴子铺修正为东石嘴子铺、西石嘴子铺。《和林格尔县志草》在增设站铺60多年后修成，它漏记了头铺和榆林城铺两铺，而新增的上土城子头铺、上土城子二铺、上土城子三铺，以至再后《和林格尔县志》所增的上土城子四铺，并非《和林格尔厅志略》编撰者遗漏或者当时这4个铺尚未修筑。《和林格尔厅志略》在描述北路二铺时，最后一句为"北至上土城，归属界二铺五里"。这句话内容表述不清，编撰者真正要表达的意思是：从下土城子铺再往北五里为上土城子头铺，该铺已进入归化城的管辖范围了。

弄清楚了上述问题，即可初步确定，同治十年之后杀虎口驿路在杀虎口以北地区至少设有21个铺。本次调查所发现的铺墩所在铺名，均可与以《和林格尔厅志略》为第一手史料的文献记载一一对应。现存铺墩14座，由东南向西北依次为：茶坊铺铺墩、三道河铺铺墩、榆树梁底铺铺墩、榆树梁东铺铺墩、榆树梁西铺铺墩、坝顶铺铺墩、坝北口铺铺墩、头铺铺墩、西石嘴子铺铺墩、下土城子铺铺墩、上土城子头铺铺墩、上土城子二铺铺墩、上土城子三铺铺墩、上土城子四铺铺墩。消失的7座铺墩，由东南向西北依次为二道边铺铺墩、三保代庄铺铺墩、东石嘴子铺铺墩、榆林城铺铺墩、喇嘛湾铺铺墩（2000年内蒙古文物考古研究所清理）、九龙湾二铺铺墩、九龙湾头铺铺墩，这些铺墩均应位于今天的省道S210线路上，在修筑公路时被破坏。

铺墩近侧原应有站铺所在的房屋，但现均已不存，仅个别可发现模糊残迹。铺墩均黄土夯筑，夯层清晰，厚度不一，大部分在20~25厘米、25~30厘米、30~35厘米之间。原始外观呈覆斗形，由于被破坏，部分铺墩外观发生了改变。铺墩的尺寸一般为高5~6米，顶部东西长2.7~3.5米，南北长4.2~4.7米，底部东西长4.5~5.5米，南北长4.5~5.5米（见图3、图4、图5）。每个铺墩外侧均带有台阶式登

图3　榆树梁东铺铺墩　马登云/摄影

古塞遗踪
——和林格尔县长城论坛暨土城子国家遗址公园建设研讨会论文集

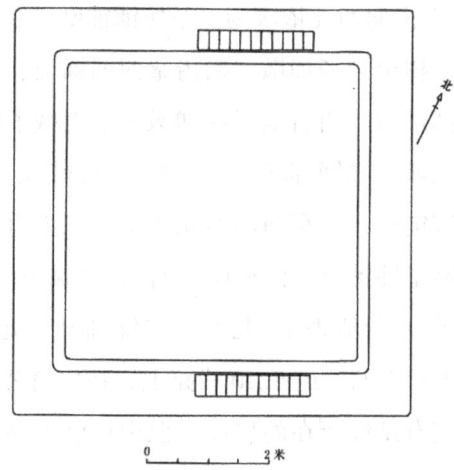

图 4　喇嘛湾铺铺墩平面图（采自《和林格尔县新店子乡窑沟村明代烽燧址的清理》）

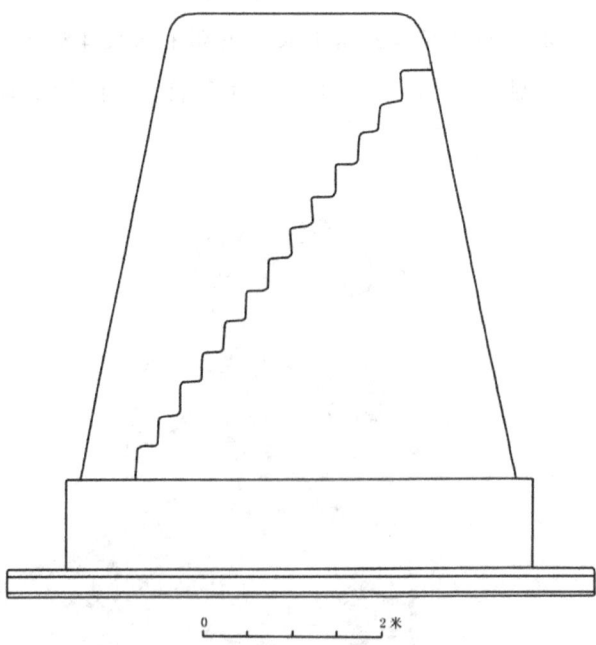

图 5　喇嘛湾铺铺墩南壁剖面图（采自《和林格尔县新店子乡窑沟村明代烽燧址的清理》）

台步道，一般在北壁，个别位于东壁或南壁，由于被严重破坏，台阶几乎消失，只能大体看出步道的轮廓，一般走势较陡，每一层台阶高30~35厘米，宽30~40厘米（见图6、图7）。一些铺墩周边散落有黑釉、白釉、青花瓷片和砖、瓦片等。

图6　坝北口铺铺墩北壁登台步道　马登云/摄影

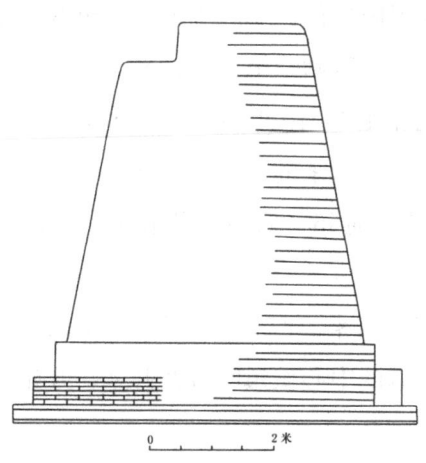

图7　喇嘛湾铺铺墩东壁剖面图（采自《和林格尔县新店子乡窑沟村明代烽燧址的清理》）

古塞遗踪
——和林格尔县长城论坛暨土城子国家遗址公园建设研讨会论文集

本次调查，对现存每个铺墩都作了测量与描述，相关内容具体见附表。

三、结语

通过本次调查，参阅史料记载与前人相关研究成果，大致可描述出这些铺墩的历史。康熙三十一年至三十二年（1692—1693年），清朝政府出于平定漠北蒙古喀尔喀部噶尔丹叛乱的需要，于内蒙古设置了五路驿站，分别出长城的喜峰口、古北口、独石口、张家口和杀虎口，并以此五口命名，通往今内蒙古、蒙古国各地。

其中，与本文相关的杀虎口驿站，设置于康熙三十一年，在内蒙古域内设有11处驿站，分为北路4站、西路7站。北路4站从关内出杀虎口，经八十家子站（在今杀虎口北侧）、二十家子站（在今和林格尔县城关镇）、萨尔沁站（在今土默特左旗沙尔沁乡）至归化城（今呼和浩特市旧城）。西路从归化城向西南方向，渡过黄河，至伊克昭盟（今鄂尔多斯市）七旗。同治九年（1870年），因陕甘回民起义，西北军事吃紧，为保障通信，于二十家子站至八十家子站之间增设坝底、新店、佛爷沟三处腰站。第二年，又添设若干铺，每铺旁侧建一铺墩，铺与铺之间相距5～10里不等，本次调查的绝大部分铺墩应是在这次建铺工程中修筑起来的。每铺驻扎有二三名士兵。驿站与铺的"基本职责是负责军政通讯、官吏来往和物资转运，是专门为官方服务的邮递机构"[①]。

自清代光绪年间以来，产生于西方国家的邮电通讯业传入中国，并迅速在内地、沿海的中心城镇间普及开来，开始取代传统的驿站制

[①] 乌云格日勒：《十八至二十世纪初内蒙古城镇研究》，内蒙古人民出版社2005年版。

度。1901年，归化城试办邮政，但是奏折文书仍由驿站递达。1911年，归化城裁撤驿站，全面启用邮局业，杀虎口驿路沿线的站铺也就此失去了它们的使用价值。

由杀虎口至和林格尔一带，为山丘沟壑纵横分布地带，杀虎口驿路沿线众设站铺，能够起到对驿路的有效保护作用。铺墩多建在驿路两侧丘陵的半山腰上，主要起瞭望和标识作用。从这个功能上来看，铺墩与明长城沿线的烽火台差别很大。明长城沿线烽火台的功能是举烟点火、传递军情，它们的分布很有规律，会选择地势较高、视野开阔的地方建造，而且两两之间都在可视范围之内。虽然这些铺墩也有一定的信息传递功能，但它们与作为长城军事防御体系中的烽火台有着本质的差别，所以并不能将它们划归长城的范畴，而只是驿传交通发展史上的一个组成部分。

附表：呼和浩特市南部清代杀虎口驿路沿线铺墩形制简表（共14座）

名　称	位　置	概　况
茶坊铺铺墩	和林格尔县新店子乡佛爷沟村东北1.1千米的半山坡上，南侧坡下为省道S210	黄土夯筑，夯层厚30～35厘米。形制近似圆柱形，高5.2米，顶部东西长2.4米，南北长2.1米，底部边长3.8米。北壁有阶梯状登台步道，只大体可见其轮廓，宽约0.3米。周围散落有少量砖、石块
三道河铺铺墩	和林格尔县新店子乡佛爷沟村西南1.3千米，南侧坡下为省道S210	黄土夯筑，夯层厚35～40厘米。形制不规则，高4.2米，顶部东西长2.1米，南北长1.3米，底部东西长5.4米，南北长4.5米
榆树梁底铺铺墩	和林格尔县新店子乡新店子村西南1千米，省道S210东侧的土崖上	黄土夯筑，夯层厚30～45厘米。形制呈覆斗形，高4.8米，顶部东西长3.1米，南北长2.7米，底部东西长4.8米，南北长4米。北壁有阶梯状登台步道，只大体可见其轮廓，宽约0.3米。周围散落有大量石块和砖瓦片

古塞遗踪
——和林格尔县长城论坛暨土城子国家遗址公园建设研讨会论文集

（续表）

名　称	位　置	概　况
榆树梁东铺铺墩	和林格尔县新店子乡西二铺村东南500米的山梁上，南100米为省道S210	黄土夯筑，夯层厚20~25厘米。形制呈覆斗形，高5.5米，顶部东西长2.7米，南北长3米，底部东西长4.4米，南北长5.2米。北壁有阶梯状登台步道，破坏严重，每一台阶高0.35~0.4米，宽约0.4米。东侧散落有大量石块和砖瓦片
榆树梁西铺铺墩	和林格尔县新店子乡西二铺村西南1.1千米的山梁上，北100米为省道S210	黄土夯筑，夯层厚25~30厘米。形制呈覆斗形，高6.2米，顶部东西长3.3米，南北长2.5米，底部东西长5.4米，南北长5.5米。北壁有阶梯状登台步道，只大体可见其轮廓，宽约0.35米。东侧散落有大量石块和砖瓦片。铺墩东20米处地表隐约可见一条由石块垒砌的石墙，呈东西走向，长3米，宽约0.2米，附近散见白釉和青花瓷片，似为铺房所在
坝顶铺铺墩	和林格尔县新店子乡下坝村东南1.9千米的山梁上，北30米为省道S210	黄土夯筑，夯层厚30~35厘米，整体形状不规则，高3.5米，顶部东西长1.5米，南北长2.5米，底部东西长3.7米，南北长3.8米。南壁有阶梯状登台步道，只大体可见其轮廓，宽约0.3米。东侧散落有大量石块、砖块和瓦片
坝北口铺铺墩	和林格尔县新店子乡下坝村东南1千米的山梁上，南100米为省道S210	黄土夯筑，夯层厚20~25厘米。形制呈覆斗形，高5米，顶部东西长3.5米，南北长2.5米，底部东西长4.7米，南北长4.5米。北壁有阶梯状登台步道，保存较好，每一台阶高0.3~0.35米，宽0.2米。西壁底部有一人为洞穴。四周散落有大量石块和砖瓦片

（续表）

名　称	位　置	概　况
头铺铺墩	和林格尔县城关镇苏家湾村东南，省道S210北侧的山坡上	黄土夯筑，夯层厚30~35厘米，内夹有白色砾石。形制呈覆斗形，高5.6米，顶部东西长2.5米，南北长1.4米，底部东西长4.3米，南北长4.9米。南壁有阶梯状登台步道，痕迹模糊，只隐约可见轮廓，宽约0.3米。周围散落有黑釉、白釉、青花瓷片和大量石块、砖瓦片等
西石嘴子铺铺墩	和林格尔县盛乐镇南园子村西北600米的农田中，东北400米为国道G209	黄土夯筑，夯层不清晰，厚25~30厘米。形制呈覆斗形，高5米，顶部东西长3米，南北长2.1米，底部东西长5.3米，南北长4.5米。南壁有阶梯状登台步道，只大体可见其轮廓，走势较陡，每一台阶高0.3~0.35米，宽约0.3米
下土城子铺铺墩	和林格尔县盛乐镇上土城子村西北600米，土城子古城东南角的东墙上，东北200米为国道G209	黄土夯筑，夯层厚30~35厘米。形制呈覆斗形，高5.2米，顶部东西长2.3米，南北长3.5米，底部东西长4.2米，南北长4.4米。西壁有阶梯状登台步道，破坏严重，痕迹模糊，走势陡峭，每一台阶高0.3~0.35米，宽约0.3米
上土城子头铺铺墩	和林格尔县盛乐镇三铺村东南1.1千米，盛乐博物馆院内，东北200米为国道G209	黄土夯筑，夯层厚30~35厘米。形制呈覆斗形，高4.6米，顶部东西长2.7米，南北长3.2米，底部东西长4.7米，南北长4.8米。东壁有阶梯状登台步道，破坏严重，痕迹模糊，每一台阶高0.3~0.35米，宽约0.3米。铺墩底部有盛乐博物馆围筑的保护性砖墙

古塞遗踪
——和林格尔县长城论坛暨土城子国家遗址公园建设研讨会论文集

（续表）

名　称	位　置	概　况
上土城子二铺铺墩	土默特左旗沙尔沁乡一间房村西南700米，国道G209西侧	黄土夯筑，夯层厚30~35厘米。形制呈覆斗形，高3.3米，顶部东西长3.7米，南北长3.5米，底部东西长4.4米，南北长4.6米。北壁有阶梯状登台步道，破坏严重，痕迹模糊，每一台阶高约0.35米，宽约0.3米
上土城子三铺铺墩	土默特左旗沙尔沁乡色令板村东南1.1千米，国道G209西900米	白土、白石灰、小石子混合夯筑，夯层厚30~35厘米。形制呈覆斗形，高3.9米，顶部东西长3.2米，南北长3.8米，底部东西长4.2米，南北长4.6米
上土城子四铺铺墩	土默特左旗沙尔沁乡二道凹村东100米，国道G209东700千米	黄土夯筑，内夹有白色砾石，夯层厚30~35厘米。整体形制不规则，高5米，顶部东西长2.9米，南北长3.2米，底部东西长4.3米，南北长4.9米

（杨建林，陕西榆林人，硕士研究生，包头博物馆征集保管部主任、副研究馆员；张文平，内蒙古博物院副院长，呼和浩特博物院理事会副理事长。）

加强长城文献发掘整理
——以杀虎口历史文献整理为例

刘一奇

呼和浩特市和林格尔县有着以长城为代表的丰富历史文化遗产,盛乐土城子遗址见证了中国北疆历史的演变,和林格尔地区的历史就是中华民族交往交流交融史的缩影。杀虎口是长城的重要关隘,位于和林格尔县与山西交界,是明清时期的军事要塞和边贸重镇,见证了"走西口"的历史与晋商的兴衰。对杀虎口历史文献的发掘整理,包括传世文献、碑碣史料、考古资料、口述传说等,将为长城历史文化研究奠定坚实基础。长城文献发掘整理的文化工程需要党和政府的大力支持,需要长城文化研究者与爱好者的共同努力。研究长城历史、讲好长城故事、弘扬长城精神离不开长城文献的支撑,加强对杀虎口、和林格尔长城文献发掘整理将是弘扬长城文化、接续地方文脉的文化盛事。

古塞遗踪
——和林格尔县长城论坛暨土城子国家遗址公园建设研讨会论文集

一、和林格尔历史文化研究举隅

内蒙古自治区呼和浩特市和林格尔县历史悠久，历史遗产丰富，主要历史古迹有世界文化遗产长城，包括与山西交界的杀虎口明长城，还有全国重点文物保护单位、曾为北魏都城盛乐的和林格尔土城子遗址，考古发现主要是新店子东汉壁画墓、和林格尔其他不同时代的古墓葬，民俗文化主要是国家级非物质文化遗产和林格尔剪纸，这些都见证了内蒙古中部地区历史文化的发展与中华民族交往交流交融的历史。

对和林格尔历史文化的研究也大多在上述领域，现将学界对和林格尔历史文化的研究成果作简要介绍。对土城子遗址的研究主要有陈永志等的《和林格尔县土城子古城考古发掘主要收获》[1]《盛乐遗珍：内蒙古和林格尔土城子古城出土文物精品》[2]，这是内蒙古文物考古研究所发掘人员的一线报告与研究成果。对和林格尔东汉壁画墓的研究是个热点，主要成果有内蒙古文物考古研究所的报告《和林格尔汉墓壁画》[3]、崔雪冬《图像与空间：和林格尔东汉墓壁画与建筑关系研究》[4]，后者在导论部分对和林格尔东汉壁画墓发掘以来的研究成果作

---

[1] 陈永志、李强、刘刚：《和林格尔县土城子古城考古发掘主要收获》，《内蒙古文物考古》，2006年第1期。

[2] 内蒙古自治区文物考古研究院、内蒙古师范大学、内蒙古博物院、盛乐博物馆、和林格尔县文物保护管理所编著：《盛乐遗珍：内蒙古和林格尔土城子古城遗址出土文物精品》，文物出版社2021年版。

[3] 内蒙古自治区文物考古研究所编：《和林格尔汉墓壁画》，文物出版社2007年版。

[4] 崔雪冬：《图像与空间：和林格尔东汉墓壁画与建筑关系研究》，辽宁美术出版社2017年版。

了梳理，并在此基础上作了进一步研究。对和林格尔不同时代古墓葬的研究有张全超《内蒙古和林格尔县新店子墓地人骨研究》[①]、顾玉才《内蒙古和林格尔县土城子遗址战国时期人骨研究》[②]、张旭《内蒙古和林格尔县大堡山墓地人骨研究》[③]，这些都是通过考古学和体质人类学等方法对内蒙古地区人群迁徙与民族交融等问题进行研究。对和林格尔剪纸的研究有冯骥才、段建珺《中国民间剪纸集成·和林格尔卷》[④]，邢书宇《和林格尔剪纸的艺术特色与民俗寓意》[⑤]，和林格尔剪纸研究的应用性比较强，而对和林格尔长城的专题性研究成果较少，一般包含于内蒙古或呼和浩特长城的研究中，如《内蒙古自治区长城资源调查报告·明长城卷》[⑥]中有对和林格尔县长城的论述。因此加强和林格尔长城文献发掘整理与和林格尔长城文化的研究对接续当地文脉、铸牢中华民族共同体意识有重要意义。

二、长城文献发掘整理是弘扬长城文化的基石

文献史料是历史研究的重要基石，研究长城历史、弘扬长城文化的一项基础性工作就是对长城文献的发掘整理，这也是新时代坚定文化自信、传承中华文明的必然要求。2023年6月2日习近平总书记

---

① 张全超：《内蒙古和林格尔县新店子墓地人骨研究》，科学出版社2010年版。
② 顾玉才：《内蒙古和林格尔县土城子遗址战国时期人骨研究》，科学出版社2010年版。
③ 张旭：《内蒙古和林格尔县大堡山墓地人骨研究》，吉林大学2015年博士学位论文。
④ 冯骥才、段建珺：《中国民间剪纸集成·和林格尔卷》，河北教育出版社2014年版。
⑤ 邢书宇：《和林格尔剪纸的艺术特色与民俗寓意》，内蒙古大学2015年硕士学位论文。
⑥ 内蒙古自治区文化厅（文物局）、内蒙古自治区文物考古研究所编著：《内蒙古自治区长城资源调查报告·明长城卷》，文物出版社2013年版。

古塞遗踪
——和林格尔县长城论坛暨土城子国家遗址公园建设研讨会论文集

在北京出席文化传承发展座谈会并发表重要讲话时强调，在新的起点上继续推动文化繁荣、建设文化强国、建设中华民族现代文明，是我们在新时代新的文化使命。要坚定文化自信、担当使命、奋发有为，共同努力创造属于我们这个时代的新文化，建设中华民族现代文明。2023年6月1日习近平总书记在考察中国国家版本馆时指出："我十分关心中华文明历经沧桑流传下来的这些宝贵的典籍版本。建设中国国家版本馆是我非常关注、亲自批准的项目，初心宗旨是在我们这个历史阶段，把自古以来能收集到的典籍资料收集全、保护好，把世界上唯一没有中断的文明继续传承下去。盛世修文，我们这个时代，国家繁荣、社会平安稳定，有传承民族文化的意愿和能力，要把这件大事办好。"① 作为历史研究工作者要贯彻落实习近平总书记关于文化传承发展的重要讲话精神，把历史文献的搜集、保护、整理、研究、宣传工作作为传承中华文脉、弘扬中华文化的基石。

作为长城文化研究者与爱好者，要着眼于长城文献的发掘整理、保护研究与科普宣传，把现实中的长城与历史中的长城结合起来，把行万里路与读万卷书结合起来，在新时代讲好长城故事，弘扬长城文化。本文所说长城文献是从广义上而言，不单指传世文献，而是包含广阔。孔子说："夏礼，吾能言之，杞不足征也；殷礼，吾能言之，宋不足征也。文献不足故也。足，则吾能征之矣。"② 这里的"文"指文字史料，"献"指口述史料，说明在春秋时期因为夏朝、商朝传世文献的亡佚和亲历历史老人的去世使得夏、商的历史难以知晓确证，我们今天证实和研究商朝历史也是依靠清末以来河南安阳殷墟的考古发

---

① 《担负起新的文化使命，努力建设中华民族现代文明》，《人民日报》，2023年6月3日第01版。

② 杨伯峻：《论语译注》，中华书局2009年版，第26页。

掘和甲骨文研究，而夏代历史因无出土文字史料证实，河南偃师二里头遗址与夏文化的关系仍是学界讨论的问题。广义上的文献应包括传世文献、考古资料、口述史料等广泛内容。对长城文献的发掘整理，也应包括与长城有关的传世文字史料、长城地方碑碣史料、相关遗址考古发现的地下史料、长城沿线的口头传说故事等。我们今天也面临着文献散佚、碑刻风化、民谣故事失传甚至盗墓与文物破坏的问题。因此对长城实体的保护与对长城文献的搜集整理、保护研究都需要政府和公众的共同努力，而长城文化研究者与爱好者更应该刻不容缓地行动起来。

三、杀虎口历史文献发掘整理举隅

杀虎口是长城的重要关隘，位于内蒙古自治区呼和浩特市和林格尔县与山西省朔州市右玉县交界处，是明清时期重要的军事要塞和边贸重镇，清代成为"走西口"的必经之地，见证了晋商的繁盛兴衰。杀虎口有着较高的知名度与厚重的历史文化，是长城文化的历史缩影。杀虎口历史文献发掘整理的重要成果有《清宫珍藏杀虎口右卫右玉县御批奏折汇编》[①]，由中国第一历史档案馆、山西省右玉县人大常委会教科文卫工作委员会合作编纂。该书汇辑中国第一历史档案馆藏清朝满汉文朱批、录副奏折761件，分汉、满文两部分，上起康熙四十九年（1710年），下至宣统三年（1911年）。内容以杀虎口、右卫、右玉县为中心，主要涉及人员任免调迁、巡查关隘、管理驿站、勘察地亩、驻防八旗、征收税银、田禾灾情、侵亏案件等诸多具体史

[①] 中国第一历史档案馆、右玉县人大常委会教科文卫工作委员会编：《清宫珍藏杀虎口右卫右玉县御批奏折汇编》（全三册），中华书局2010年版。

实细节。对清代驻防八旗制度、权关制度、与蒙古地区贸易史的研究有很高历史价值。这部文献的出版为杀虎口长城沿线历史的研究提供了可靠的史料支撑与便利的使用途径，惠及学林。王磊的《清代右卫满城变迁研究》①、马金柱的《清代右卫八旗驻防建置沿革论考》②等就是以这部史料为基础进行研究的。

王德功编著的《杀虎口》③一书则有杀虎口碑碣史料与口头传说的辑录，该书作者曾任右玉县政协主席。该书第三部分搜集了与杀虎口有关的历代诏敕、奏议、碑碣、史志资料，比较珍贵。如其中收录《明诰封特进光禄大夫麻贵墓志铭》（墓在袁家窑村西北，碑尚存）、《钦差督理杀虎口兼理河保等处税务碑记》（此碑现在杀虎堡村民刘志文院中），对了解研究杀虎口当地历史文物与历史文献有一定学术价值。不足之处在于没有把碑刻以拓片、照片等形式加以记录保存，使研究者难以获得文物的真实面貌与原始文献。该书第四部分是对杀虎口历史传说与民间故事的记录，对讲好杀虎口故事、吸引游客、宣传杀虎口长城文化有一定现实价值。这两部书的修纂都有地方政府的参与和支持。弘扬长城文化需要党和政府、长城文化研究者与爱好者以及社会公众相向而行、共同发力。

四、杀虎口历史文献整理展望举隅

以杀虎口历史文献为代表的长城文献发掘整理取得了许多成就，但仍然任重道远。这里举一部尚未整理的有学术价值的杀虎口历史

---

① 王磊：《清代右卫满城变迁研究》，内蒙古师范大学2015年硕士学位论文。
② 马金柱：《清代右卫八旗驻防建置沿革论考》，《满族研究》，2019年第2期。
③ 王德功：《杀虎口》，山西古籍出版社2006年版。

文献为例。这就是甘鹏云《杀虎口监督署报告书》①，民国二年（1913年）十月崇雅堂印行。

甘鹏云是晚清民国时期的藏书家、学者、官员，1912年应民国财政总长熊希龄之邀，担任杀虎关税务监督，当时民国初创，国家动荡不安，商人绕越税关希图偷税漏税的行为屡禁不止。甘鹏云上任后进行大力整顿，规范制度，为民国初年财政税收立下汗马功劳。这部书就是当时报告文书的汇编，对民国初年杀虎口的税关管理和民国经济史研究有重要价值。相关研究有张月琴《民国初年杀虎口税关对偷漏绕越的防治——以〈杀虎口监督署报告书〉为中心》②，张连银、廖元琨《从〈杀虎口监督署报告书〉看甘鹏云对杀虎口税关的经营》③，张建民《清代杀虎口税关研究》④。如将《杀虎口监督署报告书》整理出版，将会进一步推动杀虎口长城历史文化的研究。另《民国税收税务档案史料汇编》第21册收录《塞北税局扣留英商新泰兴毛货案》《杀虎口税关扣留美商益昌洋行羊毛罚办案》《杀虎口税关新定税则》3篇文献，如将这些文献进行整理，将大有益于学林。

总地来说，杀虎口及和林格尔长城的文献是十分丰富的，发掘和整理杀虎口及和林格尔长城文献，有利于传承弘扬长城文化。

（刘一奇，内蒙古大学历史与旅游文化学院讲师，历史学博士。）

---

① 甘鹏云：《杀虎口监督署报告书》，民国二年十月崇雅堂印行。

② 张月琴：《民国初年杀虎口税关对偷漏绕越的防治——以〈杀虎口监督署报告书〉为中心》，《山西档案》，2015年第5期。

③ 张连银、廖元琨：《从〈杀虎口监督署报告书〉看甘鹏云对杀虎口税关的经营》，《中国社会经济史研究》，2009年第1期。

④ 张建民：《清代杀虎口税关研究》，内蒙古大学2008年硕士学位论文。

呼和浩特地区长城地带民族关系中的女性角色
——以王昭君、三娘子、四公主为例

高晓梅

说到长城，我们首先想到的是攻打戍守坚固的城墙，是永不散去的烽火硝烟。其实这并不全面，严格地讲，长城沿线的绝大部分地方并没有发生战争，即便是打过仗的地方，绝大部分时间也是不打仗的，所以说修建长城是预防战争的手段。

历史上农耕文明与游牧文明在长城区域相互碰撞融合，这是共同构建中华民族共同体的过程。各民族血肉相连、唇齿相依，长城两边也早已成为多民族共同的精神家园。

呼和浩特市新城区、回民区、赛罕区、土默特左旗、武川县、和林格尔县和清水河县共有战国、秦、汉、北魏、金、明历代长城达657.97千米，单体建筑及相关遗存1096余处，是我国长城重要的组成部分。呼和浩特市地区长城时代跨度大，分布区域广，历史文化内涵极为深厚。本文以王昭君、三娘子、四公主为例阐述呼和浩特地区长城地带民族关系中的

呼和浩特地区长城地带民族关系中的女性角色
——以王昭君、三娘子、四公主为例

女性角色。

一、稽侯珊叩关附汉　王昭君出塞和亲

稽侯珊是匈奴头曼单于八世孙，其父为虚闾权渠单于。他出身于上层贵族，是匈奴最高统治集团中一位很有政治远见和才能的人物。稽侯珊既是单于后裔，又有杰出才能，因而赢得左地贵族的拥护和爱戴。神爵四年秋，他以左部稽侯受拥立为呼韩邪单于。

自汉武帝以来，匈奴因屡为汉朝所败，故至宣宗时，其势已衰，复经"五单于争立"的战乱，力量更加削弱，作为游牧民族生产与生活资料的牲畜此时已损大半，人民生活发生严重困难。宣帝甘露元年（256年），呼韩邪与郅支战，又遭失败。在这样严峻的形势下，促使呼韩邪不得不考虑归附汉朝中央政权的问题。

归附汉朝，在匈奴历史上是一个重大转折的事件。

甘露元年（前53年），呼韩邪即引部众驻扎于靠近汉朝边塞的地带，并遣子到汉朝入侍。次年冬，又亲至五原塞谈判，从此正式归附于汉。甘露三年初，他又入汉晋谒汉帝，以示亲汉之意。

呼韩邪的归附于汉，其重大历史意义在于，以汉匈之间和平友好取代了自汉初以来西汉王朝与匈奴政权的长期对立，促成了塞北与中原的统一。这种和平友好的局面一直维持到西汉末年。

竟宁元年（前33年）春正月，呼韩邪第三次来到长安，汉元帝为了祝贺郅支伏诛和呼韩邪入朝，特改"建昭"年号为"竟宁"。这次汉朝对他优待如前，赐赠较汉宣帝时多达一倍。汉庭还根据他自言"愿胥汉氏以自亲"，将宫人王昭君嫁给他为阏氏，这就是历史上有名的"昭君出塞和亲"。

王昭君，名嫱（一说"嫱"是昭君在宫中的官名），南郡秭归人，

不仅貌美，而且有识见，聪颖贤惠。当呼韩邪求美人为阏氏的消息传入后宫后，她毅然自"请掖庭令（管理后宫的官员）求行"，应召和亲，得到元帝批准（见《后汉书·南匈奴传》）。

王昭君与呼韩邪临行前，汉廷为之举行隆重的欢送仪式。仪式之上昭君举止大方，容貌丰美，服饰华丽，使汉宫大为增辉，左右对之无不肃然起敬。其后，昭君戎服乘马，同呼韩邪一起出塞，前往单于庭。呼韩邪自是欢喜异常，号昭君为"宁胡阏氏"，意为使匈奴得以安宁的阏氏。由此可见，汉匈双方对这次和亲都是非常重视的。

昭君去世后，她的女儿须卜居次云、女婿右骨都侯须卜当，兄子王歙等亲属，秉承昭君遗志，继续作为汉匈之间的桥梁，为维护汉匈友好关系做了大量有益之事。

和亲不仅受到匈奴族的欢迎，汉族也是拥护的，如在包头附近出土的西汉砖雕上就有"单于和亲，千秋万岁，安乐未央"的字样。由于昭君为汉匈两族的团结友好事业所作出的突出贡献，自然赢得了人民的尊敬和赞扬，故两千年来在文学作品中"昭君出塞"的故事就成了流行的题材。

昭君墓前亦有一亭，亭前竖立一尊由董必武同志于1963年所题写的《谒昭君墓》诗碑。院内陈设有其他年代的记述和歌颂昭君事迹的碑碣数通。正门内还竖有题为《和亲》的王昭君与呼韩邪的大型青铜铸像。董老的诗是：

> 昭君自有千秋在，胡汉和亲识见高。
> 词客各摅胸臆懑，舞文弄墨总徒劳。

如今这座"民族友好的历史纪念塔"（见翦伯赞《内蒙古访古》一文）昭君墓已修整一新，吸引着众多的中外游客到来。

呼和浩特地区长城地带民族关系中的女性角色
——以王昭君、三娘子、四公主为例

图1 王昭君与呼韩邪单于"和亲"铜像 王东麟/摄影

二、俺答汗破长城明蒙复市
三娘子顾大局边塞安宁

俺答汗（1507—1581年），亦译作"阿拉坦汗"，元室之后，明代蒙古右翼土默特万户首领，其祖父是毕生致力于蒙古统一事业的达延汗。俺答汗也是一位很有作为的蒙古民族的首领。

为了满足蒙古民族的生活需要，恢复在达延汗时被明廷所中断的互市，俺达汗在嘉靖年间（1522—1566年）曾多次派使者到大同要求通贡互市，但均遭到了明世宗朱厚熜的无理拒绝，并杀害俺答汗派去的使者石天爵等人，致使明蒙之间的矛盾加剧。

经过"庚戌之变"，明廷被迫接受开放关市的条件。次年春天，明廷给俺答黄金十万两，并答应在大同、宣府、延绥、宁夏等沿边地区

古塞遗踪
——和林格尔县长城论坛暨土城子国家遗址公园建设研讨会论文集

每年开放马市两次。隆庆五年达成最后协议，实行互市。俺答受封为"顺义王"，其属下六十九员也分别授以都督同知、指挥使、指挥同知、指挥佥事、千户、百户等官职，每年还发给广额赏金。至此，明蒙互市恢复正常，蒙古地区和明朝之间的关系逐步密切起来。

图 2　呼和浩特市清水河县北堡乡川峁村红门口马市遗址　王东麟/摄影

当时明朝与土默特部之间互市市场均设在长城沿线重要关隘险口之处，共有大同镇得胜堡、山西镇水泉营堡红门口马市等八处。

据当时宣府、大同、山西三镇互市市场仅就马匹一项的交易统计，1571年复市时，易马不过七千余匹，以后逐年增加，给双方都带来了安定和繁荣的大好局面。

万历九年（1581年），俺达汗去世，其妻三娘子（1550—1612年）掌权。三娘子主政20余年，继续推行与明朝政府的和平友好政

呼和浩特地区长城地带民族关系中的女性角色
——以王昭君、三娘子、四公主为例

图3 红门口马市遗址，位于清水河县域内的红门口之北，也是一座土筑方城，互市市场设在城内
王东麟／摄影

策，维护蒙汉团结，保持了边塞的长期安宁，使蒙古与中原地区的政治、经济和文化联系更加密切。三娘子积极主张和平贡市，故在他们婚后的第二年就达成了和平贡市协议，从而基本上结束了断断续续达200余年之久的明蒙之间的战争状态。在与明朝边臣王崇古、方逢时等人就息兵、通贡、互市以及请封等问题的谈判中，三娘子为使谈判取得成功，协助俺答汗做了大量工作。

明蒙互市确立以后，每届市期，俺达汗和三娘子以及各部头领也都亲自到市场监督自己的属部，观光游览，并和前来参加互市的明朝官员相互酬应。明穆文熙有《咏三娘子》七绝一首，通过对她身着华贵的汉族衣装，扬鞭踏马，与俺答共赴互市的描绘，反映了当时蒙汉民族之间的和好关系和贸易的繁荣景象。诗云：

古塞遗踪
——和林格尔县长城论坛暨土城子国家遗址公园建设研讨会论文集

小小胡姬学汉装，满身貂锦厌明珰。
金鞭娇踏桃花马，共逐单于入市场。

俺答还在三娘子的协助下，于隆庆六年（1572年，一说是万历九年，即1581年）招募能工巧匠，在大青山南平川之上，建起一座宏伟的城池。蒙古族称之为"库库和屯"。明廷赐名"归化"，所谓"归化"，即"归顺同化"。明崇祯时，清太宗皇太极以兵力迫察哈尔部虎

图4　呼和浩特市大召广场阿拉坦汗塑像　王东麟/摄影

呼和浩特地区长城地带民族关系中的女性角色
——以王昭君、三娘子、四公主为例

墩兔汗（即林丹汗）西走，进而追击至库库和屯，将这座美丽的城市焚毁，仅留下银佛寺，即今之大召。后库库和屯于清初重建。

三娘子自幼就娴于弓马，与俺答成婚后，曾领军一万，别城为都。俺答去世，三娘子掌握军政大权，统率各部，安定边地，励精图治，部属无不拥护，奉之为女王；与之接界的其他少数民族亦皆畏服，不敢侵犯。明人冯琦有"塞外争传娘子军，边头不牧乌孙马"的诗句，就是歌颂其军威的。"边头"，指边境地带；"乌孙"，最先游牧于祁连、敦煌间，汉时西迁，势极盛，这里代指北方少数民族。

俺答殁后，三娘子继续收纳从山西等地而来的汉人，为之建立大小板升，扩大耕作面积，并使之从事家具、食品、供器、手工艺品的生产，使漠南特别是库库和屯地区的农业和手工业生产得到了进一步发展。

三娘子主政期间，为明蒙和好、民族团结做了大量的工作。例如，万历十五年（1587年）六月，俺答之孙扯力克曾经率军数万，陈兵长城下，声言有马八千匹，要明朝按价购买，否则就要攻进关去。当时正值下了十几天的大雨，边墙多处坍塌，形势十分危急，大同巡抚郑洛急与三娘子联系。通过三娘子之力使扯力克撤回军队，一场轩然大波才归于平息。三娘子和明朝不少官员都建立了良好的私人友谊，如宣大总督吴兑和上述的大同巡抚后任宣大总督的郑洛，他们与三娘子常通函柬，友情甚笃。由于这些交往，不少涉及明蒙之间政治和军事上的纠纷，得以及时解决，避免了诉诸武力。这对蒙汉各族人民都是有利的。

万历十五年（1587年）春正月，明政府册封三娘子为"忠顺夫人"，并赐予金银绸缎等物，用以表彰她在促进明蒙和平贡市，维护边塞安宁等方面所建立的功绩。三娘子自然也赢得了蒙汉各族人民的尊敬，为了追念她在民族团结友好事业上所作出的贡献，早年在土默特平原上的老百姓家里逢年过节还给她摆供品，进行祭奠活动。历史上还有不少文人为她画像、吟诗，以抒发敬慕之情。

明隆庆年间，俺达汗受封顺义王后，在土默川始建城寺。1575年建成第一座城寺——灵觉寺（后改称寿灵寺），明朝赐名"福化城"，就是现在位于土默特右旗域内的美岱召。迈达里朝克图曾来福化城传教（喇嘛教就是在俺答的扶持下成为蒙古的统治宗教的），所以又叫"迈达里庙"。美岱召殿堂内供有佛像。这里还有俺答及其后代居住的楼院。城寺置城堡、寺庙、邸宅为一体，在内蒙古地区仅此一处。为了永远纪念三娘子，召庙内还为她竖了一座塑像，并修建了陵墓，立太后庙，竖檀香木宝塔，使她的美名千古不泯。

三、千秋吟诵公主情　万世流芳励后人

四公主对老呼和浩特人和清水河县人而言可谓是一位最熟悉的历史人物。她之所以能够让人们永久不忘，是因为其下嫁蒙古喀尔喀郡王敦多布多尔济后，曾先后在两地建府邸居住并留下许多令后人称道的实物遗存与可歌可敬的历史故事。四公主及其公主府现已成为呼和浩特市特别是新城区及清水河县的重要历史文化符号，对研究当地清代初期口里汉族人走西口、垦务历史及民族团结具有极其重要意义。

据《绥远通志稿》等文献记载，明长城最早允许普通汉族百姓出入的是现清水河、和林格尔以东、以南的杀虎口、红门市口、滑石涧口、老牛湾黄河水口等几处口子（即狭义的西口）。清康熙帝四公主实行开边抚民政策，正是从这些当年明长城的军事关隘口子开启口里人走西口的大门。这几处长城口子便成为口里人最早走出西口的主要通道。最初口里人走西口的落脚地在四公主的"汤沐邑"地内。四公主的"汤沐邑"地，正是在这几处口子以外的清水河地区。这一地区

呼和浩特地区长城地带民族关系中的女性角色
——以王昭君、三娘子、四公主为例

包括现在凉城、和林格尔南部，那时凉城、和林格尔及清水河均未设厅，归化城以南，长城杀虎口、红门口、滑石涧口、老牛湾口以西以北广大地区全部是四公主受封的牧草地即"汤沐邑"地。由此可见，清水河是口里人走出西口外的第一站。也就是说，清水河是口里人走出西口最早的落脚地。

四公主是最早代表官方在口外清水河地区放垦、实行开边抚民政策的重要人物。据《呼和浩特文史资料》记载，清军入关以后，好长一段时间，西北地区局势还不稳定，直到康熙帝执政后，才相继统一了漠南、漠北蒙古，平定了漠西蒙古，结束了长期以来多民族之间在长城以外、大漠南北这片土地上的纷争与战争。康熙初年，大漠以北、以西仍硝烟未尽，但阴山以南、长城内外的广大地区已经是太平盛世。曾饱受战乱创伤的塞外清水河地区得以休养生息。特别是四公主到来后，许多口里汉民翻越边墙，来到这里垦荒种地。这一事件就是人们常说的走西口。提到走西口，四公主应该是一位值得重点关注的人物。

四公主即恪靖公主，康熙皇帝六女儿，因在得到封号的公主中排行第四，故称四公主。四公主生于康熙十七年（1678年），于康熙三十六年（1697年）赐嫁喀尔喀蒙古土谢图汗察珲多尔济之孙敦多布多尔济。当时漠北地区局势尚未安定，即使是阴山脚下的归化城也处于战争的前沿。为了保障公主的绝对安全，康熙帝决定让公主暂时居住到离屯兵之所右卫八旗驻防城较近的清水河。因四公主从小聪敏丽质，长大后为人处事又总能从大局出发，康熙皇帝对其宠爱有加，因她能够服从大局，义无反顾地走进草原大漠。所以，在清政府通过采取满蒙联姻，实现国家统一大业的政治问题上毫无疑问地选择了她。

在清水河期间，四公主体恤民情，整饬农田，兴修水利，曾奏请父皇拨48370亩良田作为自己的"汤沐邑"地，鼓励并吸引长城杀虎

古塞遗踪
——和林格尔县长城论坛暨土城子国家遗址公园建设研讨会论文集

口、红门口、滑石洞口等以内平鲁、偏关一带大批汉民走西口前来垦种。起初，这些到四公主受封的土地上垦种的边民们，都是春来秋返，人称"雁行客"。后来，许多人感到四公主施行仁政，为广大走出西口的边民敞开了一扇生存的大门，那些受益的贫困边民们，慢慢把这里当作了自己的家，纷纷落脚清水河地区，开发建设清水河。仅几年间，口外清水河的广大地区粮食连年丰收，商贾往来不断，经济与社会呈现出空前的繁荣盛况。公主府邸周边及黄河、长城沿边沿线的岔河口、老牛湾和口子上等地，聚集来了大批的走西口人，并形成许多自然村落。《公主府志》记载，四公主自清水河移居归化城后也一样地体恤百姓，在归化城及其府邸以东白塔附近的大黑河畔圈地17000余亩，招募口里垦民垦种。于是，在归化城周边聚焦了大量走西口人。现在呼和浩特市城边的一些村庄在那时就已形成了。

四公主常住归化城后，每年夏季要远赴库伦（乌兰巴托）一次，协助额驸敦多布多尔济处理喀尔喀各旗事务。漠北地区曾在四公主的允准下制定了《喀尔喀三旗大法规》，对稳定当时漠北各旗社会秩序发挥了积极作用。四公主每次远行库伦，除带府内随行人员外，后面还有大量行商尾随。这些商人既能护驾公主，也可一路行商。久而久之，由四公主往返归化与库伦间踏出的这条道路，便成了后来成就一代晋商的草原丝路、茶路。

由此可说明，口外商业经济的产生和晋商的出现，也与四公主开边放垦分不开。四公主亲民爱民、体恤百姓，在清水河县域内打开了口里人走西口的大门。一批接一批来到其"汤沐邑"地上垦种的垦民，初来时都没有经济能力购买土地，全部是租草地开垦耕种。那时如遇有天灾，四公主会免收租金。到后来，多数人发了家，就拿钱购买土地，这使大批人的生存得到了保障。即使在四公主搬离清水河北赴归化城居住后，当地百姓仍时刻念想着四公主的恩情，不忘四公主。在民间传颂着许多四公主及公主府内管理农事的管家黄忠、佟生禄的故事。

四公主德政碑是清康熙六十年（1721年）九月刊刻，现存立于北堡乡口子上村中。该碑分碑首、碑身、碑座三部分，总高340厘米，是清水河县域存世碑刻中体形最大的一通。其中碑首高100厘米，宽95厘米，厚21厘米，镌刻盘龙纹，阳面额题"皇清"，背面双行竖书"皇恩浩荡"。碑身高198厘米，宽92厘米，厚21厘米，碑阳题"四公主千岁千千岁德政碑"，碑阴题"大清康熙六十年岁次辛丑季秋谷旦"，下署"五眼井口万民公立"。龟跌座高43厘米，宽92厘米，长140厘米。

四公主于康熙三十六年（1697年）从京城来到清水河，至康熙四十五年（1706年）离开迁至归化城（今呼和浩特市）扎达海河北岸

图5 四公主德政碑　王东麟/摄影

古塞遗踪
——和林格尔县长城论坛暨土城子国家遗址公园建设研讨会论文集

图6　四公主德政碑　王东麟/摄影

筑建公主府止,在此间生活居住了十年左右。其间四公主德行其政,在她的"胭脂地"轻徭薄赋,百姓念其功德,为她立碑感念。

呼和浩特市新城区通道北路62号和硕恪靖公主府(简称公主府),是康熙皇帝六女儿和硕恪靖公主出嫁后所建府邸,于清康熙四十四年(1705年)建成,是全国唯一一座保存完好的清代公主府邸。

呼和浩特长城地区各民族的发展和融合有一个曲折复杂的过程,交流和融合的程度、规模在不同的时段内表现出不同的状态,王昭君、三娘子、四公主是长城地带民族融合中的典型代表,民族关系中重要的女性角色。习近平总书记强调,长城凝聚了中华民族自强不息的奋斗精神和众志成城、坚韧不拔的爱国情怀,已经成为中华民族的代表性符号和中华文明的重要象征。我们要传承和弘扬这一精神和情怀,促进各民族像石榴籽一样紧紧拥抱在一起,构筑中华民族共有精

呼和浩特地区长城地带民族关系中的女性角色
——以王昭君、三娘子、四公主为例

图 7　呼和浩特市新城区和硕恪靖公主府　王东麟 / 摄影

图 8　呼和浩特市新城区和硕恪靖公主府　王东麟 / 摄影

神家园，推动中华民族走向包容性更强、凝聚力更大的命运共同体，为实现中华民族伟大复兴的中国梦凝聚起磅礴力量。

（高晓梅，内蒙古文物学会特聘专家，呼和浩特市文旅广电局智库专家，呼和浩特市长城科普学会会长。）

"一带一路"与草原丝绸之路和万里茶道

王大方

在欧亚大陆上，阴山以北、贝加尔湖以南是两大区域的走廊，早期为玉石之路和青铜器之路，中期是草原丝绸之路，后期是万里茶叶之路。2023年是习近平主席提出"一带一路"倡议10周年。回顾2013年9月7日习近平主席在哈萨克斯坦发表演讲，首次提出了加强政策沟通、道路联通、贸易畅通、货币流通、民心相通，共同建设"丝绸之路经济带"的倡议，是为"一带"。2013年10月3日，习近平主席在印度尼西亚国会发表重要演讲时明确提出，中国致力于加强同东盟国家的互联互通建设，愿同东盟国家发展好海洋合作伙伴关系，共同建设"21世纪海上丝绸之路"，是为"一路"。

"一带一路"沿线经统计有65个国家和地区，名单如下。

1. 东亚：蒙古国。

2. 东盟10国：新加坡、马来西亚、印度尼西亚、缅甸、泰国、老挝、柬埔寨、越南、文莱、菲律宾。

3. 西亚 18 国及地区：伊朗、伊拉克、土耳其、叙利亚、约旦、黎巴嫩、以色列、巴勒斯坦、沙特阿拉伯、也门、阿曼、阿联酋、卡塔尔、科威特、巴林、希腊、塞浦路斯和埃及的西奈半岛。

4. 南亚 8 国：印度、巴基斯坦、孟加拉国、阿富汗、斯里兰卡、马尔代夫、尼泊尔、不丹。

5. 中亚 5 国：哈萨克斯坦、乌兹别克斯坦、土库曼斯坦、塔吉克斯坦和吉尔吉斯斯坦。

6. 独联体 7 国：俄罗斯、乌克兰、白俄罗斯、格鲁吉亚、阿塞拜疆、亚美尼亚和摩尔多瓦。

7. 中东欧 16 国：波兰、立陶宛、爱沙尼亚、拉脱维亚、捷克、斯洛伐克、匈牙利、斯洛文尼亚、克罗地亚、波黑、黑山、塞尔维亚、阿尔巴尼亚、罗马尼亚、保加利亚和马其顿。

在国内，"一带一路"划定范围涉及我国 18 个省（自治区、直辖市），包括新疆、陕西、甘肃、宁夏、青海、内蒙古西北 6 省（自治区），黑龙江、吉林、辽宁东北 3 省，广西、云南、西藏等西南 3 省（自治区），上海、福建、广东、浙江、海南 5 省（直辖市），内陆地区还有重庆。

汉唐时期，草原丝绸之路畅通，在连结阴山南北的大道上，有许多突厥人、波斯人的商队在此经过。他们携带金币，购换大唐的丝绸和茶叶。一件弯月形金项饰，为东罗马商人的遗物。唐时王昭君这位胡汉和亲、流芳千古的杰出人物受到了诗人们的景仰。此时，此地的钱币和金银饰品有些就遗留下来。考古学者在呼和浩特市阴山脚下的坝口子古城发现 4 枚波斯萨珊王朝银币，在土左旗水磨沟古城发现过 1 枚东罗马币。与此同时，大黑河边上的昭君墓正式见于记载。和林格尔土城子古城古称"盛乐"者，盛世乐土也，上主国之昌盛，下保民之安乐，故曰盛乐。

公元907年，唐王朝在农民起义的沉重打击下，终被其他王朝所替代，中国再一次陷入了南北分裂和群雄割据的局面。五代时北方社会经济有所衰退，虽然茶业未发展起来，但饮茶似乎也一直继续不断，而此时南方茶叶生产和贸易则有所发展。北宋王朝无暇经略西域，与西方贸易主要走海上丝绸之路，北宋和阿拉伯商船以广州为起点，将中国的瓷器、丝绸运往西方。契丹则在陆路，通过草原丝路与阿拉伯国家贸易，进行各种交流。因此，阿拉伯人自公元10世纪起，称中国为"契丹"（Khita）。即便是辽朝灭亡以后，阿拉伯语仍然用"契丹"表示中国。辽、金是呼和浩特地区文化发展历史中又一个繁荣阶段。阿拉伯诗人尤素甫在他写于公元1069年的长诗《福乐智慧》中写道："大地铺上绿毯，契丹商队运来中国的商品。"

辽朝草原丝绸之路的南线，仍与唐代略同，自漠北南下经过阴山至丰州（今呼和浩特），东行至辽西京（今大同），再东行至归化州（今河北宣化），又分为两路：一路正东行翻越七老图山至辽中京（今赤峰市宁城县），另一路东南行至辽南京（今北京市）。草原丝绸之路基本把辽朝的各个城市连接起来，形成了交通干线上的全方位开放格局，进一步促进了草原地区经济文化的繁荣。西域诸国的商人和使团，每3年来辽上京一次，使团的人数都在400人以上，带来大批西方珍奇物品进献。辽朝每次回赠物品的金额不少于40万贯。通过交流，西方的马球、金银器、玻璃器以及驯狮、驯象、猎豹、瓜果、蔬菜等，均出现在今内蒙古东部草原地区，并在内蒙古东部区的辽代墓葬、壁画以及佛塔雕刻上有所体现。契丹的商人也携带着草原和中原地区的商品，沿草原丝路万里跋涉到西域和中亚、西亚各国贸易。

大召，蒙古语称为"伊克召"，始建于明万历八年（1580年），明朝赐名弘慈寺。主殿大雄宝殿又名银佛殿，主尊为纯银铸的阿弥陀

古塞遗踪
——和林格尔县长城论坛暨土城子国家遗址公园建设研讨会论文集

佛像,是由阿拉坦汗与夫人三娘子发宏愿所建。请看下面的这首童谣《马市口换物歌》,再现了400多年前阿拉坦汗、三娘子时代,土默特部与明朝在长城关口内外茶马互市的历史:

(开场令)
急急令,跑马城;
香香公主骑马来。
传帅令,边关通;
我的马匹任你挑
你的砖茶任我选。
紧急令,跑马城;
马市开,快把马市开起来!

一个小孩唱
(1)
四四方方一座城,
城门开了跑马城。
跑马市,马市开,
换甚哩?
换你奶酪、奶皮、奶豆腐!
拿甚换?
铁锅、铜勺、马掌钉!
另外一个小孩唱
(2)
四四方方一座城,
城门开了跑马城。

马市开,换甚哩?

换你那匹小青马。

拿甚换?

砖茶、绫罗、花绸段。

(3)

四四方方一座城,

马市开了跑马城。

跑马市,马市开。

换甚哩?

换你一个老羯子(公羊)。

拿甚换?

炒米、豌豆、糜子米!

(4)

四四方方一座城,城门开了跑马城。

跑马城,马市开。

换甚哩?

换你双峰白骆驼。

拿甚换?

丝绸、织锦和棉布。

(5)

四四方方一座城,

城门开了跑马城。

跑马市,马市开。

换甚哩?

换你毡毯、毛乌拉(毡靴)。

拿甚换?

古塞遗踪
——和林格尔县长城论坛暨土城子国家遗址公园建设研讨会论文集

青花、五彩、景泰蓝。
（6）
四四方方一座城，
城门开了跑马城。
跑马市，马市开。
换甚哩？
就换你二岁牛圪蛋（小公牛）。
拿甚换？
银碗、筷子、鼻烟壶。

内蒙古地区是中国古代北方民族生存和发展的主要活动地域，北方民族多以"随畜牧而转移""逐水草迁徙"（《史记·匈奴列传》）等游牧、狩猎方式为主要生产形态，茶叶在生活饮食中具有不可替代的巨大作用。从春秋战国时期的林胡、楼烦，以至秦汉魏晋时期的匈奴、东胡、乌桓、鲜卑、柔然，到后来的突厥、回鹘、契丹、女真、蒙古等民族，无一不是依靠奶食在广阔无边的草原上生存，建立了一个又一个强大的游牧政权，并依靠奶食支撑起游牧民的日常生活。尤其是元朝时，奶食为蒙古民族的崛起、强大立下不可磨灭的功绩。在历代北方民族中，奶食的拥有量和优劣往往对这个民族的兴衰强弱起到非常关键的作用。随着丝绸之路贸易带来的茶叶，北方民族生活得到了改变，可以说是茶叶与奶食的结合，成就了北方民族传统饮食，到现在文明社会还在沿用。

茶商就是传统的晋商，北京的商帮、河北的商帮，这些经营茶叶的中国茶商们，到南方采买了茶叶，在下梅镇经过加工、包装，通过水路运到长江口岸的九江，通过九江换大船，从福建走到江西，换大船进入长江，逆流而上，经过武汉到达湖北襄樊——古襄阳，然后茶叶包装箱被运上码头。

从襄阳上了岸以后，用驼、马、驴、骡，把茶叶驮运到呼和浩特、张家口、多伦淖尔这三个北方的茶叶集散地。在清代，呼和浩特是整个蒙古高原西起塔尔寺，东到海拉尔、南到长城，北到贝加尔湖藏传佛教的宗教中心，那里有许多寺庙，呼和浩特在历史上是非常有名的召城。从呼和浩特、张家口、多伦淖尔重新把茶叶再包装一次，然后基本上用驼队，驼队向北行进，穿越现在的内蒙古与蒙古国中间的大戈壁，走大约58天，到达现在蒙古国的乌兰巴托，清代时候的大库仑，在库仑往北走约190千米，到达中俄边境的口岸城市——买卖城，在俄罗斯境内和它对应的伙伴城叫恰克图（蒙古语"有茶的地方"），现在是一个非常有历史文化积淀的俄罗斯边境城市，它证实了万里茶道的活动。

这条道路到恰克图只是"茶叶之路"的一半，就是中国境内的一部分。据统计是5000千米。那个时候的经营，运输只负责运输，在恰克图对应的中国一方面的口岸城市——买卖城，都有茶商的商号和库房，包括呼和浩特，就是当时的"归化城"，也有这些茶商商号的库房和中转站，所以这些茶叶不是一次性完成运输，比如说当时在"茶叶之路"上号称是"华商"，中国商号叫"大盛魁商号"。

在内蒙古流传有《驼倌叹十声》小调，唱出了驼倌们的辛酸：

拉骆驼，过阴山，肝肠痛断；走山头，绕圪梁，偏要夜行。
拉骆驼，走戈壁，声声悲叹；捉骆驼，上圈子，活要人命。
拉骆驼，走沙漠，一步一叹；进三步退两步，烤得眼窝生疼。
拉骆驼，步子慢，步步长叹；谁可怜，老驼倌，九死一生！
宁肯三日无食，不可一日无茶。

古塞遗踪
——和林格尔县长城论坛暨土城子国家遗址公园建设研讨会论文集

无论是西伯利亚还是蒙古高原，无论是游牧民族还是渔猎民族，他们对于茶叶的喜爱和依赖的程度迅速增长。俄罗斯作家哈里森在19世纪初的时候写下的日记体书中有这样一段话，就是西伯利亚和蒙古的当地人，宁肯三日无食，不可一日无茶，有的渔猎民族，他们早晨起来就喝茶，一天要喝五顿茶。

茶叶之路是丝绸之路的延续，呼和浩特、包头、张家口、定远营、多伦、赤峰、海拉尔等一批草原城市的繁荣，使得这条古道充满生活内容。在这些地区的大街小巷，还保留着一些古老的经济文化建筑。

在内蒙古阿拉善定远营古城，在中蒙边境口岸二连浩特市"伊林驿站"，包头市东河区旧城、多伦县旧城，也发现了丝绸之路、茶叶之路的文物古迹。

在国家"十四五"期间，我们要继续响应"一带一路"倡议，推进"万里茶道"申遗工作，充分发挥内蒙古的草原文化遗产优势，做好"草原丝绸之路"科学考察研究工作，加强与"万里茶道"之路等重要线性文化遗产沿线地区，特别是俄罗斯、蒙古国等的文化交流合作，力争取得突破性成果。

（王大方，内蒙古自治区文物局原副局长，内蒙古文物学会副会长。）

追寻呼和浩特地区长城文化 铸牢中华民族共同体意识

王东麟

长城，是中华民族悠久历史与灿烂文化的代表性建筑，是历史留给世界独一无二的文化遗存，1987年被列入世界文化遗产名录。呼和浩特市拥有2300多年的建城史，留下许多的历史文化遗产，拥有深厚的历史文化底蕴，是内蒙古自治区唯一的国家历史文化名城。作为首府窗口城市，人文荟萃，域内文物古迹众多，现有全国重点文物保护单位21处。长城是世界文化遗产。呼和浩特市新城区、回民区、赛罕区，土默特左旗、武川县、和林格尔县和清水河县共有战国、秦、汉、北魏、金、明历代长城达657.97千米，单体建筑及相关遗存1096余处，是我国长城的重要组成部分。呼和浩特地区长城时代跨度大，分布区域广，历史文化内涵极为深厚，是内蒙古乃至全国长城历经时代最多、分布最广的地区之一。

古塞遗踪
——和林格尔县长城论坛暨土城子国家遗址公园建设研讨会论文集

一、呼和浩特地区分布多处长城的成因

呼和浩特南端，正好是年降水量400毫米上下的分界线，也是我国牧区与农区的分界线。在这条分界线上，年降水量400毫米线因气候原因在南北摆动，牧区和农区的分界线也随之南北移动。自古以来，阴山以北就是北方游牧民族的游牧之地，而阴山以南地区是中原农耕王朝的粮食产区，两种不同的生产生活方式，使北方游牧民族和中原农耕民族迥异的文化和习俗在这里碰撞和互融，又因为政治、军事、经济的原因，各民族在这里冲突和融合。阴山的长城地带，从商周以来，就成为北方游牧民族与中原农耕王朝军事之争的中心地带，战国、秦、汉、北魏、明等时代在这里修筑长城，阴山南北成为军事防御的前沿阵地。同时，由于游牧经济和农耕经济产生相互的差异和贸易需求，北方游牧民族和中原农耕民族在政治、经济、文化上的相互交融，使阴山南北又成为多民族融合的重要区域。

长安是汉唐时期中原王朝政治、经济和文化中心，阴山南北是该时期北方游牧部族的政治、经济和文化中心。阴山南北一带地处长安和蒙古高原的中间地带，地理位置极为重要。中原王朝北进大漠，必须先来到呼和浩特地区；北方游牧民族南进中原，也必须经过呼和浩特地区。呼和浩特地区，成为历史上的兵家必争之地和交通枢纽要地，长城便应运而生并成为各个历史时期重要的军事防御设施。

长城是中国古代的军事防御设施，更是和平的象征。各民族等相继修筑长城，更多的是期盼以长城为界，和平共处，长城内外的各民族守望相助，发展生产，安居乐业。

二、呼和浩特地区的长城文化

中国长城学会副会长、著名长城专家董耀会先生指出：长城文化首先是中国古代修建和使用长城过程中所形成的历史文化，代表着中华文化的核心内容和中华民族精神。其中，也包括依托长城所形成的、反映长城内外民族特质和社会风貌的文化。长城内外不同族群的内在精神，通过文化的传承、创造和发展，既表现出民族特色又有着鲜明的时代特点。世界文化遗产长城，是中国历史留存下来的标志性文化遗存，包含着中华文化精神的内涵，这个精神内涵最后凝聚成我们民族的核心价值观。从这个意义上，长城是中华文化最重要的标志。长城所体现出来的，是中华民族在几千年文明史上形成的核心价值观。

呼和浩特地区的长城已有2300多年的历史，在民间流传着许多形象生动、脍炙人口的关于长城的传说和故事，一代代讲述下来，形成了呼和浩特长城文化的丰富内涵，成为长城文化在今天呼和浩特大地上留下的深刻印记，成为长城联系古代与现代穿越时空的文化纽带。呼和浩特地区流传的长城文化传说和故事有：

（一）赵武灵王胡服骑射

呼和浩特地区的战国赵长城，修筑于赵武灵王时期，位于呼和浩特域内的这段长城称赵北长城，新城区38.24千米，赛罕区3.82千米，回民区13.78千米，土左旗69.11千米，全长约125千米。赵北长城多用夯土或石块叠砌，宽5~6米，残高1米左右。

公元前306年，赵武灵王的势力发展到了今呼和浩特平原。赵国在原阳（今呼和浩特南大黑河左岸）设置了军马场大批养马。赵武灵

古塞遗踪
——和林格尔县长城论坛暨土城子国家遗址公园建设研讨会论文集

王实行"胡服骑射",既是中国历史上第一次服饰改革,也是中国战争史上的一次革命,经过"胡服骑射"的改革,赵国逐渐强盛,扩大了北部疆域,建立了云中郡、雁门郡、代郡,使山西北部、内蒙古西部包括包头在内成为赵国的活动地区。之后,赵国又出兵占领了鄂尔多斯的一些地区,开拓了西北边境。

赵长城大约是武灵王二十年至二十六年(前306—前300年)之间修筑于大青山下的长城,这条长城东起代郡北(今河北张家口地区宣化盆地),进入内蒙古地区后沿辉腾梁(阴山东段)、大青山、乌拉山南麓的平缓地带向西延伸,止于乌拉特前旗大坝沟口,修筑的长城全长446千米,向西以险峻的乌拉山为天险。今大青山之赵长城遗址以大青山为屏障匍匐而行。历史学家翦伯赞1961年《登大青山访赵长城遗址》咏诗:"骑射胡服捍北疆,英雄不愧武灵王。邯郸歌舞终消歇,河曲风光旧莽苍。望断云中无鹄起,飞来天外有鹰扬。两千几百年前事,只剩蓬蒿伴土墙。"

(二)秦始皇跑马修边墙

在呼和浩特地区的战国秦长城沿线村落,年纪大一些的老乡中间,流传着"秦始皇跑马修边墙"的故事,内容非常生动。说的是秦朝建立以后,打败了匈奴,秦始皇骑着一匹宝马在长城所建之地驰骋,秦始皇骑着宝马跑到哪里,边墙就修到哪里,这样就在这一地区修筑了许多边墙。

秦长城,因是秦始皇修建,因此也称为秦始皇长城。呼和浩特地区域内的秦长城沿用了赵北长城,并且加以修缮。秦长城在新城区3.35千米,武川110.87千米,全长共计114.22多千米。

公元前221年,秦始皇统一中国,把战国时期的赵、秦、燕三国长城连接起来,加筑城堡、障、塞等防御设施,并且还修筑了新长城，号称万里长城。秦始皇长城与三国长城的修筑方向基本上是一致的，其中有些地段利用了三国的古长城，而未利用部分（多在新筑长城之南），又加以修缮，成了第二道防线。所以说秦始皇万里长城是以战国时期燕、赵、秦三国长城为基础而修建的。但秦始皇时期修筑的万里长城规模之巨大，动用劳力之多，又远非三国旧长城可比。据统计除去修缮三国长城，仅新建增筑部分就相当于原来三国长城总长度的一半以上；动用了约50万的劳动力，这个数字相当于当时全国男劳力的十分之一。从公元前214年开始直至前210年秦二世赐蒙恬死，历时五年（一说从前217年始，用了九年时间）才完成这一西起陇西郡的建筑工程。因此，把这一工程——万里长城归之于秦始皇时期修筑的是符合历史实际的。

秦长城西起自乌拉特中旗石兰计山谷，进入呼和浩特新城区毫沁营镇，沿大青山脊梁向东南延伸，经马场、羊场，至坡根底村北与东西走向的赵长城相汇，至保和少镇后扁担沟间。秦长城利用赵北长城，进入卓资县西部在赵北长城北侧新筑长城，新修长城长约500千米，大部为石块垒砌，局部夯筑土墙。

（三）昭君出塞

汉元帝时，王昭君以"良家子"的身份入选后宫，相传因不肯贿赂画师毛延寿，她的画像被点上了丧夫落泪痣，数年得不到皇帝宠幸。公元前33年，匈奴呼韩邪单于主动来汉朝请求和亲，昭君不愿久居深宫，自愿出塞远嫁匈奴。在临辞大会上，昭君顾盼神离，众人为之倾倒，皇帝想留下昭君，但又苦于不能失信于匈奴，便赏给昭君许多贵重嫁妆，将昭君嫁与呼韩邪单于为妻，并封为"宁胡阏氏"。王昭君随呼韩邪单于出塞，经由陕北黄土高原、鄂尔多斯高原，走秦直道，越长城，渡黄河北行进入大漠。从此，汉匈之间结束了多年的

古塞遗踪
——和林格尔县长城论坛暨土城子国家遗址公园建设研讨会论文集

战争局面，和亲相处，形成了长期的安定和平。

呼和浩特市域内的汉长城经过呼和浩特市 13 个乡镇，是汉朝在秦长城的基础上修筑而成的。呼和浩特市榆林、保合少、毫沁营和土默特左旗毕克齐等 13 个乡镇都有汉代长城遗存，全长共计 78.6 千米。为了加强长城的防御功能，汉代又在阴山建造了两道平行的长城，并修筑了大量烽火台、城障。汉长城是我国历史上较古老和使用年限最长的长城之一。

汉代是中国历史上修筑长城最长的一个朝代。经阴山、河西走廊，向西延伸至新疆。汉长城全长 1 万余千米，工程浩大，规模空前，主要是在汉武帝发动反击匈奴的战争时，为加强经常性防御而修筑的。

汉长城历经内蒙古自治区的阿拉善、巴彦淖尔、包头、呼和浩特、乌兰察布、锡林郭勒等地，其长度在内蒙古域内的历代长城中仅次于金长城。

西汉初年，匈奴势力强大，占有南起阴山，北到贝加尔湖，西逾葱岭（文帝时，匈奴破西域二十六国后），东至辽东的广大地区。河套、阴山一带，是匈奴诞生和兴起的地方，故其常从这里南下袭扰汉边。

在刘邦还是汉王时，对匈奴就有所防备，公元前 205 年，曾缮治过位于长安以北的秦河上塞（今陕西高陵一带）。即帝位后，对匈奴的南下，也曾进行过坚决的抗击。如公元前 200 年（高祖七年），匈奴入塞，大举围攻马邑（今山西宿县），进而"引兵南逾句注，攻太原，至晋阳下"（《史记·匈奴列传》）。汉王朝在武力反击匈奴，获得胜利后，首先把秦长城加以修缮利用，接着又构筑新的长城和亭障、烽燧、列城，加强防务。汉代长城在呼和浩特市域内只有武川 31.28 千米。

秦汉长城，匍匐在巍峨的大青山南路，绵亘在半山坡上，长城凡过大的山口，都在山口里筑有当路塞。在呼和浩特市以东的各个山口，多有这种遗迹，一直延伸到卓资县的北部。

呼和浩特市东25千米面铺窑山沟里的边墙村前筑有一条当路塞。南北沟里，筑一东西石墙，当沟拦起一条如同坝一样的高墙，爬上东西两边的半山上，形成三沟一道墙，堵死南去塞内的路，其防御工程非常坚固。同时看出古代建筑工匠们独具匠心的技术。其石墙遗迹保存较好，留有较多的原来的壁面，垒砌的很规整，都是用青褐色较平整的石块交错叠压。石块的大小一般40~50厘米，厚10~15厘米。里面的石块大都是平铺，内夹碎石和沙土，基宽6米，顶宽3米，最高处5米。当路塞全长300米，其中河床墙长约200米。在保合少镇水磨村大青山健身步道旁边也有一处秦汉长城的当路塞，呼和浩特市文物事业管理处于2012年3月在其旁边竖立有"全国重点文物保护单位战国——秦汉水磨段当路塞长城"。

东汉时期防御设施基本上是沿用西汉的，只是东汉初期为防匈奴修筑亭障、烽燧之事甚多，但多是局部的补充，不在内蒙古域内。

总之，汉代在呼和浩特域内以及西部和北部地区所筑的长城、亭障、列城、烽燧对阻止匈奴的侵扰，发展农牧业生产，保障"丝绸之路"的畅通，都曾起到过一定的作用。

三、铸牢中华民族共同体意识视阈下的呼和浩特地区长城文化

古塞雄关，烽燧望断。呼和浩特地处内蒙古中南部，南接中原、北通大漠，历史上匈奴、突厥、蒙古族等多个北方游牧民族都曾在这里放牧、崛起。战争年代，长城内外金戈铁马，奋力厮杀，和平年代，长城两边自由贸易，民族交融。南面农区的粮食、丝绸同北面牧

区的牛羊、皮革、马匹、池盐等产品都在这里进行贸易交流。同时，呼和浩特地区地处交通要道，宜农宜牧，使得呼和浩特地区成为历朝历代沟通关中与塞外乃至中西经济、文化交流的大通道，成为亚欧大陆草原丝绸之路上的交通枢纽和中心区域。

黄河岸边，长城脚下，农耕文化和游牧文化作为两种经济形态背景下产生的文化，丰富而多彩，曲折而灿烂，绵延而弥新，在呼和浩特地区这片广袤的土地上，生根绽放，成为北方中华文化得以发展壮大的重要源泉。追寻呼和浩特地区的长城文化，深深感受到在中华民族长达数千年的历史发展过程中，农耕文化和游牧文化在这里互相碰撞补充、相互融合发展。长城承载着商贸流通、文化交流和民族融合的历史使命，最终共同铸就了中华文化。

（王东麟，呼和浩特市长城科普学会会员，呼和浩特市作家协会会员。）

中国北方长城地带昭君墓文化现象探究

包苏那嘎

中国北方长城地带王昭君墓遗址众多，是历朝历代社会历史变迁、民族融合和文化交流过程中的文化现象。本文以北方长城地带具有代表性的诸多王昭君墓为考察对象，对北方长城地带昭君墓文化现象、内涵、特征、价值以及与昭君文化之间的联系进行分析，认为长城地带昭君墓遗存是各民族交往交流交融的实证，承载着各民族共存共生、融合发展和向往和平的愿望，从这个意义上说，昭君墓是中华文化的重要标志和符号。

一、中国北方长城地带

中国北方长城地带，泛指长城地带及其南北两侧的狭长地区，自东向西包括今天的内蒙古中南部、河北省北部、陕西、山西、宁夏、甘肃、青海等地区。也有学者从文化地理的角度称该地区为"农牧交错带"。林沄先生在《夏

古塞遗踪
——和林格尔县长城论坛暨土城子国家遗址公园建设研讨会论文集

至战国中国北方长城地带游牧文化带的形成过程》一文中认为："中国北方长城地带，并非指历代所筑长城经由的全部地域，而是指古来中原农业居民与北方游牧人互相接触的地带。这个地区东起西辽河流域，经燕山、阴山、贺兰山，到达湟水流域和河西走廊"。①

长城是我国现存体量最大、分布最广的文化遗产，纵横几千千米的跨度，成为人类历史上宏伟壮丽的建筑奇迹和无与伦比的历史文化景观。据全国长城资源调查结果显示，历代长城遗址遗存总长度为21196.18千米，分布于北京、天津、河北、山西、内蒙古、辽宁、吉林、黑龙江、山东、河南、陕西、甘肃、青海、宁夏、新疆等15个省（自治区、直辖市），包括长城墙体、壕堑、单体建筑、关堡和相关设施等长城遗产43721处。② 历代长城的位置、走向和修筑均与中国北方各民族以及自然地理环境有着紧密的联系。"中国北方长城带"这一概念的阐发，总是围绕这一地带的民族交往交流交融进行的。

横贯东西的长城，见证着中原农耕文化和草原游牧文化的碰撞和交融，形成了著名的"长城地带"。长城地带处于气候过渡带，是游牧和农耕生产方式的过渡地带，也是一条特殊的文化地带，在中华民族多元一体格局的形成和发展过程中具有重要意义。在两千多年的历史沉淀中，长城成了中华民族的精神象征，成了中华优秀传统文化的符号。各种传说中的王昭君遗址，作为长城地带重要的文化遗产，是诠释这一文化符号的重要佐证。在论述和展示中华民族灿烂文明的过程中，以北方长城地带具有代表性的王昭君墓为研究对象，对这一地区历史文化特征进行分析，说明长城地带的各民族交往交流融合，具

---

① 林沄:《夏至战国中国北方长城地带游牧文化带的形成过程》,《林沄文集》(考古学卷),科学出版社2008年版,第377页。

② 张文平:《内蒙古长城·战国秦汉篇》,文物出版社2019年版,第8页。

有十分重要的意义。

中国北方长城地带中部南临农耕发达的黄河流域，北依水草丰美广袤的欧亚草原，是中原腹地与欧亚草原之间的过渡地带，是农耕文化与草原游牧文化交互作用的广阔地区，也是各民族广泛交往、深度融合的历史舞台。随着对这一地区研究的深入，中国北方长城地带作为区域概念的界定，直至被学术界接受并广泛采用，并成为学术界对北方长城地区的统称，呈现出了不同历史阶段，学者们对其有着不同的认识。这种认识不仅仅是这一地区简单的族群变迁，而是对包括文化习俗、生态环境、族群迁徙、经济业态、长城遗址本体以及沿线丰富的文化遗迹等的因素交互作用而形成的复杂过程的认识。而散布在长城地带的昭君墓及其连带的风物传说，正是在这种特殊的地理环境中孕育出来的。

二、中国北方长城地带的王昭君墓文化现象

中国北方长城地带不仅是自然环境演变的敏感区域，也是物质文化环境演进的活跃地带，更是各民族碰撞、互鉴和融合的沃土。这里自然生态独特，生业经济多样，人文环境复杂，丰富的考古资料证实了这一地区自古以来就是各民族碰撞、交流与融合的历史演进重要区域，因此，在研究昭君墓文化现象等诸多问题方面，中国北方长城地带有着不可忽视的作用。

提到昭君出塞，人们不自觉地联想到昭君墓、青冢，有学者认为除了今呼和浩特城南的昭君墓遗址外，在中国北方长城地带，还有十几座昭君墓。王绍东教授在其《历代文献记载中的昭君墓及相关问题》一文中，根据对历代文献记载和民间传说的梳理，认为除了今呼和浩特市大黑河畔的王昭君墓以外还有山西朔州昭君墓、河北保定定

古塞遗踪
——和林格尔县长城论坛暨土城子国家遗址公园建设研讨会论文集

兴昭君墓、河北保定高碑店昭君墓、河南许昌昭君墓、山东菏泽东明县昭君墓、山东菏泽单县昭君墓、陕西神木昭君墓、内蒙古呼和浩特市土左旗朱堡昭君墓、内蒙古呼和浩特市东郊八拜村昭君墓以及内蒙古鄂尔多斯市达拉特旗昭君坟等 10 处。① 这反映出各族人民对昭君出塞的普遍认同和向往和平的意愿，这些地区的昭君墓所体现的农牧交错与各民族交往交流交融的文化特征，存在着较大的相似性。

王昭君墓作为一种文化现象是中华文明的重要组成部分，是民族团结的象征。从自然环境来看，昭君墓文化现象，总是和它产生的地域相结合的。北方长城地带的文化与其地势、长城走向以及自然地理的特点密切相关，由于长城地带以北是宜于游牧的广袤草原，长城以南则是耕种的沃土，这种地理环境对以长城地带为中心的各族群、经济形态形成一种隔绝机制，使昭君墓文化现象发展成一种蕴涵着深厚的"和"文化，中华文化崇尚和平、和睦、和谐理念的重要体现，塑造了长城地带独特的文化现象。从诸多昭君墓本身的特点来说，长城地带对于昭君墓文化现象的影响就更为深刻与显著。从地理空间上看，长城的走向使得昭君墓文化现象的生存空间超越了地理空间，并在与周边的长城文化、黄河文化、游牧文化等诸多文化的影响中不断发展，形成兼容并蓄、以和为贵、自强不息的文化品格。

文化在历史中产生，要想了解和认知昭君墓文化现象，不可避免地就要对历史追本溯源。昭君墓虽然作为一种历史遗迹存在，但两千多年来，以昭君出塞为主题的遗迹遗存、历史文献、文学作品、绘画艺术、民间传说，始终在北方长城地带演绎着一个个精彩的故事。这些昭君墓不管是史料记载，还是民间传说，均位于中国北方长城地

---

① 王绍东、汤国娜：《历代文献记载中的昭君墓及相关问题》，《烟台大学学报》，2020年第5期。

带，即今内蒙古、河南、河北、陕西和山西等地区。作为长城地带重要的文化遗产，王昭君墓是中国古代民族关系发展的产物，是民族友好团结的标志，对于促进民族团结进步教育都有重大的现实意义和重要的理论研究价值。昭君出塞为中华民族的团结和发展作出了巨大贡献，蕴含丰厚的文化内涵，是爱国主义教育的重要内容和载体。昭君出塞是在当时汉朝和匈奴在和平的愿望下自愿出塞的，又是中华民族爱好和平的重要体现。长城地带的每一座昭君墓，都凝结着中华民族的和平愿望，这是昭君墓文化现象的核心部分，是各民族交往交流交融的实证。

纵观历史，昭君墓文化现象像一条纽带，在漫长的历史长河中，串联起华夏大地上不同民族和文化。历史上农耕文明与游牧文明在北方长城地带相互碰撞、互鉴和融合，这是各民族共同构建中华民族共同体的过程。长城地带早已成为多民族共同的家园。昭君墓文化现象映射着各民族交往交流交融和中华文化多元一体的发展变迁。

三、王昭君墓的文化现象、内涵和特征

通过对历史文献史料、考古资料以及先辈们研究成果的梳理，对鲜有文字记载的中国北方长城地带农牧交错带人群生业模式和这一区域昭君墓文化现象进行研究，探讨昭君墓文化现象与昭君文化产生与发展的过程，应该是当代各民族交往交融交流史研究领域不可回避的问题。

王昭君墓，因"昭君出塞"而举世瞩目，也被称作"青冢"，是中国北方长城地带具有浓厚地域特色和时代特征的各民族向往和平、歌颂昭君、纪念昭君的主要载体。昭君墓除了墓冢本体外，还包括所蕴含的文化内涵，涉及地理环境、经济生产、社会政治、民族融合和文

古塞遗踪
——和林格尔县长城论坛暨土城子国家遗址公园建设研讨会论文集

化交流等诸多方面的内容，它是北方长城地带自然地理环境和人文环境所孕育的各民族交往交流交融的产物。这些基本内容也决定着昭君墓文化内涵的主要构成，具有和反映昭君墓文化因素的地理空间和生活其间的各民族及其所创造的社会文化综合体便是昭君墓文化内涵。

昭君墓作为一种符号和标志，实质上反映的是地理、经济、政治、文化等多方面与之有关的文化因素，内涵相当丰富。我们可以把这些与昭君墓有关的文化因素称为昭君墓文化内涵。昭君墓遗址群体是靠长城地带诸多昭君墓文化内涵识别和串并形成的特殊地域单元的标志。只要是由于昭君墓的存在而出现的有关政治、经济、文化等方面的内容都可以称为受到昭君墓文化因素影响的研究内容。昭君墓作为昭君文化的重要载体和符号，其核心是"以和为贵""民族团结"，其精髓是"和合"思想，蕴含了和合文化的深厚底蕴，彰显了和合文化的时代价值，是和合文化在新的历史条件下焕发旺盛生机活力的生动体现，是各民族交往交流交融的智慧结晶，是中华优秀传统文化的重要组成部分。

昭君文化作为一种特色文化，围绕昭君出塞产生的一切文化现象，泛指在中国北方长城地带各民族的历史、地理、文化以及风土人情、传统习俗、文学艺术、思维方式、价值观念等。由此可见，其核心是一种各民族长期的交流交往交融的过程中创造形成的客观的社会现象，同时也是一种历史现象，是社会历史的积淀物。因而具有显著的地域性和民族性，但其表现载体所承载的博大精深的精神财富，无不体现着中华优秀传统文化的最新成果和先进文化。随着昭君文化研究的不断深化，在中国文化的谱系中催生了特色鲜明的昭君文化，从而使昭君文化走向了全国乃至世界。昭君文化内涵丰富、底蕴深厚，已成为众多学科涉及，兼容并蓄的文化现象，具有时代性、民族性和多元与包容性等特征。

马冀在《王昭君及昭君文化》一书中指出:"宋代昭君题材诗词特别引人注目之处,是形成了一系列昭君文化的特有符号,如琵琶、青冢、紫塞、鸿雁、胡沙、明驼等。"①众多文化符号中最具典型的便是昭君墓(即青冢),同时也是昭君文化的重要载体。昭君出塞千古佳话广为流传,昭君在文学艺术作品里受到了广泛的吟咏和描绘,无不吸引着历朝历代的文学艺术家,因而她的形象至今还烙印在各族人民心中,甚至在朝鲜、日本和越南等国家也已广为人知。人们用诗歌、绘画、变文、传说故事等文学艺术形式进行创作,咏唱昭君文学的艺术作品数以千计,这也是昭君文化发展、传播的重要载体,形成了鲜明的时代特征和文化符号。刘洁在《昭君和亲文学景观的双重呈现——以昭君村、昭君墓、昭君庙为例》一文中,对昭君系列符号的文学艺术作品做了统计,目前已知古代文人创作的有关昭君和亲的诗歌有1100多首,近现代咏昭君诗词300多首;另外,还搜集到广泛流传于民间、争说于众口的昭君和亲传说80多篇。②可知,昭君出塞是中国古代诗歌与民间传说中的重要题材。

昭君墓文化内涵可以归纳为以下几点:(1)地处北方长城地带具有显著的区位特征,是我国宝贵的文化遗产的重要部分,是中华文化的重要符号。(2)昭君墓本体是中国古代各民族交往交流交融的实证,是民族友好团结的象征。(3)北方长城地带不同经济生产方式及其文化反映的差异性生业模式,赋予了昭君墓人文环境"农牧交错"的特征。(4)昭君墓文化遗产是北方长城地带各民族共同创造的,能反映这一地带人文环境、社会经济和文化特色的物质文化和非物质文化。

---

① 马冀:《王昭君及昭君文化》,广西师范大学出版社2021年版。
② 刘洁:《昭君和亲文学景观的双重呈现——以昭君村、昭君墓、昭君庙为例》,《地方文化研究》,2020年第1期。

（5）众多昭君墓是昭君文化的重要载体，是昭君文化"活"的生动体现。

基于以上认知，王昭君作为民族友好团结的象征，昭君墓作为其重要的载体，深受历代各族人民的景仰。出于对王昭君这个历史人物的好感，人们都希望王昭君埋葬在自己的家乡，以寄情于昭君墓，加以凭吊、纪念。随着历史的积淀，昭君墓文化现象形成了，两千多年来对于长城地带的社会经济发展、民族融合和文化交流等产生了积极的促进作用。自汉代以来，为怀念王昭君、凭吊王昭君，各地出现了纪念王昭君的墓葬、纪念性建筑等，其中尤以我国北方地区长城地带分布较为集中，在历史的长河中形成了以象征"民族团结友好"为核心的王昭君墓文化现象。这突出反映了我国北方地区自古以来多民族之间交往交流交融的历史事实。在开放包容与交流过程中，昭君墓文化现象不仅扩大了自身影响力，也不断从其他地域和民族文化中汲取营养，正是因为各族文化交相辉映，才让昭君墓文化现象历久弥新，从而形成了具有开放、包容气质的一种文化现象。文明因交流而多彩，文明因互鉴而丰富，昭君墓文化现象与周边地区的交流交融，为构建中华民族命运共同体提供了历史范本。

四、昭君墓文化现象的时代价值

昭君墓文化现象蕴含的精神内涵具有重要的时代价值，对促进各民族广泛交流、深度融合具有重要意义，在中华文明史中留下浓墨重彩的印记，是增强中华民族文化自信的重要载体。这决定了保护、传承和弘扬昭君墓文化现象的必要性。

昭君墓作为中华文化符号、著名的长城地带文化遗产，在构建中华民族共同体、促进民族融合、文化交流等方面都发挥了重要作用。

（一）诸多昭君墓是各民族交往交流交融的实证。昭君墓见证了北方长城地带各民族交往交流交融，更见证了统一多民族国家的演进历程，被誉为"民族友好团结的象征"。据统计昭君墓有11处之多，历史上可以说唯独王昭君拥有这么多墓，昭君墓是中华民族历史文化遗产的重要组成部分。广泛分布于内蒙古、陕西、山西、山东、河北等地区，集中体现了这一区域各民族向往和平的愿望，对促进各民族广泛交流、深度融合，促进各民族在理想、信念、情感、文化上的团结统一，不断铸牢中华民族共同体意识有着重要的借鉴作用。

（二）昭君墓文化现象是寄托了各族人民对美好生活向往的精神纽带。自古以来，中国北方长城地带是兵家必争之地，昭君出塞后长城南北呈现出"边城晏闭，牛马布野，三世无犬吠之警，黎庶无干戈之役"的和平景象，长城脚下各民族互市贸易创造了良好的社会环境，长城地带社会安定，良田沃野，牛马成群，进一步促进了各民族经济与文化的交流，为中华民族多元一体格局的形成作出了巨大贡献。与王昭君同一时期的汉代易学家焦延寿说："长城既立，四夷宾服。交和结好，昭君是福。"历史上各民族自主地在自己故乡修建昭君墓，除黎庶无干戈之役、向往和平的目的外，还有文化交流、民族融合等多种功能，而这些都是长城内外各族人民美满、稳定生活所必备的条件，这与中华民族历来追求的"和平、和谐、和睦"发展理念密不可分，为构建中华民族共有精神家园发挥重要而独特的作用。

（三）昭君墓文化现象是构建中华民族命运共同体的历史范本。唐代张仲素的《王昭君》说"剑戟归田尽，牛羊绕塞多"[①]。翦伯赞先生

[①] 可永雪、余国钦：《历代昭君文化学作品集》，内蒙古人民出版社2004年版，第17页。

在《游昭君墓》六首中赞道："如何一曲琵琶好，鸣镝无声五十年。"①这些诗词都是来形容昭君出塞后社会安定、生产繁荣的景象，颂扬王昭君对平息战争、安定边境的贡献，肯定王昭君在政治和文化交流中发挥的作用。昭君出塞历史佳话，使长城内外各民族实现了和平共处，是构建中华民族命运共同体的典型实例，呈现了"各美其美，美人之美，美美与共，天下大同"的盛世景象。所以迄今没有任何一个别的什么能像昭君出塞那样，与构建中华民族命运共同体的初衷紧密相连，北方长城地带修建众多昭君墓，就是真实的写照，与追求各民族大一统的目标紧密相连。

（四）昭君墓文化现象是展示中华优秀传统文化的重要符号和标识。昭君出塞在各民族人民的心目中，已成为民族友好团结、爱国情怀的代名词和重要符号。历朝历代文人墨客以昭君墓为载体颂扬昭君出塞，甚至在朝鲜、日本和越南等国家也已广为人知，普遍接受。可以说，昭君墓在历史上从出现开始，就孕育着中华民族爱好和平的基因，这种爱好和平的基因一直延续到新时代构建人类命运共同体理念的确立与推进。

（五）昭君墓文化现象是昭君文化、昭君精神的重要载体。文化是一个民族的灵魂，文化认同是最深层次的认同，而诸多昭君墓作为昭君文化的重要载体，是中华民族宝贵文化遗产。昭君墓的地理位置决定了其自始至终都处于北方长城地带各民族文化交流、民族融合的中间枢纽地带，它南接中原文化，北通游牧文化，西连丝路文化。昭君文化则是这种特殊区域的集中反映。马冀《王昭君及昭君文化》认为"青冢历来被认为是王昭君的长眠之地，诗人们钟情昭君，自然会寄

---

① 可永雪、余国钦：《历代昭君文化学作品集》，内蒙古人民出版社2004年版，第204页。

情此地，无论是否亲临，往往都要在诗中凭吊一番。久而久之，不但以'青冢'命题的诗作很多，而且一般昭君题材作品中青冢也成为不可或缺的意象，青冢便成了昭君文化符号之一"[1]。昭君墓文化现象作为昭君文化的重要载体，在一定程度上反映昭君文化和昭君精神的时代特征和文化内涵。

千百年来，"青冢"和"昭君墓"已经变成一个符号，在这个符号里凝聚着中国文人丰富而复杂的情感，积淀着中国历史文化的多种基因，[2]这不仅反映出各族人民和历代文人墨客对昭君出塞的不同认识和理解，其中蕴含着各民族对和平的愿望和中华民族共同体理念的认同。作为昭君出塞的纪念性载体和重要的符号的中国北方长城地带的诸多昭君墓，不同程度地反映了自古以来各族人民寄托于昭君墓之上对昭君出塞的缅怀之情和向往和平的愿望，充分体现了中国北方长城地带各民族"休戚与共、荣辱与共、生死与共、命运与共"的中华民族共同体理念，并深深地烙印在了各族人民的共同记忆里。

总之，只有传承发展才能走向未来。中华民族自古以来就是统一的多民族国家，呈现出多元一体的格局。昭君墓承载着长城地带各民族共存共生、融合发展的关系。表现出了各族人民共同向往和平的愿望，从这个意义上说，昭君墓文化现象是中华文明的重要标志之一。我们要以历史的眼光，去看待昭君出塞和昭君墓文化现象，在不同阶段的作用，理解其核心思想与和合文化的一脉相承。

（包苏那嘎，昭君博物院副院长，文博馆员。）

---

[1] 马冀：《王昭君及昭君文化》，广西师范大学出版社2021年版，第335页。

[2] 马冀：《王昭君及昭君文化》，广西师范大学出版社2021年版，第333页。

一条绵延两千年的古道

吴言

山西省右玉县杀虎口至呼和浩特市，途经和林格尔县城关镇、土默特左旗沙尔沁镇，需要翻越崇山峻岭，跨过浑河、宝贝河、大黑河，虽然路途艰险，但两千多年来，这条大道连接着关内外，维系着各族人民政治、经济、文化、情感交流，为维护统一的多民族国家发挥了重要作用。岁月悠悠，时光飞逝，发生在这条古道上的故事至今仍然令我们感慨不已。

一、古道绵延两千年

杀虎口至呼和浩特古道所处的区域，是我国历史上北方游牧民族和中原汉民族相互交流的重要通道，上自秦汉，下迄晚清，莫不如此。

秦始皇于河北沙丘死后，就是出杀虎口西行九原（今巴彦淖尔市五原县），然后经秦直道返回都城咸阳的。西汉王朝在今和林格尔县土城古城置定襄郡，东南通过杀虎口连接关内雁门郡（郡治在今右玉县右卫镇），为汉朝政府管理北方军政事务的交通枢纽。史籍记载，西汉元朔六年（前123年），卫青、李广、霍去病反击匈奴，元狩四年（前119年），卫青出兵攻击匈奴主力，都是沿和杀古道北上的。东汉时期，定襄郡迁治善无，武城与善无相距仅为30千米，中间便是时称"参合口"的杀虎口，想必此时，武城县与善无之间有着更为密切的关系，沿着古道的政治、军事、经济、文化交流理应甚于前代。

北魏时期，拓跋氏以盛乐为据点，逐步向南发展，最后入主中原，和杀古道又是重要的通道。皇始元年（396年）正月，拓跋珪率军兵出盛乐，开始讨伐邻近北魏而且也是敌视北魏的后燕。首先，拓跋珪派出军士在定襄之虎山（今和林格尔县东摩天岭）大肆搜捕后燕残敌及其他流寇，接着从定襄东出到达善无北陂（今山西右玉县北杀虎口东南），勘测行军路线，为魏军南下做准备。经过几个月时间的打探与准备，同年五月，道武帝分北、中、南三路大军进军后燕。经过激烈争战，最终灭掉了后燕，为统一北方奠定了坚实的基础。北魏迁都平城之后，历任皇帝先后数十次返回盛乐地区，祭拜故地的盛乐金陵，其北巡多走杀虎口至盛乐故城这条线路。如今，在这条古道上发现的众多北魏时期的古墓葬、古窑址，分布于和林格尔与山西省右玉等地，即是古道繁盛的最好见证。

唐代，本境置单于大都护府，和杀古道又成了唐王朝加强北方政治和军事统治的定襄道，唐军将领李靖于公元629年与突厥展开的定襄大战，李靖、李勣追击并于铁山（今白云鄂博）歼灭突厥，都是沿定襄道西出杀虎口而进军的。唐代的单于大都护府，是草原丝绸之路的中继站。其时，由于吐蕃控制了河西走廊，传统的丝绸之路被切断，东西方之间的往来只有绕道漠南漠北，因此，经单于大都护府的草原丝绸之路在这一时期有着非常重要的历史意义。唐代蒙古高原进

古塞遗踪
——和林格尔县长城论坛暨土城子国家遗址公园建设研讨会论文集

入中原有两条有名的大道，一条是自回纥牙帐沿参天可汗道南下，这是经鄂尔多斯高原去长安的；另一条是单于道，这是经今天的土默川平原，又经杀虎口、平阳（今山西临汾）去洛阳的。由中原北上蒙古高原，转而去中亚、西欧，都可以走这两条道路。盛唐时期，爆发了安史之乱。安禄山以讨伐杨国忠为名，出兵发动叛乱。面对危局，唐玄宗李隆基急诏朔方节度使郭子仪出击。郭子仪从河套出兵东进，与安禄山的部将高秀岩在单于大都护府附近大战一场，将安禄山的骁将高秀岩击败，并由此南下，突破天险苍鹤口（今杀虎口），收复靖边军（今山西右卫镇），一路所向披靡，从侧翼攻打叛军，使安禄山、史思明措手不及，首尾不能相顾。然后，唐军又进军包围云中（在今大同），进攻马邑，打开东陉关。经过几次大规模的战役后，安史之乱最终被平定。

　　元代以来，关内外的商业贸易往来渐次繁荣，内地与边关的道路随之兴盛。明代早期，其统治范围一度到达阴山一线，并设置了玉林卫、云川卫、镇房卫、东胜卫等卫所，并与大同右卫、大同左卫等形成一条线，为了连接这些卫所的交通，明朝政府修筑了驿道，这条驿道便经过现在的杀虎口，至今还在和林格尔县玉林卫（今榆林城）故城、云川卫（今大红城）故城之间留下了鸡鸣驿村等地名。此后，明政府由于修筑了长城，在现在的杀虎口浑河关隘修筑了九龙洞，形成了水在桥下流、人在桥上走的景观。阿勒坦汗驻牧土默川平原之后，为与明朝开展互市贸易，接连发兵南下，多次突破杀虎口，进攻明朝北方各地。经过多年争战，明朝被迫接受阿勒坦汗的主张，在张家口、古北口等边关地区开设互市，并在杀虎口、云石口、红门口等地开设了小市，又称月市，中原到漠南、漠北的商路更加畅通，牲畜交易额成倍增长，蒙汉各族人民的经济文化交流日益频繁。其中右玉县与和林格尔县之间就有杀虎口、云石口两处小市，偏关县与清水河县之间有红门口小市，每月经小市交易的蒙汉人民络绎不绝，有力地促进了蒙汉各族人民的经济文化交流。

驿道，特别是通过长城关塞向关外设置的驿道，是古代道路交通的突出特点。晋蒙地区的驿道最早兴建于唐代，鼎盛于元、清两代。驿道的主要作用是传递政令、军情，转运军需物资，平时也可兼作通商等用途。在和林格尔地区，汉代的定襄道、唐代的回纥道都是那一时期的驿道，且都是指和林格尔至杀虎口这一线路。

二、清代驿路终建成

内蒙古五路驿站的安设，分两年完成。其中喜峰口、杀虎口两路驿站，于康熙三十一年（1692年）完成，古北口、独石口、张家口三路驿站于次年安设完成。杀虎口驿站分两路走。一路从杀虎口向西北经八十家子（今杀虎口栅子外）、新店子、二十家子（和林格尔）、沙尔沁，到归化城，然后到乌拉特前、中、后三公旗，全程约750千米，名曰东路。另一路从归化城向西南经杜尔格（今托克托县五十家子）通往鄂尔多斯七旗，全长560千米，名曰西路。土默特与山西交界处的要隘，以杀虎口最为重要，在没有战事时为商旅之捷径，战时又是不可忽视的战略要地。

清代驿站在长城以内称驿，长城以北称台站。又内蒙古地区称站，外蒙古地区称台或军台。清代驿站是由兵部统一管辖，在蒙古地区则由理藩院代行其职权。每处驿站设管驿员外郎1人、笔贴式2人、领催1人。康熙三十一年（1692年）又规定，杀虎口以外，正站、腰站均设章京1人、笔贴式1人、领催2人、章京总理1人、站丁50人。乾隆五年（1740年），杀虎口站划归绥远城将军管理。

《内蒙古史志资料汇编》（第一辑）记载了光绪三十二年（1906

年）七月八日杀虎口站地垦务总局总办会同驿传道呈文的具体内容："杀虎口驿传衙门设于康熙三十一年，历时二百年之久，所属各台站除兼并外，现存十二站，分处黄河西岸伊克昭盟（今鄂尔多斯市）各旗者六站，即东素海、巴尔苏台、巴彦布拉克、阿拉乌尔图、巴尔素台海、察罕扎达垓；在土默特蒙古境内者六站，即归化、八十家子、新店子、和林格尔、萨勒庆、杜尔格。每站宽长约十五里。当设之始，安置官兵，宽筹牧养，原以重邮政而达蒙情，凡站路所经，例禁私垦。"这份呈文指出，从杀虎口驿路设置开始，朝廷就为各个驿站划拨了相应的台站地，用以作为奔驰在驿道上兵丁的待遇，且台站地的使用权归驿站所有。《土默特志》记载曰："公家固不收站地之租，站兵也不顾公家之饷，弁兵人等全恃各台站牧地收入以自给。"

台站的任务是负责文报的传递和保证军需运输。如文报必须及时传递，在台站拴马桩上必须拴有作为驰驿准备的驿马，作好驰驿准备的役夫。文报传递有缓有急，对其驰驿有速度规定，专差驿递日行三百里、四百里、六百里、八百里称为飞递，专差驿递日行三百里以下叫作马递。康熙三十一年（1692年）规定："蒙古各旗札萨克遵照理藩院所发印文供应马廪羊，不许规避；如不供应差马，罚牲畜三九，不供应廪羊，罚牛一头。"各台站马匹不得缺额疲瘦，违者由理藩院司员查处。

驿站地又称台站地，每站圈划周围约40千米的草场，自给自足，供台站官兵牧放驿马和牧放生活用畜，六站共占地约5000顷。据光绪三十二年（1906年）七月八日杀虎口站地垦务呈报：

> 八十家子牧厂四至：南至红台子北梁与佳渠沟哈流图民地连界；此界挖立三个封堆；西至罕拉罕达瓦与哈流图民地连界，此处挖立三个封堆；北至辽高梁与二十家子甲兵察汗色楞耕种之地

连界；东至茶房南河与赛保泰民地连界，此二界处均挖立三个封堆。

口子里牧厂四至：南至边墙，北至哈拉盖图河与民地连界，西至红江河，东至哈拉哈达与民地连界，此四界上各挖立一封堆。

新店子牧厂四至：南至红江水河，西至那凌梭牙干之源与苏木地连界，北至哈达图托罗盖与土城子民地连界，东至土城子西墙壕，此四至处，各挖立三个封堆。

二十家子牧厂四至：南至布格拉勒吉河与章凯泰村子民地连界，西至波罗霍少与苏木哈登霍少人所种之地连界，北至伊玛图梁与苏木哈登霍少人所种之地连界，东至红泉口与苏木章盖营子人等所种之地连界，此四至界处各新挖立三个封堆。

萨勒庆牧厂四至：南至额勒素图托罗盖与苏木一间房子村人所种之地连界，西至伊克恩诺克图梁与各站人等所种之地连界，北至沙巴图托罗盖路与本站人等所种之地连界，东至萨力沁河与苏木乌尔图萨力沁村人所种之地连界，此站四至界处各挖立三个封堆。

归化城站牧厂四至：南至大东杜尔格，与苏木珠尔房子人等所种之地连界；西至大路；北至巴杜尔河与苏木北绰尔保村人所种之地连界；东至毫奇特多霍尔与苏木楼图板升村人所种之地连界；此站四至界处各挖立三个封堆。

杜尔格站牧厂四至：南至茶房营子横路与本站民等所种之地连界，西至章盖营子与苏木人等所种之地连界，北至阿毕合与本站人等所种之地连界，东至关帝南梁与民地连界，此站四至界处各挖立三个封堆。

土默特域内几处驿站的具体所指，在《清末内蒙古垦务档案汇编》一书中有明确记载：八十家子是指今右玉县杀虎口镇栅子外，而新店

古塞遗踪
——和林格尔县长城论坛暨土城子国家遗址公园建设研讨会论文集

子驿站在今新店子镇，二十家子就是指今和林格尔城关镇，沙勒沁在今土默特左旗沙尔沁镇，归化在今呼和浩特市旧城，杜尔格在今托克托县五十家镇，同时这几处驿站的牧厂四至界限都非常明确。

史料记载，"右玉县站二十里至杀虎口"，右玉县站"西北二十里至和林格尔厅八十家子"。由此可见杀虎口和八十家子同在一地。这是从杀虎口内的里程看这个问题。再从杀虎口外的里程看，史料记载，和格林尔厅"厅前铺三十里至五素途路铺，十五里至坝底铺，十五里至新店铺，二十里至佛爷沟铺，二十里至八十家子铺，二十里至右玉县城铺（今右卫镇）"。又载"杀虎口一百里至和林格尔站，由萨尔沁站分道一百里至八十家子站"。二十家子站（和林格尔）距杀虎口和八十家子都是一百里，也就是说，这两个驿站同在一地。经过实地踏察证实，这两个驿站，就在同一个地点。一个地方设立了两个驿站，因为口外的八十家子是蒙古站，在口内的杀虎口是汉站，二者以"栅子"为界。而关于"栅子"的来历，收藏于台北故宫博物院的军机处档案记载，康熙三十三年（1694年），清政府在万全桥东边辟立宽"一丈二尺"之木栅栏，以利货物、驼马出入，并设税所，征收税银。就此，"栅子"这一名称便流传下来。新店子站为腰站，为打尖所用。二十家子蒙古站在今和林格尔城关镇。沿着驿道的站铺，还建有铺墩，基本上每一铺建有一处铺墩，其主要用于烧放狼烟传递军情之用。至今，在新店子镇东二铺、佛爷沟、新店子村西、二铺梁、将军沟、坝沟、盛乐镇土城子、三铺等地仍可看到雄伟高大的夯土所筑的铺墩。

土默特域内几处驿站的弁兵，均系土默特旗下人。《理藩院则例》还记载，蒙古各站额设草台马匹，准报三成倒毙，每匹除扣皮脏银二钱，应给倒毙价银六两三钱，每年应领价银一千零三十九两五钱，按四季支领，每季支领银二百五十九两八钱七分五厘，由杀虎口税务监督衙门支领，到站发给。其廪羊，每只折价银七钱，先行应付差使，俟三年再行汇数呈报理藩院，由院咨行户部，由部行文杀虎口税务监督衙门，照数支领。

康熙三十五年（1696年），康熙皇帝亲率大军平定准噶尔部噶尔丹叛乱。清军兵出杀虎口，登天山，过瀚海，直达昭莫多地区围歼噶尔丹，重创叛军，噶尔丹只身脱逃。凯旋时，康熙帝路经归化城，对城内活佛和喇嘛进行褒奖，后经九龙湾、杀虎口驻于右卫城将军府。次年，康熙再次出击噶尔丹，噶尔丹兵败自杀。据当地民间传说，康熙亲征噶尔丹时，还路过现在的和林格尔以及新店子镇，相传下脑亥村清林寺还是康熙帝敕建的。同时，康熙回京之后还在这一带留下许多故事，至今仍在民间流传。

由于驿站和行政机构的设置，清朝统治者大大加强了对本境的管辖，经济也由此得到了进一步发展。早在明嘉靖年间，蒙古族首领达延汗率土默特部迁居丰州滩，并在此长期驻牧，这里的畜牧业得到了稳步发展。早在明朝中期，长城以南的内地汉族人民就进入本境经商、发展农业生产，清康熙年间，因对准噶尔战争和解决财政困难的需要，清廷招募大量汉民进入土默川"移民实边"，推行垦务。经杀虎口进入和林格尔到土默川平原，这条路被称为"西口路"，走西口的故事就发生在这个时候。北迁汉民的增多，为本境带来了先进的耕作农具和耕作技术，促进了农业和畜牧业的快速发展。

清乾隆、嘉庆年间，和林格尔县是山西、河北通往归绥、包头等地的必经之地，当时客商往来频繁，商业较为发达，山西省晋商大院的祖先们经过这条路，在包头、归绥设立了众多商号，买卖越做越大，辐射全国，并走向国际舞台。

三、壮歌一曲"走西口"

晋商的形成起始于明代，鼎盛于清朝，消沉于民国，这是历史事实。明代，虽然修筑了长城，但却并未割裂蒙汉两族人民的联系，明蒙互市开通之后，在今天的杀虎口、云石口、鸿门口设有月市，通过这些关口，蒙古族牧民把大量牲畜及畜产品运往关内，而汉族人民也把大量茶叶、丝绸、瓷器运出关外，极大地丰富了蒙汉两族人民的生活。无论是山西南部的所谓"岭前班子"，还是北部的"岭后班子"，多是先瞄准了口外为发迹之地，然后才凭辛劳、才智逐步发展壮大，形成由松散到集约的贸易网络。出口外的人，一开始并非完全是商人。扛长工、打短工的农人，甚至流落街头的无产者比比皆是。他们只是为了谋生糊口，才不得已出口外。口外经济落后，当时还根本谈不上工商业的兴盛。但是越是经济落后的地方，商贸发展的潜力就越大，西口以北的地带占尽了这方面的天时与地利优势。一些有经济头脑的人士正是看准了这一点才选择了一个"走"字。比如创业于祁县的乔桂丛仅凭几亩黄芥起家就造就了"先有复盛公，后有包头城"的佳话；再比如"提篮小卖"的王相卿（太谷人）、张杰（祁县人）、史大学（祁县人）等，从杀虎口以随军贸易为开始，成立了吉盛堂，从而奠定了横跨亚欧大陆著名商号"大盛魁"的基石，其初盛期的经理秦钺（杀虎口人）以其机敏和睿智争取到凭"龙票"贸易的资格，使该商号的发展如日中天。这些晋商中的成功者，初时仅因杀虎口有马市，有衙门，有驻军，加之地处交通要道、商贸发达、市场活跃，所以在此地生活、创业。但是，随着眼界的开阔和形势的变迁，他们并没有以此为满足，而是抱着成功的信念毅然走出了西口大道进行创业。

由于驿站的设立和驿路的开通，众多随军商人、口里的商人进入和林格尔，有一部分便在和林格尔县城关镇开设了商号，使得这座名不见经传的小镇一时成为商业极度繁盛之地。当时，和林格尔县城连通东、西栅门的主街，南北两面店铺林立，总计有50余家，有粮店、油酒缸房、布店、当铺、杂货店、干湿面铺、铁木作坊等，还有许多车马店、饭馆等行当，各种店铺人来人往，生意兴隆，当时就有"百货云屯，日进斗金"之说，工商业繁荣的景象由此可见一斑。《和林格尔县志草》记载曰："按和邑当西北要卫，接近内地，开化最先。于雍乾间三晋富商争先投资，设立营业，一时行旅如云，商货如山，金融充斥，为口外第一繁盛之区。故厅市庙宇一应建筑，规模宏大，不亚于内地。父老相传，松杆木料皆系本山所产。"由此可见，和林格尔当时商业贸易极为繁荣发达。

出杀虎口，旅蒙商道分作三条。一条沿着驿路向西，经河西村、大石头湾、三堡岱、一间房、佛爷沟、新店子、五素图路、二十家子（和林格尔）、土城子、沙尔沁直抵归化城。在三堡岱村东沟口，至今有一座清代修桥石碑，记录了驿道修桥的过程。在佛爷沟村北山崖下的石壁之上，至今还有一处清代的石刻佛像，仍然静静地守望着这条古商路。在和林格尔县城关镇东半里石栈湾山石上，有高三尺、宽二尺多的摩崖，文字五行，前四行叙述修路原因及修路人，系山西祁县郜北村人董其易所为，最末一行为乾隆十二年四月二十六日刻记。可惜的是，这处石刻后来被毁。在城关镇通往新店子镇途中的武松村公路北侧，山体石壁挖有一洞，洞内立有一通石碑，记述了村民及沿途商号经理人捐资建桥修路始末："……兹有五素途路村（原村名）观一微渠，石嘴西侧有一小河，二俱系归化城之大路，因天雨浩大，浸徒行者苦于病涉，车载者叹其不前。阖乡公议，各捐己资，观音殿前建立桥梁，虽不能并行，不悖亦可以任重致远；石嘴左边劈山成路，虽不能周道如砥，亦可以往来顺利。今功成告竣，爰勒石今后之人有所

古塞遗踪
——和林格尔县长城论坛暨土城子国家遗址公园建设研讨会论文集

观瞻，则创建修补之，功相循而不已焉。是以为序。"碑文落款为"大清乾隆岁次癸酉年戊午月"，也就是公元1754年6月。序文下列"朔州刘福阳撰文，静乐嵇文锦施银五两"，施银商号有"汾州馆""清泰馆""益隆号""大有局""普宁局"等，其州县都属于山西。

另外一条路是出杀虎口往北经圪针沟进入黑老窑乡域内，沿茶坊河、大芍药沟、中二十家子、段家园子、公喇嘛直通归化城乃至包头。在茶坊河中段山崖上，至今还完整保存有一处摩崖石刻，上写："太原府祁县邵北村董其易，因此路石头广多，车马难以行走，雇石匠四人，重新平治修补。大清乾隆十二年五月刊记。"从这处摩崖可以看出，这条商路与前一条商路几乎同时存在，因此就有同一个商人董其易分别修路的记载。

第三条路是出杀虎口往北，经凉城县域东圪针沟村、田家镇，再和林格尔县与凉城交界处的石匣沟，路过西沟门再到归化城。在东针圪针沟村浑河东岸，至今可见一条100多米长的古道遗迹，石板铺道，石面光滑，两条深深的车辙向人们诉说着当年车水马龙、商贸往来的辉煌。在商道东边高高的石崖之上，还能清晰地看到石刻摩崖佛像，佛像高约40厘米，宽约30厘米，线条洗练，面部慈祥，双腿盘坐，静静地守望着河岸边的商道。稍南，则有数十个藏文字，专家解释为经文。再稍南，则有四个汉字，为隶书"攸往咸宜"，旅蒙商借这几个字，期盼浑河水平稳地流动，以保佑他们的商业贸易活动往来顺利。

这几条商道开辟时间并不相同，应是有先有后，当与和林格尔县城商贸业先荣后衰有着一定的关系。

除上述三条较为重要的商路之外，还有几条值得人们加以关注。一是经右玉县二分关、海子洼、泉子湾、新店子，归入和杀驿路。二分关是相对于大关杀虎关而得名，是大关的分关，直到民国年间，该村尚属和林格尔县管辖。二是出云石口，经韭菜沟、石咀子、黑土崖、三叉沟、羊群沟再到和林格尔其他地方直到土默川平原。这两条道路相对于前述商路，由于所经地区为山区，路况复杂艰险，由于清政府大规模放垦土默特土地，因此，大多数人实为出口外谋生的庄稼人，即使偶有商人经过，也是做小买卖的"提篮小卖"者。

清朝同治之后，和林格尔县商业贸易繁荣不再。随着平绥铁路的修建，许多商家沿着新的商路去追求新的市场，而和林格尔县的商业就此衰落下去。《和林格尔县志草》对此有着清晰的记载："其后风鹤无警，开辟渐广，商贾去旧趋新街市，迥不如前。然在咸同间尚有粮店四五家，货店三四家。至光绪间石匣子沟路开，和邑街市遂每况愈下。及平绥路通，而地方经济日形窘急，以迄于今，从前商号倒闭尽净，大都本地小本营业，各色货物俱由归绥贩运，货低价昂，乡间粜粮购货俱驴驮车载，分赴邻县交易，其零星粜卖者入市，则贱价勒售，用粮者出村则重价购求。地方现币罕若凤毛，所周行者，类皆平市官钱局钞票。"

历史上所谓的西口，是相对于东口而言的。东口即包括张家口以东的各口，西口即指张家口以西各口。走西口在史学界虽有分歧，但山西杀虎口作为西口之一是已成定论的。随着康熙、雍正、乾隆和光绪年间的放垦，人们从西口进入今和林格尔地区，在这里从事放牧、佃地、受雇、垦荒、小贩或从事小手工艺等以求糊口，绝大多数是为了活命而拼争，所以走西口是一幕悲剧，是为了生存而挣扎的表现，是生产力水平低下时期小农经济的产物，因此，也是一部晋北灾民的苦难史。

以咸丰五年（1855年）为背景编写的二人台原版《走西口》唱道："走到杀虎口，碰见个旧朋友，他把我留在家里头，喝了一顿糠糊糊。走到石匣子沟，两腿肿了个粗，受苦人不怕（那）腿肿粗，就怕

古塞遗踪
——和林格尔县长城论坛暨土城子国家遗址公园建设研讨会论文集

强人（来）把命收。"这里真实讲述了口里人出杀虎口，经凉城县再经凉城与和林格尔交界处要道石匣子沟前往土默川谋生的艰难经历，真可谓"晋北灾民泪满襟，离乡背井诉凄音。清朝口外开边地，一曲悲歌唱到今"。事实上，走西口从明末开始直至清代以及民国年间从未间断。彼时的杀虎口正是闻名遐迩的交通要道，南来北往的行人熙熙攘攘，有香车宝马的达官贵人，但更多的是破帽褛衣外出谋生的平民百姓和创业的铮铮汉子。

咸丰和光绪年间是山西民众迁移口外的第二个高潮时期，这一时期也使得和林格尔域内农业发展达到了高峰。光绪年间，时任山西巡抚的张之洞提出将实已定居的"雁行客"编立户籍的主张。张之洞上奏道："查土默特部附近边内，其服食起居竟与内地民人无异，渐至惰窳成性，有地而不习耕耘，无畜而难为孳牧。惟赖民人租种其地，彼才有粮可食，有租可用。故现在蒙古以耕牧为生者十之二三，借租课为生者十之七八，至该旗有所谓'游牧地''户口地'者。自康熙年间以来，久已陆续租给民人，以田以宅，二百余年于兹矣。该民人等久已长其子孙，成其村落，各厅民户何止烟火万家。此等寄民即不编籍，亦成土著，历年既久，寄民渐多……大青山以南，归化城以东以西，延袤数千里，西汉元朔以来，久为郡县，即定襄、云中、五原之境。况以国家休养生聚二百余年，士农工商数十万户，断无驱还口内之理。"张之洞的奏疏实施后，已在土默特地区定居的"雁行客"民被编入户籍，有了合法的身份。据估计，有清一代山西平民走西口，在土默特地区从事耕商者有80万人。走西口人来到塞外，与草原人民共同生活，共同开发。在"天苍苍，野茫茫，风吹草低见牛羊"广袤的大漠上，不仅出现了良田万顷、生产五谷的塞上江南，更出现了商贾辐辏、百货杂陈的繁荣城镇。《归绥道志》记载，到1896年，和林格尔"厅属四乡蒙古地村庄二百五十有一，民粮地一百三十六村，为里十八；正黄、正蓝、镶黄、正红、镶红五旗厂地分十二庄，共计村庄三百九十有九"，考户有"八千八百七十六户，男女大小五万五千一百四丁口"。但到同治十年册报，《和林格尔厅志略》载，"见在牌甲内开，本街东西南北四角各街巷并四乡二百一十六村庄，共计二千四十六户，男妇大小共六千六百九十五名"。《古丰识略》记载，和林格尔的汉民多为忻州、代州、祁县、太谷、阳曲、大同、左云、平鲁等县的移民。由上述记载可知，和林格尔厅的人口增速明显，这是众多民人到此定居的结果，也是"走西口"民众前来开垦土地造成的结果。

随着定居人口的不断增多，县域也出现了众多的村庄，这些村庄有的是以驿道相关的站、铺、店来命名的，如头铺、二铺、三铺、四铺、茶坊、一间房、新店子等；有的是以清代开垦蒙荒安置流民，然后对土地编号丈放给农民耕种，后来一些编了号的地块由于有了常住居民而逐步演变成了村子的名称，如新店子镇从头号一直排到三十多号，大红城乡也有李家二号、郭家二号、苗家二十九号、任家四十七号等等；也有的是以移民移出之地来命名，如代州窑、偏关窑、崞县窑、五台窑；等等。这些村名出现在和林格尔版图上，从一个侧面反映了清代走西口大移民的史实。其时，山西巡抚岑春煊、钦差督办蒙旗垦务大臣贻谷执行清廷命令，取消了对蒙地的禁垦令，大量丈放蒙地，从而使得内地民众以更大规模出口外开垦土地以维持生计。

清咸丰八年（1858年），钟秀的《查复各厅地方情形禀》中对和林格尔当时的状况有着十分细致的记载：和林格尔厅周围计600余里，不论大小村庄，有无名目，共228处。其中蒙古村庄144处，多系口内忻、代等州，祁、崞、太原、太谷、阳曲、大同、左云、平鲁等县民人租种蒙古地亩。汉民粮地村庄84处，没有蒙古人在内。由此可见，咸丰年间是内地居民大量西移的重要时间段。而走西口的内地农

古塞遗踪
——和林格尔县长城论坛暨土城子国家遗址公园建设研讨会论文集

民不但带来了先进的耕作技术,还带来了先进的内地的传统文化。二人台《走西口》唱道:"二姑舅捎来信,他说西口外好收成。我有心走口外,恐怕玉莲不依从……"此外还有《挂红灯》《借冠子》《压糕面》等等,都是走西口民众创作的优秀文艺作品,这些作品不但表达了走西口的无奈与艰难,同时也表现了贫苦农民丰富的精神世界,从而使这一艺术形式不断发扬光大、流传至今,成为盛行于晋、蒙、陕、冀等省区的民间文艺中的精华。这一时期,从山西而来的内地民众还带来了诸如晋剧(山西梆子)、右玉道情、大秧歌等地方剧种,且经常会在秋天丰收之后的集市上或春节之后的农闲时节演出,极大地丰富了当地民众的文化生活。除此之外,走西口的民众还带来了各种技艺,如木工、画工、皮毛工、石工、柳编、砖瓦制作、金银制作、纸张制作、醋酱油酿制等等,为繁荣发展这一地区的经济文化作出了贡献。

(吴言,内蒙古作家协会会员,呼和浩特市作家协会副主席,呼和浩特市长城科普学会会员。)

内蒙古老爷庙村的一段天然石长城

高海泉

天然石长城，就是利用自然石崖修筑的长城。此段长城是2021年笔者在考察北齐长城时发现的。2022年，笔者再次来到这进行详考。

天然石长城位于山西省左云县宁鲁堡北马市楼明代长城外，西距内蒙古和林格尔县新店子乡山保岱明大边35公里，北距凉城县城39公里。沿宁鲁堡黑龙王沟溯河而上，过凉城县马市楼村约4000米处有个老爷庙村（今已无人居住），长城遗址就在村东500米处（见图1）。

当时远远望见山坡上有一道长城，后到近前一看，愕然了，这原是一道天然形成的石脊，脊高出两边的地面有1~2米，最高处有3米多，比人工砌筑的还要齐整，坡面笔挺，只有部分阙处才为人工所砌筑。

这段长城，西起老爷庙村东山凹，循山而上，东至山顶的敖包，全长400米，其中天然形成的石脊长近300米。

2022年笔者带人再次来到这里时，来者兴

古塞遗踪
——和林格尔县长城论坛暨土城子国家遗址公园建设研讨会论文集

图1　连接自然石长城东段坡顶处人工石砌部分　图2　西段坡底利用自然石架长城部分

奋地说:"这还真是一段天然石长城,中国稀有,难得一见啊!"

这是一段突起的石崖(当地人称石架),是地质构造时形成的,当时建造长城时,石架正好位于长城线上,于是建者为了省工省料省钱,就巧妙地利用了这段石长城(见图2)。

既然是段石砌长城,它是哪朝代的产物?走向又是如何的呢?

这里还需交代:此道山岭横亘于山西省北部,属阴山余脉,山脉呈东西走向。从西往东,共有平顶山、牛头山、红石崖山、七星山、马头山、马邑山等几座山峰组成,整座山岭统称为营盘梁。营盘梁,顾名思义,即古代驻兵的山梁。左云的中国长城学会理事刘志尧曾在平顶山发现有石砌长城,之后,笔者又和刘志尧、刘溢海等人在马头山上和马邑山前都发现有石砌长城,众人判断这应是一段北齐长城。

查有关史料,北齐文宣帝天保六年(555年),三月"发寡妇以配军士筑长城","是岁……诏发夫一百八十万人筑长城,自幽州北夏口,西至恒州,九百余里"(《北史·齐本纪》)。夏口即今北京居庸关的南口附近,恒州即今山西大同,而恒州的这段长城就在营盘梁上。

《北史·齐本纪》又云:"七年,自西河总秦戍筑长城,东至海,前后所筑,东西凡三千余里……"总秦戍为军戍名称,位置在今山西大同西北境。海是指今秦皇岛市山海关的渤海。这段1500千米的长城当是利用了天保三年所筑的黄栌岭至社平戍长城和天保六年所筑的夏口至恒州长城,加以连缀增补而成。其中左云县有一条从镇宁楼向西南至平鲁县西北达速岭的长城就是那个时候连缀增补而成,这段长城已被山西省政府公布为北齐长城。增补的这道长城在宁鲁口镇宁楼附近与由东而来的(天保六年夏口至恒州)的长城相接。其自然石长城就在接口处往北4000米(见图3)。

图3 被人为拆开的一处人工砌筑石长城的垛口　图4 传说中的神仙留下的脚印

古塞遗踪
——和林格尔县长城论坛暨土城子国家遗址公园建设研讨会论文集

在 2020 年夏观看自然石长城的同时，还发现在一些岩石上刻有奇怪的方块图案。后经过研究，也是自然形成的，具体形成原理无从考证。

还有一块岩石上有很深的人的脚印（见图 4），后寻访当地一位退休教师杜老师，说这里曾有过"王母娘娘带领神羊筑长城"的传说。现将这则传说故事补赘于下：

传说这段长城建于秦代。当时秦始皇派大将蒙恬规划并带兵修筑。长城由西马头山中间经平顶山向东修到东马头山上，由于秦始皇采取的是打马筑长城之法，即秦始皇的马跑到哪里，哪里就得把长城修起。眼看得秦始皇的马就要从秦地过河（即黄河）了，而东西马头山的长城才断断续续部分修成，秦始皇的马可是匹千里马啊！也就是说，再有一天半日就能赶到这里，而要想完成马头山的长城至少还得十天半月，这可急坏了蒙恬。无奈之下，他焚香祈祷，希望能够得到上苍的帮助。也就在这天夜里的三更，王母娘娘带神羊来帮助修筑这段长城。只见那一只只神羊，每只驮着两块大毛石，从四面八方向长城处集中……。

他们正热火朝天干得起劲，附近老爷庙村有个重身女人半夜起来小便，她看到东山坡上七彩缤纷、祥云缭绕，一只只羊在云中行走，她惊讶地叫出声来。王母娘娘寻声一望，发现一村妇正撅起屁股在朝着自己撒尿。她生气地叫嚷道："无礼村妇，竟敢朝着老娘撒尿，真晦气！"说着，王母娘娘恨恨地在一块大石上跺了一脚，然后带领着神羊一溜烟回瑶池去了。王母娘娘跺过的大石上就留下一个深深的脚印。王母娘娘没有修完的那段长城，后来在北齐时，又被利用，全部修复。

再说那蒙恬，因没修完长城，怕被斩首，他知道秦始皇迷信，遂编出一个神话，哄始皇帝说，长城在您到来之前本已修好，只是因为东、西马头山两匹神马不堪长城的重负,闹起意见,昨夜它们各奔东西,在奔跑中把修好的长城给震倒了不少。始皇听后信以为真,于是下诏,将东西马头山、平顶山长城改筑到山下。

传说毕竟是传说,不足为信。但这段天然石长城确实是难得一见的自然奇观。

(高海泉,山西省左云县人,系中国长城学会会员,大同市长城学会副会长,现任左云县三晋文化研究会、边塞文化研究会会长。)

民俗文化

長生きする

开展非物质文化遗产原生性抢救 讲好黄河几字弯长城故事

——以和林格尔剪纸传承保护实践为例

段建珺

原生性抢救是指针对发生在第一时间、第一空间所在传承人及其传承事项所开展的一种非物质文化的抢救和记录方式，也是作为人类非物质文化遗产的和林格尔剪纸多年来在传承创新上探索和形成的行之有效的科学方法。呼和浩特地域黄河文化是黄河几字弯区域具有代表性的重要古老文化遗存，几千年来，这些文化遗存在传统农耕和牧业时代主要以传统美术、音乐、文学、节俗表演等非物质文化的形态普遍依存于本地域劳动人民的生产和劳动生活中，通过民俗节令、祭俗礼仪等民俗事项代代传承不息，成为黄河文化重要的载体和表现内容。在时代转型期，这些宝贵的非物质文化遗存面临失传和流变，原始的黄河文化信息也面临消亡，基于此，做好原生性抢救是当下我们讲好黄河故事，开展创造性转化与创新性发展的迫切而具有重要现实意义的重要举措。

古塞遗踪
——和林格尔县长城论坛暨土城子国家遗址公园建设研讨会论文集

一、原生性抢救是非物质文化遗产在新时代开展创造性转化和创新性发展的根本保证和前提,是讲好和林格尔故事的核心要素

到田野当中去。历史上,呼和浩特地域黄河文化最本真、最原始的文化传承信息和资源均生发在民间,以活态传承的方式世世代代流传于呼和浩特黄河流域各族劳动人民的民俗生活中,亦为该区域劳动人民精神世界文化基因的重要组成部分。我们看到,独特的民俗文化空间和历史传续脉络,构建了呼和浩特黄河文化独一无二的非物质文化呈现形式和地域性传承。但是,面对当下网络时代非物质文化传承出现的多元化和文化融合当代生活过程中原生性文化资源的重复性枯竭态势,传承千年的展现呼和浩特黄河文化典型特质的非物质文化遗产的资源库营造和数据化建设显然不能够满足日益增长的社会和民众对黄河文化分享的需求,客观上制约了呼和浩特地域黄河文化的功能发挥。面对这种现状,从长远发展看,只有到田野当中去,进一步深入开展呼和浩特黄河文化非物质文化遗产的抢救,对残存的黄河文化资源进行科学、系统记录,开展地毯式抢救,彻底摸清呼和浩特黄河文化非物质文化遗产家底。唯有如此,才能够从根本上改善呼和浩特黄河文化资源短缺现状,同时,这也是讲好内蒙古黄河故事、中国黄河故事重要的保障和前提,更是在新时代社会开展黄河文化创造性转化和创新性发展的根本,否则,黄河故事就会变味。

建立健全完善保障制度。呼和浩特独特的历史、地理、自然、人文积淀孕育、传承、发展了极为丰厚的黄河文化资源,这些文化资源是我们开展当代文化转化和创造的极为宝贵的"原始文化矿砂"。但是,随着历史性的时代转型、民俗流变和文化传承人群的整体性脱

开展非物质文化遗产原生性抢救　讲好和林格尔故事
——以和林格尔剪纸传承保护实践为例

图1　和林格尔剪纸学会百岁会员张花女（中）在剪纸（1998年8月，内蒙古和林格尔曹老八窑村，段建珺/摄影）

图2　段建珺带领学生深入深山老区寻访老一辈剪纸传承人，开展田野考察（1999年4月，内蒙古和林格尔，吕海龙/摄影）

环，这些具有不可再生性特质的"原始文化矿砂"已经消失和面临不同程度失传，所以，在当下讲好呼和浩特长城、黄河故事，其实一项核心工作就是要保护好这些能够讲长城、黄河故事的非物质文化遗产的传承人。人在艺在，人亡艺绝，做好以传承人为主体和重点的原生性抢救和记录，建立健全完善的保障制度，是迫切而不可替代的时代命题。目前，经过十余年的家底式摸查，呼和浩特入册的非物质文化遗产共有约300余项，其中被联合国教科文组织公布1项（和林格尔剪纸），国务院公布的国家级项目7项（二人台、和林格尔剪纸、爬山调、脑阁、晋剧、蒙古族皮艺、三空李氏正骨），自治区级74项，市级205项，旗县级约300余项；除此，还有各级代表性传承人近900人，其中国家级代表性传承人4名，自治区级代表性传承人81名，呼和浩特市级代表性传承人322名，旗县级代表性传承人约400名。需要指出的是，在民间没有被发现和入册的非物质文化项目和传

图3　2009年10月，和林格尔剪纸与其他国家级剪纸项目打包被联合国教科文组织公布为人类非物质文化遗产代表作名录

开展非物质文化遗产原生性抢救　讲好和林格尔故事
——以和林格尔剪纸传承保护实践为例

图4　2008年6月,和林格尔剪纸被国务院公布为国家级非物质文化遗产代表名录的牌证

承人远远比我们已经知道的要多得多,所有这些,构成呼和浩特地域长城、黄河文化的主体和核心。当务之急,需要相关部门制定科学的原生性抢救方案,建立健全保护制度,发挥传承人主体性和积极性,如此才能够真正地讲好呼和浩特的黄河故事,让黄河故事发挥本原文化功能和创造性转化,成为构建现代文明的重要基础。

二、和林格尔剪纸是原生性抢救、保护、传承的典型示范案例

传统农耕时代,民间与纸相关的纸造型文化形态,恐怕没有比剪纸与民众生活更加紧密的了。但作为民俗产物的中国民间剪纸的传承与发展在当代中国经济社会剧烈转型期正在直面千年之变。从昔时呈现在人们生活中习以为常的事物到当下正悄无声息地淡出民俗视野,中国民间剪纸与民众及其生活开始发生重构。作为中国北方剪纸重要

古塞遗踪
——和林格尔县长城论坛暨土城子国家遗址公园建设研讨会论文集

组成部分的和林格尔剪纸，2007年被内蒙古自治区人民政府公布为首批自治区级非物质文化遗产代表名录，2008年被国务院公布为第一批国家级非物质文化遗产代表作名录（扩展名录），2009年与其他国家级剪纸项目打包代表中国剪纸被联合国教科文组织公布为人类非物质文化遗产代表作名录，2010年被国家农业部、文化部、中国文联等部门授予全国优秀非物质文化遗产项目，2018年被国家文化和旅游部

图5 《出地》 康枝儿作 17.5cm×20cm 大红纸

图6 《鱼船灯》 段建珺作 33cm×21cm 大红纸

开展非物质文化遗产原生性抢救　讲好和林格尔故事
——以和林格尔剪纸传承保护实践为例

公布为首批中国传统工艺振兴目录。千百年特殊历史、地理和民俗文化传承和发展，使得和林格尔剪纸蕴含着极其丰富的黄河文化的重要信息。几十年来，和林格尔剪纸进行开拓性的原生性抢救，完整、系统、全面地记录和保存了一份传承链条呈现整体性脱环状态下和林格尔剪纸的存续档案，为新时代非物质文化遗产创造性转化和创新性发展提供了一个典型而鲜活的案例。

和林格尔剪纸是农耕与草原图腾历史文化的活化石。和林格尔剪纸在当地也被人们称为"剜花"，千百年来，由世代生活在黄河岸边的和林格尔农牧民为主体传承和创造，并且融合生活在这里的古代北方游牧、农耕等民族多元文化为一体，紧紧依附于该地域民俗历史文化生活，深受广大人民的喜爱。和林格尔剪纸在表现上多用"阴剪"技法，具有诸如古代阴山岩画"影绘"等表现样式的文化特质，物象造型极尽简约，呈现大气天成、古拙浪漫的鲜明文化品格。千年传承发展，和林格尔剪纸表现中的主体内容便是呈现出诸如鱼戏莲花、蛇盘兔、鹿回头、还阳鹿、对马捧寿、对羊捧寿、鹰踏兔、娃娃踩莲花、鱼龙变化、鱼龙灯、宝盆莲花、如意莲盆、云团寿、马上封侯、八云捧寿、盘肠、福、万字等体现古老长城、黄河文化的珍贵纹样，除此，其传承和表现多以历史上根植于草原上的虎、兔、龙、蛇、鸡、凤凰、葡萄、石榴、桃、瓜、葫芦等草原祥瑞动物、植物和吉祥图符以及呈现半农半牧区域文化属性的纹样为主要内容，剪纸传承中蕴含着丰富而独特的生命崇拜、祖先崇拜、图腾崇拜等深厚历史文化观念，成为我国沿黄河几字弯区域向蒙古高原过渡交接地带呈现典型地域性群体文化观念的代表性非物质文化形态，具有不可替代的民俗学、艺术学、美学、人类学和考古学等多学科人文价值，被学界誉为"国之瑰宝""农耕与草原图腾历史文化的活化石"。通过千年传承的和林格尔剪纸，我们可以探寻到各民族人民水乳交融、浑然一体的弥

古塞遗踪
——和林格尔县长城论坛暨土城子国家遗址公园建设研讨会论文集

图7 和林格尔剪纸《过边墙》 崔青梅作 段建珺收藏
60cm×50cm 手工纸

足珍贵的民族文化记忆。

和林格尔剪纸抢救模式。作为一名剪纸传承人，我从1978年开始跟随村里老一辈传承人学习剪纸、面塑等民间技艺，从此与和林格尔剪纸结缘。1998年7月，面对濒临消亡的剪纸传承现状和困境，我策划、组织成立和林格尔剪纸学会，从此开始有组织、有计划系统科学地进行抢救保护工作，该学会的成立被誉为和林格尔剪纸传承发展史上的里程碑。学会成立以后，经过多年持续开展的剪纸文化抢救、发掘、整理、培养、研究、传承、创新、推广交流等公益事业，涌现和培育了张花女、段建珺、康枝儿等大批享誉国内外的剪纸艺术大师和剪纸名家，抢救保护了大批即将消亡的珍贵原生态民间剪纸和相关民俗文化资料和信息。学会通过持续、深入的田野考察和研究，形成一系列重要剪纸文化学术成果，形成了著名的和林格尔剪纸文化品牌，使和林格尔剪纸成为中国剪纸的重要组成部分。2006年8月，由中国民间文艺家协会、呼和浩特市人民政府、东西方艺术家协会（纽

开展非物质文化遗产原生性抢救　讲好和林格尔故事
——以和林格尔剪纸传承保护实践为例

约)等部门举办的"第二届(中国·和林格尔)国际剪纸艺术节"在和林格尔县成功举办,会上通过了著名的引领中国剪纸传承发展方向的《和林格尔宣言》,和林格尔剪纸抢救保护成果和方法,已经成为国内外学界研究中国当代非物质文化遗产,特别是剪纸文化在当代传承保护的一个代表性成功经典案例,被誉为"和林格尔剪纸抢救模式"。"和林格尔剪纸抢救模式"即和林格尔剪纸学会多年来在剪纸传承保护上经过艰辛探索和实践形成的以深入民间、深入生活、坚持运用剪纸的原生性抢救方式,对濒临消亡的原生态剪纸文化遗存进行及时、系统、科学地抢救和保护,在此基础上传承创造剪纸文化精品,遵循"以剪传情、以剪布道、以剪塑魂"剪纸传承发展方向,坚持学术立会方向,用剪纸讲述精彩中国故事和家乡故事,为社会提供更多原创文化资源,为人民提供更高幸福文化指数,为历史保存留档中华优秀传统文化本原基因的剪纸抢救、保护模式。

在和林格尔剪纸抢救保护模式精神指引下,长期以来,和林格尔剪纸积极参与配合国家战略的实施和开展,如多次代表中国剪纸和非遗文化远赴丹麦、瑞典、马耳他、塞舌尔、毛里求斯、斐济、法国等数十个国家和地区开展对外剪纸培训和交流,所到之处均受到当地民众的热烈欢迎,产生了广泛的社会影响。进入新时代,和林格尔剪纸学会不断传承创新剪纸成果,努力把优秀剪纸成果融入现代生活,为人民和社会服务,积极践行新时代非物质文化遗产创造性转化和创新性发展方向。

回归当代生活的草原之花。和林格尔剪纸是我国少数民族地区最具有代表性的剪纸文化遗存之一,融合古代北方游牧、农耕、渔猎文化为一体,由以世代生活在内蒙古黄河几字弯区域和林格尔地区的农牧民劳动妇女为主体的民众创造,紧紧依附于地域民俗生活,深受农牧民喜爱,成为承载民族文化基因的重要的非物质文化形态。

古塞遗踪
——和林格尔县长城论坛暨土城子国家遗址公园建设研讨会论文集

图8　和林格尔剪纸学会参与策划组织的"第二届（中国·和林格尔）国际级剪纸艺术节"开幕式现场（2006年8月15日，内蒙古美术馆，彭晓明/摄影）

图9　和林格尔剪纸学会成立大会（1998年7月，内蒙古和林格尔，段建珺/摄影）

开展非物质文化遗产原生性抢救　讲好和林格尔故事
——以和林格尔剪纸传承保护实践为例

党的十八大以来，和林格尔剪纸传承取得深入发展，尤其是剪纸进一步融入现代生活，在为民众服务、为社会服务等方面做了许多新探索，使这项宝贵的非物质文化遗产在"创造性转化和创新性发展"的传承实践上迈出新路子。当前，老中青剪纸传承链条已经初步建立起来，和林格尔剪纸学会通过"学会＋农户＋会员"的方式，让老一辈剪纸传承人又重新拿起剪刀，让剪纸得到有效激活和复苏。当前在很多重要民俗节点和活动中，尤其是在和林格尔及其周边地区，以农牧民为主体，包括各城镇居民、学生、教师等，剪纸传承积极性被充分调动起来，他们既是参与者，又是受益者，和林格尔剪纸又重新发挥出独特的社会文化作用。在社会转型期，尤其是城市化进程和工业化进程急速剧变中，和林格尔剪纸传承发展也受到前所未有的冲击，传承发展面临严峻挑战，如古老的剪纸文化存续空间和文化生态受到威胁，后续保护资金不足，传承保护亟待加强等。

图 10　青少年学生在由和林格尔剪纸学会参与主办的千人剪纸大赛上展示剪纸技艺（2017 年 6 月，内蒙古和林格尔，王正／摄影）

古塞遗踪
——和林格尔县长城论坛暨土城子国家遗址公园建设研讨会论文集

图11　和林格尔剪纸学会的小志愿者在"第二届（中国·和林格尔）国际剪纸艺术节"展览上为国外嘉宾讲解剪纸（2006年8月，内蒙古呼和浩特，彭晓明/摄影）

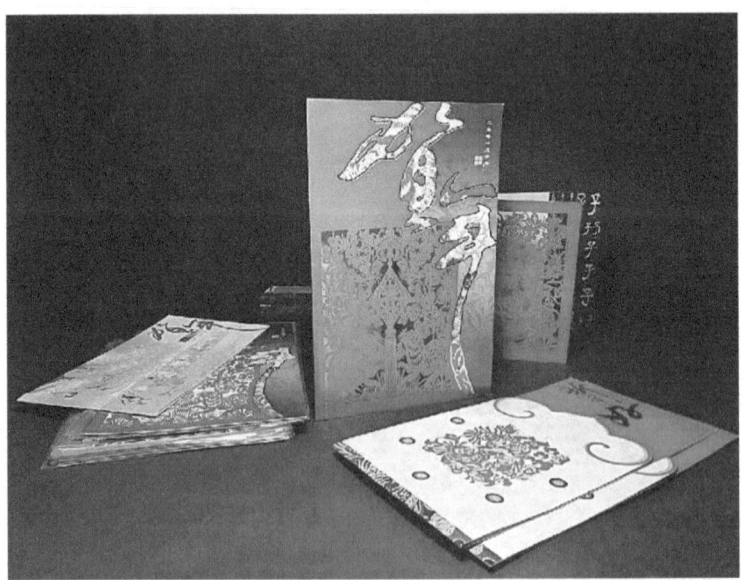

图12　以段建珺剪纸为元素设计制作的精美贺年卡

三、保护措施及主要成效

（一）制度建设与工作保障

和林格尔剪纸作为中国少数民族地区最具代表性的剪纸文化形态之一，在漫长的历史发展中一直是处于自生自灭、依附民俗而生的状态。1998年，和林格尔县成立专门剪纸抢救、保护、组织——和林格尔剪纸学会，深入、持续开展原生性抢救，积累了诸多宝贵的工作经验和方法。尤其是党的十八大以来，和林格尔剪纸取得长足发展。进一步完善剪纸传承、抢救、保护和发展创新机制，如每年制定本年度开展工作的可行性制度，包括对传承人本年度开展传习的奖惩制度，对社会力量开展的剪纸调研、开发制定的鼓励制度等等，有效地促进了整体剪纸文化事业的推进和开展；在机构队伍建设上，有效有力健全保护单位和林格尔剪纸学会的队伍建设，落实到以自然村为面，以农（牧）户+会员为点的整体网络化管理，在全县重点剪纸产地都设立有工作站，畅通剪纸联络；此外，学会还聘请社会知名专家、学者为顾问，定期指导剪纸传承保护工作，有力保障传承保护不变形、不走样；在经费保障上，和林格尔剪纸主要是自筹资金和社会赞助。但是十八大以来，随着国家对非遗文化投入的加大，和林格尔剪纸的传承、抢救事业得到国家的大力支持，如2019年国家文化和旅游部给予和林格尔剪纸中国首批传统工艺振兴目录专项资金支持。

（二）记录建档与学术研究

独特而深厚的民族历史文化的发展和积淀为珍贵的和林格尔剪纸的传承提供了独一无二的沃土。为了能够全面掌握和林格尔剪纸历史文化遗存，抢救濒临消亡的非物质文化遗产，从1994年开始，尤其是剪纸学会成立以来，剪纸学会开展了面向全县的地毯式的抢救、普查工作。开展和林格尔剪纸的普查在和林格尔剪纸学会组织下有序开展，以乡镇自然村为基本点，长期深入农户进行调查和记录，通过细致科学的抢救，发现了5300余名剪纸传承人，其中有1800余名60岁以上的重点传承人被列入专题记录在册，她们的剪纸作品、口述史、图片音像等珍贵资料得到有效记录和保护并入档，其中剪纸抢救性记录文字110余万字，各类珍贵民俗图片20余万张（幅）被制作成电子版进行数字化档案保护，为子孙后代和现代剪纸创新发展提供了独一无二的原创资源。和林格尔剪纸抢救、保护模式被众多专家学者誉为全国剪纸保护的典范。

随着对和林格尔剪纸传承抢救保护工作的科学深入开展，对和林格尔剪纸文化的研究也不断深入，同时社会各界对和林格尔剪纸文化热切关注，涌现出一大批具有开拓性意义的学术成果，在全国产生了广泛的社会影响。近年来，先后公开出版、发行了10余种不同版本的有关和林格尔剪纸专集，其中和林格尔剪纸学会还承担了国家社科基金特别委托项目《中国民间剪纸集成·和林格尔卷》的筹划、编撰工作，并被确定为中国民间文化重点抢救工程成果，成为新中国成立以来我国少数民族地区第一部剪纸专项集成，在学术界取得重要学术成果。除此之外，还有360余件（篇）作品、论文在《光明日报》《人民日报》《中国艺术报》等全国各类刊物、报纸、专辑上刊登、发表。和林格尔剪纸学会组织参加市级以上各种剪纸展280多次，入选剪纸作品2600余件，获奖500多件，其中，国家级金奖、特等奖、一等奖50多次以及包括中国民间文艺最高奖"山花奖"和内蒙古艺术创作最高奖"萨日纳奖"等。目前，和林格尔剪纸已成为内蒙古乃至全国的一张闪亮的特色文化名片。

（三）传承活动

为了让濒临消亡的和林格尔剪纸能够得以世代延续，和林格尔剪纸学会开展了长期针对农（牧）区以劳动妇女为主体传承的"冬眠式"抢救保护工程。主要方法就是进行地毯式普查、登记，学会以重点剪纸户为单位开展全年跟踪式主体性记录、指导、服务，让这些老一辈传承人把自己掌握的古老剪纸文化信息原汁原味地保留下来、传承下来，变成剪纸和口述史记录，这一方法几十年不曾中断。尤其是党的十八大以来，这种激活本原地域剪纸传承的力度和方法不断被深入完善和加大，把深藏在民间和残留民俗生活中的剪纸文化信息充分发掘出来。积极有效地开展剪纸进校园等活动，为青年一代学习剪纸、传承剪纸文化提供原始剪纸文化资源。这种传承是以确定的（自然）村庄中的重点老一辈传承人帮带一名或多名青年传承人的方式进行的，可行性强，如此，常年以来形成良性循环，使和林格尔剪纸传承目的性强，传承有序而不乱，传承的文化层次清晰而准确。

（四）传播交流

党的十八大以来，为了让宝贵的和林格尔剪纸文化得以广泛深入传承，让广大民众充分享受到这一地域文化珍贵成果，和林格尔剪纸学会积极开展对和林格尔剪纸的宣传展示活动，通过在各种文化活动、现场等制作剪纸文化宣传资料、现场传承人剪纸展示传统技艺等方式，让剪纸文化零距离与现代社会接触。多年来，和林格尔剪纸学会开展剪纸进校园达2600余次（场），并在重点学校对美术教师、学生长期开展科学剪纸培训，让青年一代感知、学习、理解古老文化信息，以增强民族文化自信和培育民族文化情感为宗旨，取得了卓越成效。受和林格尔剪纸抢救保护模式影响，内蒙古自治区域内和周边省市地区多次组织剪纸个人或团队前往和林格尔考察、交流、学习，有效地推动了剪纸文化事业的科学发展。

图13 《老箭手》 段建珺作 17cm×26cm 宣纸

（五）其他活动

在探索原生性抢救的同时，作为中国少数民族地区具有代表性的剪纸文化形态和成功抢救、保护个案，和林格尔剪纸已经成为国内外专家学者研究中国非遗文化在当代传承发展的一个经典案例。随着当前国家对非遗文化事业的不断重视，和林格尔剪纸积极配合国家战略的实施和开展中。如近年来配合国家实施的文化走出去战略，和林格尔剪纸多次代表中国剪纸和非遗文化远赴丹麦、瑞典等数十个国家和地区开展对外剪纸培训和交流，受到当地民众的热烈欢迎。和林格尔剪纸用剪刀和纸讲述着精彩的中国故事、内蒙古故事、和林格尔故事，产生了广泛的社会影响。近年来，和林格尔剪纸学会在剪纸传承保护发展的各项举措都紧跟国家相关策略，积极践行习近平总书记倡导的非遗文化"创造性转化和创新性发展"理念，努力把剪纸优秀成果融入现代生活，为人民和社会服务。

四、保护工作经验体会

（一）得益于党和国家在新时代对非物质文化遗产工作的重视和大力支持

和林格尔剪纸从昔日濒临失传、被边缘化等消亡状态华丽转身为新时代被誉为"草原之花"的璀璨夺目的宝贵非物质文化遗产明珠，主要得益于党和国家对非物质文化遗产工作和事业给予的前所未有的支持力度，为和林格尔剪纸传承抢救保护发展工作提供了强有力后盾和核心支持。面对机遇，和林格尔剪纸学会努力科学开展剪纸传承抢救保护工作，全力配合党和国家的文化战略实施。

（二）根据项目原产地具体实际开展科学传承保护工作

制定科学的剪纸传承保护目标和方法，开创持续健康有序的传承发展模式。进入新时代，和林格尔剪纸学会制订"守根固本，转化创新，为民所用，服务社会"十六字和林格尔剪纸传承保护发展方针，在纷繁多变的社会转型期，真正做到了剪纸传承不变味，剪纸发展为民用等一系列带有方向性的科学方法，走出一条与众不同的非遗文化传承发展之路；培育了一支"有灵魂，有精英，有奉献，有能力"的"四有"型剪纸核心队伍。新时代和林格尔剪纸在科学传承保护中涌现和培育了段建珺、张花女、康枝儿、王枝女、苗瓣女等一大批剪纸大师和剪纸灵魂人物，他们长期秉持"以剪化情，以剪传爱，以剪布道"的剪纸传承之本，引领和林格尔剪纸不断创造新的辉煌。

五、工作计划及初步思路

和林格尔剪纸学会应充分深入践行"创造性转化和创新性发展"理念，让和林格尔剪纸在新时期更好地融入现代生活，为人民和社会服务；充分挖掘、研推蕴含在和林格尔剪纸中珍贵的黄河文化元素，大力开展和林格尔剪纸文创及文化衍生品研创和开发，让古老剪纸文化与现代生活高度融合，深入发掘和林格尔剪纸文化中深厚、独特的古老文化基因，为新时代创造性转化和创新性发展提供宝贵本原文化内核支撑。

深入开展剪纸特色文化扶贫，助力地方经济发展。和林格尔剪纸是根植于广大和林格尔农牧野沃土上成长起来的文化形态，是人民的文化和艺术。在新时代，和林格尔剪纸将重新深度反哺并回归人民生活，成为为当地人民群众致富路上能够带来一定经济收入的绿色产业项目，为人民造福。大力开展剪纸培训，面向社会让和林格尔剪纸技艺掌握在人民手中，发挥"剪纸学会+农村+会员+市场"模式，充分调动农村会员的剪纸积极性，通过剪纸文创等带来的收入让人们感受到获得感，让剪纸传承成为人们生活的常态。深入开展和林格尔剪纸传承和创新精品工程建设，努力创作更多剪纸原创精品，对重点剪纸文化遗存开展整理、出版等工作。面对社会向城市化、工业化转型期，和林格尔剪纸将会继续把更多精神和文化成果分享给社会和人民，让人民从和林格尔剪纸文化中汲取更多地域文化滋养和力量，能够感受到生活的幸福和美好。

开展非物质文化遗产原生性抢救　讲好和林格尔故事
——以和林格尔剪纸传承保护实践为例

结　　语

　　传承发展以黄河文化为核心的当代转化和创新是呼和浩特在新时代参与构建现代文明的重要内容，同时，也是重要基础。原生性抢救在时代转型和本原文化亟待被重新认知的语境下，其探索和实践就显得尤为重要，而且具有现实和长远意义。作为呼和浩特市唯一的世界级非物质文化遗产代表名录，和林格尔剪纸的原生性抢救及其探索、实践为该地域黄河文化的传承发展创新提供了一份难能可贵的活态传承保护的典型案例。通过和林格尔剪纸，我们看到了传承千年的呼和浩特地域黄河文化及其蕴含的黄河几字弯区域独一无二的生命崇拜、图腾崇拜文化观念在剪纸中的文化基因赓续，更让人们认识到原生性抢救的重要性。

　　[段建珺，人类非物质文化遗产代表作名录中国剪纸（和林格尔剪纸）国家级代表性传承人，中国民间文艺家协会理事，内蒙古民间文艺家协会副主席，内蒙古文艺志愿者协会副主席。]

北方长城地带的面塑

李洁

在过去，长城地区多苦寒之地，也是游牧文明与农耕文明的交融之地，饮食传承了简单、原汁原味的劳动人民生活本色，由于长城地区土地贫瘠、粮食缺乏，饮食也延伸了人们对粮食的崇拜，尤其是对小麦面制品的崇拜。

中华文化把简单的面食发展成为一种文化——面塑，而节日、祭拜、婚庆、祭奠等所用的这些特定又简朴的面食，区别于工艺复杂的面塑制品，它不仅仅是一种手工食品，古往今来也联系着天地自然、器用与人心，是工艺的应用，也是情感的寄托，承载着百姓日用之道、生活之美。透过这些物品，我们回望传统，凝视生活，感受中华民族对粮食的崇拜和珍惜之情，传承并发扬朴素的美学精神。

本文以内蒙古与山西、陕西等西北部长城地带的民俗面食为例，从侧面反映了长城两边饮食文化的交融与发展。

一、寒食节与"寒燕儿"

内蒙古西部及与山西交界一带，都有寒食节蒸"寒燕儿"的习俗。古代没有保存食物的冷藏条件，所以要在寒食节前做一些不易变质的食物。有一个聪明又灵巧的主妇在寒食节前正在准备为一家人蒸馍，此时从窗前飞过几只燕子，主妇看到这几只生机勃勃的燕子非常喜爱，于是将一大团面团捏成了一个个小巧玲珑的燕子形状，蒸熟了留给家人在寒食节吃。后来，大家纷纷效仿这个主妇的做法，在寒食节前蒸这种燕子形状的面食，这就是"寒燕儿"的雏形。

蒸"寒燕儿"最重要的一道工序就是捏，因为"寒燕儿"比较小，一碗面就可以捏几十个，所以，这个工序一般是三五个妇女搭伴共同来做的，大家坐在农家的土炕上，各显身手，快速地按自己心中所想的样子捏出形态各异的"寒燕儿"。捏"寒燕儿"时首先要把面团搓成手指头粗细、一寸多长的条状，先捏出燕子的头，并用手指在头部小心翼翼地搓出一个小尖当作燕子的嘴巴，然后拿梳子压出燕子的羽毛，并用一把小剪刀剪出翅膀和尾巴形状。还有人捏一些猪狗牛马虎蛇等十二生肖中动物的形状，还有捏一只鸡妈妈身上背着几个小鸡的图案，也有捏花朵、蝴蝶和鱼的形状。那些巧手村妇捏出来的"寒燕儿"形态各式各样，表情灵动传神，犹如一件件精雕细琢的工艺品。"寒燕儿"捏好后，马上上笼蒸熟，然后趁热用红绿各色颜料点缀眼睛及翅膀上的花纹。过去农家一般将"寒燕儿"插在早早准备好的沙棘或柳树枝条上，也有人用线串成一串一串的，吊在屋里通风的地方晾干。

如今的"寒燕儿"，在每年的清明节前走进校园和社区，让广大少年儿童在手工制作中了解中华民俗文化，这对传承和发扬中华民族非物质文化遗产起到了重要作用。

二、中元节的面人儿

在内蒙古西部地区及与山西交界处长城一带，农历七月十五中元节除了上坟祭拜，农村地区有蒸面人儿送亲朋的习俗。

中元节蒸面人的习俗据说始于元朝，并有两个说法。一说，农历七月草旺羊肥，牧羊人家于中元节屠羊祭神，可使羊只生长更旺。那时，杀羊以后肉也不便保存，便赠送给诸亲戚，家贫无羊者则蒸面羊来代替，故农家慢慢演变为七月十五蒸面人。另一种说法是，元朝末年，汉族百姓对元朝地方官吏的压榨统治忍无可忍，朱元璋起兵反元，为传达信息，人们在农历七月十五那天，以探亲为名，家家互送面人儿，在面人儿里面藏着纸条，通知各家在农历八月十五晚统一行动。从此，留下了农历七月十五家家户户探亲赠送面人儿的乡俗。

七月十五的面塑样式繁多，有牛、羊、猪、兔、猫、鸡、鸭、娃娃和花卉、瓜果等等。不过，以娃娃为主，常见的面人儿形状有睡娃娃、爬娃娃、抓髻娃娃、罗汉娃娃，一般是给男孩送罗汉娃娃，给女孩送抓髻娃娃，面鱼、面兔可以送给所有的12岁以下儿童，取"欢鱼吉兔"的寓意，而送给长辈的是甜瓜和寿桃，取瓜瓞绵绵、生活富足和健康长寿之意。

七月十五的前几日，村里面的女人们就开始忙乎了，三个五个围坐在炕头捏面人儿，谈笑中，搓的搓、捏的捏、剪的剪、压的压，一扎一挑，一剪一压，一个个"活物"从手下蹦出来。面人儿的五官、头、躯干、胳膊、腿都分别捏好，再用粗只芨连接起来。为什么不用细木棍而用粗只芨，因为只芨有弹性，面人儿的四肢不容易断裂。面人儿的头发和眉毛一般是用墨汁和面，没有墨汁的人家用锅底黑也可以代替。讲究的人家还要捏了各式各样的面花搭配面人的衣服。捏好的面人儿有站的，有坐的，也有躺的，神态动作各异，惟妙惟肖。除了娃娃，还有急蹿的兔、威猛的虎、绵善的羊、滑溜溜的鱼儿、蛇盘兔、甜瓜、狮子滚绣球等。每个物品上都注之于情爱，施之于智慧。捏好后上锅，急火蒸出，趁热用红绿颜料着色，便成为馈赠亲友的礼品。

如今的农历七月十五，内蒙古西部及山西、陕西长城一带几个旗县，多会举办面塑比赛和展览，成为当地人民群众中极有特色的一项民俗活动。民间面塑艺人互相比试面捏技巧，将民间技艺传承并发扬光大。

三、与人相伴一生的那些面塑

（一）面圈

面圈在内蒙古西部长城地区又称"面圐圙"，这种古老的面食，雁北和陕北部分地区称面锁，形如一个大大的项圈，上有石榴、佛手、桃子、十二属相等面塑。在幼儿满月、百岁岁、十二岁以前的任何一个生日，直到十二岁圆锁，孩子的爷爷奶奶、姥姥姥爷或其他近亲长辈要蒸面圈，并在宴席开始前举行套面圈的仪式，以期盼孩子长命百岁，吉祥如意。其实，面圈就相当于盛行于中国各地的长命锁，但这是可以吃的"长命锁"，等给孩子举行完套面圈仪式后，由长辈分发给众亲朋好友。

面圈的样式是非常讲究的，孩子平时过生日或满月、百岁岁，小女孩的面圈上是九只石榴加一只手、鱼、兔、一把小面锁，小男孩则是十二属相。内蒙古西部的这些民俗面食，虽传承了山西面食，但在多年的民俗文化发展中，结合地域特色，形成了独特的风格。山西的传统民俗面食，尤其是晋南一带，颜色绚丽，形状繁杂，更加接近于面塑工艺品，让人看着不忍下口。而内蒙古西部的民俗面食，形状简洁，颜色也比较素雅，一般只在上面加了红枣或用食红点上红点，更加适合人们日常食用。究其原因，可能是因为长城地区苦寒，土壤不好，在过去的年月里，白面是个稀罕的吃食，生日面圈、婚宴离娘馍馍和寿宴的寿桃一般是当了庆贺那天中午的主食，所以，就从山西面食的繁杂艳丽慢慢变得简洁清新了。

（二）离娘馍馍和喜兔兔

离娘馍馍和喜兔兔是北方长城地区娶亲时男方家给女方家带的传统礼品。离娘馍馍是用白面发酵后蒸制的大喜馍，共24个，上面点缀红枣或用食红点上圆形红点，蒸成圆馍馍叫离娘馍馍，也有蒸成红枣花卷的，叫离娘卷。十月怀胎10只，女儿吃奶一年12只，再加两只意为母女互不相忘、彼此挂念，一共24只。

新娘母亲接过新郎家这24个离娘馍馍，女儿就算嫁出了门，融入另一个家庭，从母亲眼中的小女孩变为妻子、儿媳妇。

喜兔兔一共两只，一雄一雌，也是男方娶亲时和离娘馍馍一起带给女方的，两只喜兔兔用红线拴在一起，有喜结连理之意，也有喜兔兔带路、娶亲一路顺利的意思。

（三）寿桃

在内蒙古西部及山西、陕西长城地区，老人祝寿时晚辈要送面粉蒸的15个寿桃，加一只老人属相。

过去的年月，人死后都是土葬，那时木料缺乏，加工棺材也是人工，费时费事，孝顺的儿女要早早给父母准备好棺材，且在棺材加工好的那天，要举行贺材仪式，晚辈要送15个寿桃。还有提前碹坟的，也是送 15 个寿桃。这 15 个寿桃也是有讲究的，其中 8 个带底座，7 个不带底座。

（四）"贡献"和"祭"

这里所说的"贡献"和"祭"是名词，是指一个人死后人们祭祀用的面食。"贡献"是每份 12 个，9 个是比平时的馒头大得多的白馍，3 个是白馍上再披一个用面捏成的菊花。

自古菊花都代表高雅不屈的高尚品格，由于地域和节令，北方长城地区菊花少，所以古人就用面制作的菊花来哀悼逝者，也是对逝者平生高洁德行的敬佩。

北方长城地区民俗，送"贡献"和"祭"的人多是逝者的至亲好友，儿女怀念过世的父母，晚辈悼念至亲长辈，带一份早早蒸好的"祭"去灵前祭奠，村人、邻居和朋友则带一份"贡献"（小供），千言万语融入这无声的礼馍中。"猪羊大祭"一般为死者女儿的祭品，是最隆重的祭祀仪式，祭品为整只羊、猪头和所有面供品。面供品包括：大供 12 只，其中 3 只上有用面塑的菊花；小供 12 只，也是 3 只上面披面塑菊花，其余 9 只为大白馍；云卷 12 只；腰包 12 只；饼子两种，每种 12 张，面鸡两只，面鱼两条。过去的风俗，死者一般要放几天才出殡，在祭祀中因为天热，整羊和猪头容易腐坏，还有的穷人家认为一只羊太浪费，便演变为用面捏一只羊和一颗猪头代替真正的猪、羊。其他如孙女、侄女、外甥、外孙等亲人，则送上除猪、羊外其他供品齐全的"小祭"。人死后的第一份供品为 12 个的小供，叫"倒头供"，出殡的前一天开始在灵棚前摆上至亲的"猪羊大祭"和"小祭"，第五个七天再去坟前摆一份小供，三周年则蒸一份寿桃。

一个人，从满月时的套面圈开始，到十二岁的圆锁（12 个面圈），成人后婚礼上的离娘馍馍、喜兔兔，再到死后的"贡献"和"祭"。

这一生,每一个重大的日子都离不开珍贵的面食或者说面食文化。

综观这些面塑品,与历史上农耕文化向北方地区的传播及对黄帝的祭典不可分割。《史记》记载,为缅怀黄帝功德,祈求风调雨顺,祭祀时,人们以太牢、时令水果、鲜花、五谷、饼羹供奉于灵位之前,行三拜九叩之礼,至虔至诚。其中,饼羹是尤为重要的祭祀贡品。后来,在祭祀中,人们通过捏制花馍替代饼羹,这些特定的花馍也称为礼馍,经过漫长的发展演变,用面礼馍祭品祭祀祖先这一民俗,逐渐由官方向民间转化,并与当地的生产生活结合起来,使面塑具有了普及性和平民化特征。随着长城两边文化的交融及人口大迁移,由陕西、山西传入内蒙古西部,发展至今,民俗面塑在当地群众的日常生活中随处可见,成为祭祀活动和日常生活中不可或缺的重要组成部分。

历史悠久的中国,历经了种种磨难,饱受了饥饿寒苦,但勤劳勇敢的华夏儿女,最终造就了充满魅力的美丽中国。长城、中国美食等都是独具特色的中华文化符号,也是中华民族古老文明的写照,早已深入我们内心。长城,不仅见证了周边地区悠久灿烂的历史,也赋予了其独特的饮食文化。

(李洁,中国长城学会会员,呼和浩特市长城科普学会会员。)

在研学旅行中获得一种新的学习方式

高晓梅

研学旅行继承和发展了我国传统游学——"读万卷书，行万里路"的教育理念和人文精神，成为素质教育的新内容和新方式，有助于提升中小学生的自理能力、创新精神和实践能力。

对此，我结合自己孩子的经历与呼和浩特市长城科普学会举办的"体验冰冻黄河游，探秘千年古瓷窑"、"爱我中华，护我长城"亲子营研学及"赓续长城精神，启迪儿童梦想"等研学旅行活动，谈谈如何让同学们在研学旅行中获得一种新的学习方式。

一、跟着课本去旅行

《语文》四年级上册《长城》中这样写道："远看长城，它像一条长龙，……修筑在八达岭上，高大坚固，是用巨大的条石和城砖筑成的。"

我的孩子王东麟上小学四年级的时候，我

古塞遗踪
——和林格尔县长城论坛暨土城子国家遗址公园建设研讨会论文集

们曾一起去北京游览。

  登八达岭长城到达半山腰时，孩子得到了一个刻有"登万里长城纪念"的铜牌，本想就此打道回府了，没想到他说，没到好汉坡，没见到"不到长城非好汉"的石碑，不算到长城。

  大约两个小时后，孩子从好汉坡打来电话，那声音虽是气喘吁吁的，却有征服者的自豪。后来我才知道，去好汉坡的路一段比一段险，其中有些坡段的陡峭程度接近90度，台阶高度也有40厘米以上，孩子走走坐坐，爬爬停停，曾有退却的打算，但最终还是坚持到达了目的地，终于当上了"长城好汉"。

  在讨论是否要继续前行的时候，我曾想果断地阻止他。我一直认为，毛主席诗词里所表达的"不到长城非好汉"是一种人生的理想和目标，就十岁孩子的体力而言，他没有必要去盲目争做好汉。但倘若他的好奇心、求胜心得不到满足，他也会觉得遗憾。看着他回来时满身疲惫、狼狈不堪的样子，我真是心疼。虽说他的意志力得到了锻炼，我还是有些后悔，因为他身体所承受的艰辛远远大于他体能的限度，他完全是超负荷地行走。在那张他手拿铜牌与"不到长城非好汉"石碑的合影中，他的外套斜挂在腰上，满脸汗渍，小手也是脏脏的。

  事后，他每次遇到困难，就回忆道："十岁那年的长城之旅带来的视觉体验和感受令我至今难忘，最后我几乎是爬着到达目的地的。当年触摸城墙砖壁时我哭了，虽然当时还小，但我完全控制不住自己的激动情绪。长大之后，我明白我是被感动了，我感受到一种超越极限的力量，更感受到一种精神的传递。"能在电影、电视、人民币图案、语文课本上经常见到的长城场景里行走，是虚拟和现实的相遇，这种奇妙的体验是他超越极限的原动力。

  孩子表示，未来他要有计划地走遍分布在国内各处的长城遗址，并加入保护长城志愿者的行列中。这次八达岭之行，让他对于旅行，对于教育，有了全新的认识。

旅行是一个潜移默化的教育过程，同学们在自然与人文相融合的环境里耳濡目染，久而久之就被熏陶出了高尚优雅的情操。跟着课本去旅行，既能让孩子增加学习兴趣，又能培养他们的实践能力。

二、读万卷书，行万里路

2017年8月12日，由中华全国归国华侨联合会指导，中国长城学会、中国华侨国际文化交流促进会主办的"体验长城魂 共筑中国梦——2017海峡两岸青年学生长城文化体验营"活动，在北京正式开营！

王东麟作为内蒙古自治区的"美德少年"被获批参加了此项活动。此次长城文化体验活动，学生们将进行为期10天的游学，听长城知识、学长城文化、懂长城精神。让华夏儿女了解长城、守卫长城，成为一名长城文化的传播者，长城精神的弘扬者。

临走之前我就告诉他要把每天见到的、感受到的写成日记。回来以后我看他在日记中写道："2017年8月11日至8月20日，我参加了中国侨联指导，中国长城学会、中国华侨国际文化交流促进会主办的海峡两岸学生们为期10天的夏令营，与100位同学一起考察并了解中国长城的文化知识，在参观了解中国长城的路上结下深厚的友谊。"

在这次旅行中，同学们共去了4个地方，分别是秦皇岛、延庆、张家口、大同。因为这几座城市都有长城所留下的遗迹，还可以让他们了解历史的光辉和灿烂的文化。

从北京到达秦皇岛后他们的第一站就来到了雄伟壮观的天下第一关，王东麟在日记中写道："当我看到它那挺拔的身姿后，我感觉它活像一位大将军。它坚挺地伫立在山海关，守护着这里平民百姓的安宁

古塞遗踪
——和林格尔县长城论坛暨土城子国家遗址公园建设研讨会论文集

与祥和。"

之后同学们又去了老龙头参观延伸到海里的长城。"长城十分雄伟。听说是为了防护海上敌人的攻击所建,从这点就能体现出古代劳动人民的智慧是多么丰富。"他在日记中进行了描述。

在张家口时同学们去看了察哈尔都统署和大境门,这两个地方都是张家口的两大著名景点。都统署是张家口市唯一保存较为完整的清代官衙建筑。四进院落,布局完好。另一个是万里长城四大关口之一,有"塞外山城"之称的大境门,门楣上有四个笔力苍劲的颜体大字"大好河山"。

告别塞外,来到了大同市,下午去了得胜堡,它是明长城重要交易市场,这里的堡城包砖多被拆走,让我们感觉是用土块来建造的,得胜堡是连接口里口外的重要关口。

后来去了八达岭长城,站在长城脚下,看着蜿蜒曲折的长城,活似一条龙,延绵不绝。当他开始从长城脚下往上爬时就感到了爬长城的困难,因为长城是斜着的,而且上面的石砖参差不齐,并且有上有下,十分难爬,但是他说:"我并没有放弃,因为我想到了乌龟与兔子的故事,这个故事的寓意又让我充满了信心努力往上爬。最终我爬到了北八楼,当我站在北八楼的高台,我感觉自己成为了好汉!看着雄伟的长城,我真切地体会到劳动人民的不容易,他们用自己的身躯背上一块块砖石搭建了长城。他们这样的付出却为我们后人留下了宝贵的物质文化遗产。我们应该敬畏他们,并且向他们学习这种坚持不懈的精神。"

最后一天来到人民大会堂,是此次夏令营最后一站。让他自豪的是,在北京人民大会堂结营式上,他代表100名海峡两岸的学生上台讲话,得到大家的喝彩。

王东麟说:"在这里,我感谢在这次训练营中帮助过我的朋友们,是你们让我认识了什么是友情，什么是关怀，什么是帮助。所以遇见你们是我最大的幸运，我会常常回想起你们，回想起那些我们一起做过的事，走过的长城。"

这也是王东麟第一次参加夏令营，短短的10天时间他深刻地感受到了夏令营的辛苦和乐趣，这次活动全面检验了他成长必备的生活能力。这10天，让他学习到了独立、自强、自尊、感恩与合作。

三、让孩子们在研学旅行中获得一种新的学习方式

（一）体验冰冻黄河游　探秘千年古瓷窑

2022年2月6日，由呼和浩特市北极星户外运动俱乐部、呼和浩特市长城科普学会组织了近20名学生和家长，来到清水河县老牛湾

图1　学生和家长参加清水河老牛湾国家地质公园体验冰冻黄河游活动　北极星队友/摄影

古塞遗踪
——和林格尔县长城论坛暨土城子国家遗址公园建设研讨会论文集

图2 冬雪捕鱼为研学旅行带来了乐趣 高晓梅／摄影

国家地质公园,在塞外冰天雪地体验冰雪带来的乐趣,感受不一样的寒假。此时,北京冬奥会正在如火如荼地举行。

来自呼和浩特市不同小学和中学的学生们在家长的带领下,自如滑行在宽阔、洁白的冰面上。丰富的活动、精彩的讲解,让学生和家长在游玩中增长了课外知识,锻炼了身体,体会到了冰雪文化浓厚的氛围。

正当大家欣赏美景游玩之际,一声呼喊:"好大的黄河鱼哎!"大家纷纷凑到捕鱼人跟前,此时捕鱼人正在下手收网,这是领队石伟东特意安排的冬天黄河捕鱼的现场互动环节。

来到老牛湾,同学们不仅仅看到了黄河、长城,更了解了黄河、长城背后的历史。孩子旅行的过程,也是他们的审美能力和文化内涵提升的过程。

在研学旅行中获得一种新的学习方式

图3　高晓梅为大家讲解瓷窑历史　　王东麟/摄影

"体验冰冻黄河游"的快乐未消，同学们又参加了"探秘千年古瓷窑"活动。清水河县黄河岸畔的窑沟乡黑矾沟明清古瓷窑坐落在一条狭长的山沟里。黑矾沟制瓷业兴起发展约在明代中后期，到清朝乾隆年间已有一定规模。

夕阳西下人西辞，黄河瓷窑送我行。感受厚重人文历史、体验黄河风情，尽在其中。

（二）体验端午传统文化　探寻明长城老故事

2022年6月3—4日，由呼和浩特市作家协会、呼和浩特市长城科普学会主办，KIVI自然探索团队承办的"体验端午传统文化　探寻明长城老故事"——2022夏季"爱我中华，护我长城"亲子营研学活动在清水河老牛湾长城脚下杨家川举行。

来自内蒙古农业大学附属中学、满族小学、民族实验学校、先锋路小学、金字塔幼儿园的家长和同学一行29人参加了此次活动。

清水河县黄河大峡谷——杨家川峡谷位于老牛湾景区东侧水域，全长6千米，这里山高水秀，峡谷悠长，非常适宜开展代替端午传统活动划龙舟的皮划艇运动。同学和家长在教练的带领下，开启了皮划艇8千米往返。

活动结束后，主办方特意为同学们准备了龙舟手工制作项目，与同学们一起制作"中国传统龙舟"。

6月4日，大家来到清水河县北堡乡长城脚下口子上村，举行"爱我中华，护我长城"各种活动。

此次体验端午传统节日、长城保护及长城文化传播活动，引导学生们树立保护长城理念，培养学生们的爱国主义精神，激发孩子们的爱国热情，为传承长城文化打下了良好的基础。

（三）考察武川县汉长城遗址

2024年3月5日，伴着徐徐清风，45位长城爱好者齐聚呼和浩特市武川县，到访汉长城遗址。武川县文管所原所长武明光带领他们沿着长城的印迹一路前行。武明光介绍说：汉代是长城修建里程最长的朝代，在呼和浩特北部17千米处与武川交界的白道岭上的坝顶村南，有一条白道岭长城。这条长城既不与大青山南麓的赵长城连接，也不与北麓的秦汉长城相会，而是一条单独的长城，烽燧骑在长城墙上或分布在长城内外，千百年风沙侵蚀，汉代烽燧已变成尖状或馒头形。

顺着武明光所指的方向看去，同学们看到眼前的长城遗址如今已被历史的风雨剥蚀成了断垣残基，但仍威武雄浑，苍凉悲壮。

图 4　长城爱好者实地考察武川汉长城，了解长城历史　高晓梅／摄影

（四）学习《呼和浩特市长城保护条例》

2023 年 1 月 1 日，《呼和浩特市长城保护条例》施行，细化了各级政府、文物部门及其他部门的保护责任，明确了呼和浩特市长城保护工作的具体要求。《呼和浩特市长城保护条例》实施后，笔者第一时间就到清水河县的长城脚下，将消息传达给那里的长城保护员和小志愿者们，他们相互交流分享这一份喜悦。大家表示：《呼和浩特市长城保护条例》的实施，对于基层的长城工作者很有意义，有了它作为制度保障，他们开展工作时就更顺畅了，也提升了全社会对于长城资源的保护意识，让参加研学的同学们更加懂得保护长城的意义。

"长城研学之旅"以长城为载体，通过长城研学实践的方式传播长城文化，弘扬长城精神，在学生、家长和教师心中构筑起中国精神、中国价值和中国力量。

用著名长城专家董耀会的话说：长城为研学旅行提供课程内容，是希望能在学生的心中播撒种子，播撒和平的种子、播撒中华民族凝

古塞遗踪
——和林格尔县长城论坛暨土城子国家遗址公园建设研讨会论文集

图5 在长城研学活动中,长城志愿者宣誓

聚力的种子、播撒智慧文明的种子、播撒敬畏自然的种子。

跟着课本去旅行,让孩子们在研学旅行中获得一种新的学习方式,是我们所探寻和追求的方向。

(高晓梅,内蒙古文物学会特聘专家,呼和浩特市文旅广电局特聘智库专家,呼和浩特市长城科普学会会长。)

地方文史

史文朵迪

和林格尔县安正福武工队抗日始末

吴欣

和林格尔县东北部山区，北隔土默川平原和平绥线与大青山相望，南隔浑河与和林格尔南部山区相连，东接广阔的蛮汉山区并与雁北地区相连，是绥南地区一块极其重要的战略要地，也是大青山革命根据地的心脏地区。正是由于绥南地处雁北至大青山和绥、包二市战略要地，因此，党中央非常重视这一地区的革命斗争。1938年5月14日，毛泽东致电朱德、彭德怀、贺龙、关向应、萧克同志，明确指出在平绥路以北沿大青山山脉建立游击根据地至关重要，要求迅速考虑此事。

1938年7月，120师正式组建了八路军大青山支队。8月，在支队长兼政委李井泉和参谋长姚喆的带领下，挺进大青山。9月，到达大青山腹地——武川县大滩一带。支队到达目的地之后，马上展开了军事行动。9月3日，夜袭陶林，初战告捷；9日，攻克乌兰花镇；接着又在归绥城北的蜈蚣坝打了一场伏击战。在军事上取得一系列胜利之后，大青山支队分兵三路，扩大抗日游击根据地。一部由姚喆率领，巩固发展绥中根据地；一部由邹凤山率领，开辟绥南游击区；另一部则由李井泉率领，向归绥、包头发展，开辟绥西游击区。

根据大青山抗日根据地建立和发展的需要，中共中央于1938年11月决定，设立中共绥远省委，书记为白如冰。绥远统一的党组织的建立，有力推动了绥远地区建党建军建政进程和军事武装斗争的深入发展。

1940年春，日本侵略者攻陷五原后，毛泽东与王稼祥于2月19日致电贺龙、关向应、滕代远，指示调查绥南等地创建小根据地、发展游击战的可能，其电文如下：

贺、关、滕：

　　国民党因五原失守，宁夏危急，有要我们派兵担任绥远防线之意，请你们调查：归绥以南清水河、和林格尔区域，包头以西五原、临河区域，包头以南伊盟杭锦旗区域，包头以北安北、固阳区域，以上四地是否有创建小根据地发展游击战之可能及能否从你们部队中派出几个小支队，调查后告我们。

毛、王（稼祥），二月十九日

同年，遵照毛泽东同志的指示，大青山支队司令部迅速派出得力干部赴和林格尔县东北部山区创建游击革命根据地。1939年冬，绥南骑兵一团二连派遣崔刚带领3人来到和林格尔北部山区开展工作。但是，崔刚他们到达目的地不久，便因身份暴露，在中二十家子村被哈拉沁日伪据点的特务队长靳和尚抓走，后来下落不明。

1940年春，骑兵一团又派出第二批武工队员进入和林格尔北部地区，由薛炳杰担任队长兼指导员，李培旺为副队长，黄玉龙为副指导员，同行的还有王世明等6个战士，总共9人。这年冬天，部队又派敌工干事贾政国接替薛炳杰的职务。9名队员共有长枪6支、驳壳枪1支。1941年3月至4月间，贾政国害了伤寒病，住在牛窑子村李茂林家养病。就在这个时候，武工队在塔梁村突遭日伪靳和尚的特务队包围，除站岗的副队长李培旺一人脱险外，其余7人全部被捕。黄玉龙被捕后投敌叛变，其他几名队员后被释放，王世民、张老娃等回到部队。事后，李培旺把情况向病重的贾政国作了汇报。又急又气的贾政国含泪告诉李茂林，要他转告部队首长，自己没能完成任务，心里十分惭愧，嘱咐他一定把枪支藏好交给部队。后来，贾政国含恨而死，李茂林将其掩埋。

1941年11月，骑一团又派出第三批武工队，由薛炳杰任队长兼指导员，岳子宜任副指导员，郝健任副队长。武工队到达新店子东部四家窑时，骑一团政委范保顺等领导同他们谈了话，要求他们离开部队到敌战区开展工作。接着，武工队又到小王坟村住了一夜。当天夜里，队长薛炳杰的通讯员擅自带着两支枪，骑马叛变投敌。后来，范保顺政委给了武工队200两大烟，要他们购买枪支，并写好"护照"。"护照"的大致内容是，谁是队长，谁是指导员，到和林格尔宣传抗日，筹粮筹款，建立地方政权等。薛炳杰、岳子宜、郝健3人各持一张。就这样，他们3人连同王世明、张老娃一共5人离开部队，从小王坟来到二道脑包，后来又到了凉城域内的多纳苏，又到了四合社，准备用大烟购买枪支。

在此期间，岳子宜和王世明前往牛窑子村住了两天两夜，拿出30块大洋、十几两大烟交给李茂林，作为牺牲的贾政国的棺材钱，可李茂林说什么也不收。同时，李茂林将贾政国托付的一支枪、一包文件、100多发子弹交给岳子宜他们。拿到东西，岳子宜他们便离开牛窑子

古塞遗踪
——和林格尔县长城论坛暨土城子国家遗址公园建设研讨会论文集

村,来到了凉城域内的小东沟,把枪支藏到了地下党员谢守奎家,然后到四合社找到薛炳杰会合。在九眼牛沟村过罢春节,武工队成员到了侯家梁,正月初八又到了中二十家子饮牛沟村,下午两点多钟,未带武器的武工队成员便被黑老窑日伪据点的敌人抓捕了。日伪军先是把被捕人员关押在黑老窑警察署,后解往和林格尔县城监狱。在狱中,被捕的武工队员与敌人展开了针锋相对的斗争,组织了越狱,但未能成功。归凉县游击队也曾组织营救,也未能成功。就这样,薛炳杰被敌人押往呼和浩特市,郝健、王世明和其他11人被拉到和林格尔城关镇西门外西桥附近的山上,被敌人用毒气全部杀害。临刑前,共产党员郝健大义凛然,视死如归,高呼"打倒日本帝国主义!""中华民国万岁!""共产党万岁!"然后英勇就义。共产党员岳子宜因虚报了年龄,在关押一年的基础上,被判半年刑期,幸免于难,最终得以重回部队。

在经历三次失败后,骑一团再次派出曾参加过二万五千里长征的老红军安正福率8人来到和林格尔县北部山区,他们正确贯彻执行党的统一战线政策,密切联系群众,积极组织抗日武装,声东击西,出其不意,勇敢机智,多次粉碎了敌人的"扫荡",有效地开展了对日伪的分化瓦解工作,在和林格尔县的抗战史上书写了光辉的篇章。

这时的和林格尔地区,由于处于归绥管辖范围,日军、伪军、伪警察、日伪谍报、地痞流氓、汉奸恶霸、国民党顽匪四处横行,而周围又有哈拉沁等日伪据点,形势十分险恶。从1939年冬到1941年11月,大青山绥南骑兵一团(即邹凤山骑兵团)连续三次派武工队到和林格尔东北脑包山、南天门一带开辟抗日根据地。由于这片地区离归绥较近,离和林格尔县城更近。敌人控制严密,从南到北设有9个据点,分别是新店子、白其窑、大红城、上脑亥、武松途路、哈达哈少、黑老窑、哈拉沁、克略等,这给武工队深入山区开展工作造成了巨大威胁。特别是哈拉沁的黑石皇协部队（日军特务队）对这一地区威胁最大。

针对这种情况，1943年7月，长征干部安正福带领8名队员，化装成老百姓，带5支步枪、4支短枪，离开骑一团，从晋西北偏关出发了。他们一路昼伏夜行，经清水河县，进入和林格尔县，绕过敌人多个据点，10多天步行300多里，神不知鬼不觉地安营扎寨和林格尔山区灯笼树村南脑包山下的一个山洼。他们总结前几次失败的教训，深入群众，察看地形地貌，了解民情村情，掌握敌情，采用亲联亲的办法进行个别串联，建立关系户和堡垒户，发展关系网，逐步开展工作，最终不但站稳了脚跟，而且打击了敌伪的嚣张气焰。一天晚上，一个堡垒户老农民来到武工队说："安队长，刁旺沟村来了9个冒充武工队的土匪，向老乡要吃、要喝、要东西。"队员们听了很气愤，安正福命令："立即出发！"武工队急速来到刁旺沟村口，安正福派1名队员担任警戒，其他队员跟着老大爷悄悄向一大间低矮的土房走去。安正福示意了一下，1名战士堵在门口，3名战士蹑手蹑脚爬上房顶。安正福从门缝向屋子里望去，只见地上站着几个土匪，手里抖着抢来的东西在分赃，炕上躺着的土匪正在喷云吐雾抽大烟。安正福怒火冲上心头，一脚踹开门，对着土匪大喝一声："不许动！"抽大烟的土匪一骨碌爬起来，伸手去摸枪。武工队员崔占彪机智地飞身跳上炕，一脚踩住土匪的手腕，用枪口对准了他的脑门。土匪吓得直打哆嗦，全部束手就擒。武工队缴获了4支步枪、1支手枪、200多发子弹和土匪所抢老百姓的东西。第二天，安正福召集村里的群众，把土匪抢来的东西退还给大家。经过审讯，武工队判定这些土匪的罪恶并不大，加之他们也有悔改之意，经教育后将他们释放回家。土匪感恩不尽，表示回去后当个好老百姓。解决了这股土匪，大大鼓舞了群众的斗志。老百姓奔走相告："八路军真的来了，穷人可有靠山了！"武工队趁热

古塞遗踪
——和林格尔县长城论坛暨土城子国家遗址公园建设研讨会论文集

打铁,又连续消灭了几股土匪。一天,武工队吸收了来自郭保窑子第一个要求入伍的青年,之后,天天都有老百姓送子弟参加武工队。到1943年冬,武工队发展到了100多人。

1944年初,和林格尔日伪军500余人兵分七路对北部山区进行"扫荡"。通过关系,安正福武工队当天就得到了确切消息,迅速转移到蛮汉山区,保存了有生力量。3月的一天,日伪军又出动300多人,由一个日寇大佐和一个伪军大队长率领,乘汽车、摩托车从归绥向和林格尔扑来,当武工队员发现时,敌人已逼近他们所住的窑洞。武工队员来不及撤退,安正福命令30多名队员做好战斗准备。眼看日伪军就要开枪,突然伪军大队长高声命令:"向左转!目标昆都岭(今黑老窑乡昆都仑村)!"接着,伪军大队长又对日军大佐说:"大大的快到昆都岭!那里有八路的!"日伪军向左转,离开了武工队的驻地。后来,伪军大队长悄悄对昆都岭村长说:"请转告安先生,我发现了他们,才转到你们村的。"就这样,伪军大队长骗走了日伪军,保护了武工队。武工队通过争取哈拉沁、哈达哈少等据点的伪军,又将周围据点的伪军争取过来。白旗窑据点的伪军中队长唐俊、云安平主动给武工队送信,使日军的几次"扫荡"均未能得逞。

1944年3月,偏关分区给安正福武工队一个令人振奋的指示,那就是成立中共和林格尔(归和)县委,建立和林格尔县(归和)政府,继续扩大根据地,坚持敌后游击战争。上级党委的这一决定,对武工队是一个极大的鼓舞。安正福武工队分头在各地举行小型会议,向群众宣布党的这一指示。建立县委、县政府的工作,就是在安正福武工队的基础上成立,而原来在归绥平川、昆都仑、和林格尔区、白花窑等几个工作组,则改为区委和区政府,由于条件所限,县委、县政府没有设置专门的办事机构和办事人员。直到1944年下半年,上级才派来县长和一部分干部,同时任命安正福为县委书记。这时县委、县政府从机构到工作人员，才初具规模。1945年夏天，日本无条件投降的前几天，部队开进了黑老窑，开仓放粮，并成立了第一个区政府。几乎与此同时，四个区委、区政府相继成立，分别是东区，张云挺任区委书记，岳子宜任区长；南区，李秀峰任区委书记，白钰（白存喜）任区长；西区，崔占彪任区长；北区，先是由李生荣任区委书记兼区长，赵俊峰任副区长，后由李蓬任区委书记，李生荣任区长。县委书记、县长由武工大队政委安正福兼任，后由王修接任县长。为了巩固政权，保证部队高度的机动性，和林格尔（归和）县委、县政府议定了一个庞大的扩军计划，要求各区必须建立区游击队，而且要在原有基础上增加骑兵。于是，各区都行动起来，老百姓主动送自己的亲人参军，还把喂养得最强壮的马送给游击队。正规部队也把从敌人那里缴获的战马、枪械送给游击队。在各区游击队的基础上，县里整编了两个游击大队，即一个步兵大队、一个骑兵大队，这样，和林格尔（归和）县的游击队发展到400余人。1945年6月，根据上级指示，和林格尔（归和）县游击大队整编为和林格尔支队，下辖4个大队，600余名指战员。1946年初，部队被编入绥南分区第7团，踏上了新的征程。

安正福武工队在粉碎日伪军"扫荡"的过程中，不断发展壮大自己的力量，受到了中共中央和毛泽东主席的赞扬。1944年，远在延安的毛泽东主席批示："安正福武工队是敌后斗争的方向。"1945年1月，中共中央晋绥分局指出："要以安正福武工队的工作方法为典型，先做群众工作，争取伪军，然后挤掉敌人据点。"这一年，安正福武工队建立了南北130多里、东西70多里的抗日游击根据地，武工队组织发动各阶层群众积极参加抗日，有力地打击了日伪势力，在绥南以及内蒙古抗日武装斗争史上写下了光辉的一页。

据《高克林回忆录》记载，在隐蔽斗争中，特别值得一提的是和

古塞遗踪
——和林格尔县长城论坛暨土城子国家遗址公园建设研讨会论文集

林格尔县（归和县）安正福武工队和绥中李佑玉武工队。这两个武工队采取灵活机动的战略战术，打击敌人，壮大自己，为隐蔽斗争提供了创造性经验。安正福武工队的经验是剿匪安民，取得群众支持，巧用计谋，发动群众进行合法斗争，方式多样，争取伪军和伪政公为我服务，使活动区域不断扩大，队员由10人发展到30多人。塞北工委在推广这一经验时指出，安正福武工队"是我小型武工队深入敌后，由初期难以立足，到今天能够生存，而且可以坚持下去的一个带有系统性的工作示范，它的最大成功的地方就在这里。它的实践证明了分局、工委对敌后工作方针的正确，它的成功是由于安正福同志党性和品质的坚强，他毫不动摇地执行工委给他的任务和隐蔽政策，基本上执行了争取群众、士绅、敌伪方针，而且获得了不少成就——能够生存的原因"。

安正福武工队在艰难困苦中得以发展壮大，不但建立了稳固的抗日游击根据地，活动范围从山区扩展到和林格尔西北部平川与归绥县66个村庄以及蛮汉山区大、小浑津沟一带，而且打通了蛮汉山与绥中、绥西的联系，确保了晋西北与大青山的交通线。1944年9月，塞北工委转发了安正福《关于和林工作的报告》，并加了"附言"，号召学习并推广。同时，安正福武工队出色的工作也受到毛泽东的表扬，称"安正福武工队是敌后斗争的方向"。

（吴欣，内蒙古作家协会会员，呼和浩特市作家协会副主席，呼和浩特市长城科普学会会员。）

绥南托和清县抗日武装斗争初探

项尚

1937年9月20日，日本侵略者占领了山西省右玉县城。国难当头之际，八路军120师雁北支队（宋时轮支队）、警备六团先后开赴右玉县南山、东山、西山（与和林格尔县南部山区毗连），开辟敌后抗日根据地。这年12月上旬，根据中共晋西北省委和中共晋绥边工委的指示，在杀虎口以西右玉西山、和林格尔县南山与清水河县交界地区成立了中共和右清县委，发动群众开展抗日武装斗争。和右清县委是雁北建立的第一个县委，首任县委书记是贾丕谟，委员有孙超群、吴秉周、赵英，属晋绥边特委领导。县委成立之初，在右玉设立两个区，和林格尔南山设立两个区，在清水河县设立一个区。1938年，和林格尔南山两个区合并为一个区，郝凤兰任区委书记。

全面抗战爆发后，和林格尔县南山及右玉西山地区的形势极为复杂。在日军占据右玉县、凉城县、和林格尔县之后，国民党的正规军逃

古塞遗踪
——和林格尔县长城论坛暨土城子国家遗址公园建设研讨会论文集

过黄河跑到后套之后，留下了许许多多扰民抢劫的"害人队"，他们名义上打着抗日的旗号，实际上根本不抗日，而是暗中勾结日伪政权维持会或伪军，扩充自己的势力。他们与八路军为敌，破坏在八路军领导下的群众抗日组织。一些依靠国民党又勾结日伪占山为王的土匪，为扩充自己的力量到处打家劫舍，杀人放火。即便是打着国民党旗号的所谓抗日军，也不去抗日，专搞摩擦，杀害人民群众和抗日军政人员。

右玉、和林格尔、清水河县地处两省区三县交界处，群山连绵，沟壑纵横，这里流传着"十山九没头，一股河水向北流（指浑河），富贵无三辈，清官不到头"的民谣，形象地说明了这一带山区的贫瘠苦寒。但是，右和清县所处区域战略地位却极其重要，向北，通往绥远大青山游击革命根据地，向南是晋西北，贺龙带领的八路军120师就活动在这一地区，夹在中间的右和清县就成为延安通往晋西北、大青山革命根据地的要冲。正因如此，在外敌入侵、国民党消极抗战、国家积贫积弱的情况下，各种势力粉墨登场，纷纷云集这里，都来争夺这一地区。当地人称右和清县有"五色军"，即红军（八路军）、白军（国民党军）、皇军（日本侵略军）、黑军（土匪）、蓝军（国民党匪兵察绥游击队）。右和清县成立之初，这一带简直成了一座兵山，到处是国民党的散兵游勇、土匪恶霸，捐税多如牛毛，盗匪横行乡里，兵荒马乱，民不聊生。国民党的败兵从各个战场上退下来，到处乱窜，其中不少流窜到右和清县一带，他们明抢暗夺，争夺地盘，残害百姓。除此之外，还有许多小股散兵、土匪。其中较有名的一股土匪，头目叫夏军川，这股土匪刚开始只有一个排的兵力，后来广为收罗散兵游勇，扩充到一个连。夏军川与八路军为敌，对赵英带领的五支队发起进攻。五支队由于缺乏准备被其打散，十几支枪也落入土匪手里。夏军川继续收编土匪，招兵买马，三个月时间就拉起一千多人的土匪队伍，扩编为一个师，自任师长。另外有一股土匪名叫"六路军"，其头目原是号为陈指挥的人。其后，和林格尔县牺盟会武装部部长王国华叛变，接替陈指挥成了"六路军"头目，意思是比八路军还大。王国华东打西打也拼凑起几百人马，自称团长，名义上归傅作义指挥，实际上是官土匪。至于零散的土匪有多少，谁都说不清，什么侯虎子、红公鸡、干豌豆、侉三连、不浪队、义满子等，举不胜举。这些匪徒变着法子趁火打劫，祸害百姓，搞得这一地区鸡犬不宁，这里成为各种势力争夺的焦点。

早在八路军120师警备六团进入和林格尔县前后，山西动员会和牺盟会的会员就深入和林格尔羊群沟山区，成立县政府，动员群众参加抗战。动员会在山西驴蹄子沟开办了训练班，羊群沟南山派人前往接受培训。之后便回到羊群沟，深入各村进行宣传动员，明确提出有钱出钱，有物出物，有粮出粮，有人出人，称为"四大动员"。通过动员，许多人参加了动员会，并被编入县、区政府建立的游击队。其时的县政府主要领导不称县长，而是称作主任，张国华担任主任。县政府下设三个区，各区主要领导均称主任，且都设有一个队数个班。动员会之后，牺盟会也来到了羊群沟山区，他们发动群众参加抗敌决死队，宣传动员民众积极抗日。后来，牺盟会会员全部编入八路军，奋战在抗日前线。

接着，和林格尔东部山区、西部平川也相继开辟了抗日游击根据地，并先后建立起五个跨省或跨县的共产党领导的县委和抗日民主县政府，除了上述和右清县委，随后还建立了绥西托和清县委、凉和清县委、绥南托和清县委、归和（和林格尔）县委。中国共产党领导的几个县委广泛宣传、组织、发动民众投入抗日武装斗争中来，仅和右清县委，就有300多大户积极为抗战作贡献，共捐粮2000石，捐款5000元，从经济上支援抗日武装，也从一个侧面有力打击了日本侵

古塞遗踪
——和林格尔县长城论坛暨土城子国家遗址公园建设研讨会论文集

略者。

1938年，和林格尔县在今新店子镇一带发展了第一批农村共产党员，他们有井沟的李有堂、芦沟的杨德海、黑土崖的蔚丙午、磨扇洼的何罗。1939年12月，在八路军120师警备六团的帮助下，凉和县委成立，次年12月改为凉和清县委和抗日民主县政府。凉和清县委成立后，即在浑河以南成立了和林格尔地区第一批农村党支部，其中有芦沟党支部、黑土崖党支部、磨扇洼党支部。农村基层党组织的建立，为抗日武装斗争提供了组织保障。紧接着，在芦沟、泥合子、二道沟、缸房窑各乡建立了乡政权，发展党员28人，并举办了三期党员训练班，每期30人左右，训练时间一个月。县政府下辖一区和二区，归警备六团直接领导。首任抗日民主县政府县长为班玉珏，他奉调回部队后，由杜琏接任县长。凉和清县辖凉城一区、和林格尔二区、和林格尔三区、和林格尔四区、清水河五区，县政府驻凉城双古城官牛犋与和林格尔山堡岱等村。1941年3月中共绥南地委成立后，凉和清县委归绥南地委领导，县委与县政府活动中心移至和林格尔磨扇洼、二道边一带。

1940年4月下旬，中共绥西地委贯彻中共中央《关于绥远敌占区工作的决定》精神，为了依托雁北开展绥远工作，打通绥西直通雁北的交通线，同时使绥西与绥东蛮汉山连成一片，决定在托克托、和林格尔、清水河交界的平原川区成立中共绥西托和清县工委、县政府，由绥西地委委员李云龙任中共绥西托和清县第一任工委书记，委员李达光、杨岐山。工委驻扎在托克托县永圣域，这样就把绥西与绥东蛮汉山区连成了一片。托和清县工委建立不久，又成立了托和清抗日民主县政府，杨岐山任县长。县政府筹集了大批粮食、布匹等物资，保证了大青山绥西党政人员的生活供给。同年6、7月间，工委建立了一支半公开的抗日游击队，并迅速发展到200多人，称为平川抗日游击队，主要活动在归绥、和林格尔、托克托县接壤地区，尤以和林格尔活动时间最长，所以又称和林格尔游击队，杨振华任游击队长。在托和清游击队发展到280人之后，尔林岱和永圣域两个地下游击队也分别发展到30多人。托和清县还建立了三个地下党支部。三支游击队在党的领导下相互配合，协同作战，多次打击了日伪顽军和特务汉奸。游击队曾在沙尔沁牌楼一带打垮了400多日伪军的进攻，消灭日伪军一个小分队，打死了日本驻和林格尔最高指挥官严本七郎参事。1940年12月，绥蒙区党委决定将托和清游击队改为绥南游击支队，继续打击敌人，扩大游击区。

1941年3月，绥西托和清县撤销后，为了继续开辟大青山直通雁北的交通线，中共绥南地委决定将凉和清县改为绥南托和清县，并于6月建立了中共绥南托和清县委，第一任书记是王有田，此后由肖黎接任，宣传部长是韩明。托和清县委、县政府的主要活动中心在和林格尔二道沟、李家山沟、西一间房等地。托和清县的辖区基本延续了和右清县除右玉两个区外的其他区，即凉城一区（1943年3月划归丰凉县）、和林格尔二区、和林格尔三区、和林格尔四区、清水河五区（由四区代管）。托和清县名义上是托克托县、和林格尔县、清水河县相接地区组成，但实际上并没有深入到托克托县域内，反而是包含了山西省右玉县西山靠近和林格尔的一部分。

托和清县成立之后，抗日民主县政府也相继成立，县长由从警备六团调到托和清县工作的宣传股长李玉赓担任，此后担任县长的有杜珽、申敬之。为了贯彻落实党的统一战线政策，团结各阶层人士共同对敌，托和清县、区政府都吸收了一批当地的知名人士担任行政工作，建立了"三三制"政权机构。所谓三三制，就是共产党员占三分之一，国民党员占三分之一，民主人士占三分之一。如托和清县政府吸收王国华担任民政科长，二区吸收张培祯担任副区长，四区吸收赵

古塞遗踪
——和林格尔县长城论坛暨土城子国家遗址公园建设研讨会论文集

勋担任副区长。"三三制"政权对于巩固和扩大抗日民族统一战线起到了积极作用，它团结了一切可以团结的力量，形成了全民抗战的大好形势。

托和清县成立后，曾两次组建县游击队。第一次于1941年6月，抽调凉城一区游击队长郭倩信与警备六团派来的王保存负责，于当年秋季集中和林格尔三区、和林格尔四区两个区游击队，整编为20多人的县游击队。1942年夏天，王保存叛变，游击队员大部分遣散回原区。第二次于1942年秋，中共绥南地委将大青山二支队下辖绥南三大队下放绥南托和清县，改编为县游击队，段德胜任队长，后由刘怀、郑三虎先后担任，1944年之后再由段德胜担任，王达仁任指导员。这支游击队政治素质高，战斗力强，成为托和清县一支有力的抗日武装。

在建立完善县级党政军机构的同时，区乡一级组织也逐步建立起来。托和清县一区主要区域在凉城县境内，包括和林格尔东部的一小部分；二区副区长张培祯，后叛变；三区区委书记张二明，韩国清担任区长，其叛变后由郝荣、肖克芬先后担任区长一职；四区区委书记郝凤兰，并兼五区区委书记，1941年到1942年由张振华担任，1942年8月韩明接替张振华担任四区区委书记，此后由高日隆、刘云生先后担任四区区委书记，胡三明于1942年8月接替张振华担任五区区委书记。1941年到1942年由陈谦担任四区区长兼五区区长，此后由陈进、王达仁接任。五区区长为米居三，米居三牺牲后由王赛兴接任，王赛兴受伤后由郝荣接任。1942年日本侵略军"大扫荡"之后，托和清各区辖地屡有变化，1944年，托和清县下辖有三个区：一区区委书记兼区长王琳，组织部长陈进，辖地范围是杀虎口以西、半沟子、南梁乌素，包括现新店子镇浑河以南部分和羊群沟一部分；二区区委书记兼区长李宗祥，组织部部长王连；三区区委书记王达仁，区长赵明桢，其牺牲后由王达仁兼任区长。

在建立各级党组织和政府的基础上，托和清县还建立了县、区群众组织。如县农救会，主任为张仲山；县妇救会，主任为李桂芳；四区青救会，主任是韩国清。农救会的任务是动员农民出钱、出物支援抗战。妇救会则动员妇女做军鞋、军袜。各个群众组织配合党政军发动群众抗敌救国，打击敌人，保护干部，保护党政机关。而托和清县各级干部则扎根群众之中，除奸安良，为民除害，保护群众利益，与群众同甘共苦，形成了牢不可破的鱼水关系。干部们吃在群众家里，住在群众家里，在群众中发展了许多关系户、堡垒户，还培养了一批村干部和共产党员。从1943年起，托和清便开始组建民兵队伍，壮大根据地的武装力量。

根据地广大人民群众积极支援抗日战争。妇女们和男同志们一样能干，她们为八路军做军鞋、军袜，缝衣做饭，看护伤员，掩护干部，站岗放哨，传递情报，送亲人参军。一间房村梁科被新店子日伪军抓到据点吊打，要他交出八路军存放的白洋和布匹等物资，尽管梁科被打得死去活来，但他始终不肯吐露半个字。贾白的妻子梁桃花在白家十二号村居住时，被郭长青的部队吊打了半夜，要她交出八路军的东西，供出区干部的去向，她多次昏迷，但终未吐露一点实情。二道沟农民张锦，一直给我党当乡长，因掩护绥南地委书记张云峰，云石堡日伪警察扬言，只要抓住张锦就能抓住张云峰，未及敌人动手，张锦便机智转移，气急败坏的敌人一把火烧掉了张锦家的房屋和所有家具农具。后爱好庄的胡二女和岑梅花，她们两家都是地委书记张云峰的关系户。有一次，张云峰和其他三位同志在胡二女家研究工作，胡二女则在窑顶做针线活儿放哨。当她发现有敌人进村之后，连忙跑回家指路让张云峰躲避。但敌人并没有放过她，最后把胡二女和她丈夫马和义抓到右玉云石堡敌人的据点刑讯逼供，一连40多天，敌人

古塞遗踪
——和林格尔县长城论坛暨土城子国家遗址公园建设研讨会论文集

都没有从他们口出得到半个字，最后只好放他们回去。由于马和义受刑过重，回家不久便离世。丈夫去世后，胡二女就和独生女相依为命，继续为革命做工作。为掩护张云峰转移，岑梅花的丈夫被敌人抓走，最后花了些钱才赎了回来。此后，岑梅花加入了中国共产党，更加积极地投身于抗日斗争。此外，兰其峁村的闫玉宽、南六号村的蒙古族农民云官银、丈房沟村的齐润、好来沟村的李银柱等等，经常冒着危险，前往山西右玉等地为八路军买米买面、采购药品，为抗日斗争付出了巨大牺牲。1944年4月，托和清县二区副区长张培祯叛变投敌，在柳八沟偷袭县游击队，当场打死了游击队员杨连成，抓走了三区区长赵明桢，并将其杀害于云石堡。不久，敌人又抓走芦沟村共产党员杨德海，杀害于云石堡。我情报员胡拴员被叛徒张培祯抓到云石堡，遭到日本侵略者的杀害。紧接着，这个罪大恶极的叛徒又抓走我民政助理员杨清和，最后杨清和竟然被活活饿死在右卫城的监狱里。

在团结广大爱国者的同时，绥南地委、托和清县各级党组织以及游击队、民兵广泛行动起来，对于那些坚持与人民为敌的特务、汉奸，武工队、游击队则予以坚决打击，决不手软。有一次，托和清县一区区委书记、区长王琳一行在佛爷沟村遇到一名从右玉日伪据点派出来的特务，抓住这个特务之后，武工队对这个人进行了爱国主义教育，要他认清形势，不再为日本鬼子办事，要求他回去后安分守己劳动。这家伙当面表示一定改邪归正，不做日本鬼子的走狗。几天之后，武工队再次遇到了这个特务，又对他进行了批评教育，让他悬崖勒马，别再四处探听武工队的消息。然而，这个特务竟然死心塌地为日军卖命，与我抗日军民为敌，仍然四处打探武工队的消息并向日军提供情报。第三次，武工队又一次在大石头湾村遇这个特务，根据先前掌握的情况，武工队历数特务叛国投敌、残害抗日军民的罪恶行为，然后予以枪决，为武工队和抗日军民除了一害，群众拍手称快。

为了保护绥南以及托和清抗日游击根据地,绥蒙区委、八路军120师也不断派出主力,经常活动于绥南以及托和清地区,打击日伪顽军,保护根据地。首先进入托和清县的主力部队是八路军警备六团,先后组织了新店子战斗、井沟子战斗等,有力地打击了日伪军的嚣张气焰。与此同时,警备六团还派出大批干部进入托和清地区,帮助这块革命根据地建立党的组织和政府机构,从而使得这块革命根据地不断得到巩固和加强。警备六团二营除了留在托和清县打击敌人之外,还经常往返于偏关与托和清县的交通线上,护送地、县、区干部,绥南地委副书记张云峰等20余人就是由警备六团二营护送到达绥南工作的。1938年秋,八路军120师独立第六支队派出一连,在和林格尔、凉城、右玉交界处一带山区开展抗日斗争,先后组织了杀虎口战斗、石匣沟战斗等,使得日伪军闻风丧胆。此外,骑一团在邹凤山的带领下,经常活动于绥南的归和(和林格尔)县、托和清县,打击日本侵略军,有力地保护了抗日游击革命根据地。

(项尚,内蒙古作家协会会员,呼和浩特市作家协会副主席,呼和浩特市长城科普学会会员。)

九龙湾有通"无字碑"

刘有文

　　说到无字碑，人们大概会想到陕西乾陵的无字碑。乾陵，是座非常有名的帝王墓，墓前的石碑用一块完整的巨石雕凿而成，高7.53米，宽2.1米，厚1.49米，重达百吨，是专为唐代女皇武则天所立。因为石碑非常特殊，通体上下没有刻下一个文字，给后人留下了无尽的想象和传说。

　　九龙湾这通砖砌石碑，位于和林格尔县城关镇九龙湾村民委员会（九龙湾中学旧址）南坡一片松林中，四围被大片绿松围拢，虽距公路只有百米，但由于树木遮挡，也没有通向石碑的路，因此少有人知情。

　　这块碑是和林格尔县革命英雄纪念碑，立于新中国成立之初，是11位革命烈士的初葬地。因为碑的通体看不到一个文字，有人把他称作"无字碑"。20世纪70年代，九龙湾学区的师生每年清明节总要到墓地举行扫墓活动，纪念革命先烈。1978年，县民政部门在城关单九龙湾有通"无字碑"

九龙湾石碑（2023年5月，刘有文/摄影）

树梁顶建成一座占地面积3000平方米、建筑面积255平方米的人民英雄纪念塔（塔身高13.15米，底座高3.5米）。纪念塔建成后，九龙湾墓地的其中8具棺椁移入这里，另外三位烈士长眠于此。

九龙湾这通碑较为简陋。石砌基座，碑身为砖混结构，前面中间镶嵌一块木板。碑高2.3米，宽0.75米，厚0.37米，中间镶嵌的木板高2.1米，宽0.25米。碑的外围有近年民政（或人武）部门安装的绿色铁丝网护栏。碑北侧镶嵌的木板，经70余年风雨侵蚀，已成朽木。估计砖碑建成后上面写过字，文字或许是"革命英雄纪念碑"，或许是11位烈士的名字，也或许是二者兼有。但我近前仔细端详，已看不出有任何字体痕迹。我问20世纪90年代九龙湾中学教书的高俊明老师，他说："初到九龙湾教书，上山顶看过一次纪念碑，但没见上面有文字。"

或许有人会问，和林城关镇有烈士纪念塔，这里的烈士纪念碑背后藏着怎样的历史故事？11位英雄是哪次战争牺牲的？他们姓甚名

古塞遗踪
——和林格尔县长城论坛暨土城子国家遗址公园建设研讨会论文集

谁？为什么葬在偏僻的九龙湾？……带着这些疑问，我查找了一些史料，初步找到了问题答案，下面一一道来。

《和林格尔县志·军事·迭力素歼灭清剿团》（435页）记载：

1949年3月，中国人民解放军康建民部骑兵师，从武川路经本县迭力素村时，受到国民党和林县清剿团的阻击，康部立即派一连包围村南出口，二连、三连包围北围子（天主堂），四连包围南围子。南围子不大，敌人不多，很快攻拿下来，北围子兵力集中，四周又有堡垒，进攻难度较大。三连在进攻中伤亡8名战士，经过爆破和连续冲锋。终于攻下，俘守敌100多名，击毙100多名。

《和林格尔县文物志·革命遗址（骑兵旅于迭力素歼灭一二三中队战斗遗址）》（191—192页）记载较为详细：

一九四九年三月，康建民骑兵旅结束了绥北战役，在四寸水地（武川地名）一带休整后，来和林大甲赖，旅部命令一团驻迭力素，因尖兵从大甲赖往迭力素行军时，遭到盘踞在迭力素的一二三中队的阻击，一连（白马连）、二连（红马连）从村西绕到村南草滩，包围回来；三连（黄马连）、四连（黑马连）从村北压下去；机炮连（花马连）停留待命。敌人驻在村南，王家围子、周家大院和村北天主教堂。一、四连打南围子，二连架起梯子，六班班长第一个打进去，接着四连也攻了进去，顺利解决了王家围子。接着攻下周家大院。除吴俊领着十来个敌人逃跑外，其余全部被俘。二、三连攻打天主教堂，敌人依仗四角的碉堡与围墙顽固抵抗，二连二排长洪旺前去观察地形，被敌人一枪打倒了，二连连长爬上房顶观察敌情，刚一抬头，一颗子弹飞来，也被打倒。三连冲进一道巷子被打伤了八个，支部书记刘玉健冒着枪弹将八位同志拉下来，但他也受了重伤，受伤后他又冲了上去，再没下来。后来二、三连分工，由二连扫清敌人，三连担任爆破，目标炸毁碉堡，消灭敌火力点。三连一个战士杜明从老乡家里掏墙洞，一间房一间房地接近碉堡，然后从房屋里跳出，一个箭步，一个翻滚，滚到碉堡下面，拉开炸药包，轰隆一声，将碉堡炸开一个缺口，在机炮连配合下，三连像潮水一样冲进教堂围子，战士们为牺牲的同志报仇，个个怒不可遏，见敌人就劈，将里面一百多敌人全部砍光。整个战斗共消灭三百多敌人。

从以上两段史料中知道了迭力素战斗的背景、经过及牺牲烈士概况。云贵、王凯、张环莲合著的《赤色山川》（112页）中，有战争亲历者付生老人的一段口述回忆，记述得也很详细。除敌人死伤情况出入较大外，战争经过与《文物志》描述基本一致。从中了解到当时的战况及部分牺牲烈士的信息。比如：开始攻打王家围子较为顺利，共产党的官兵没有牺牲；攻打周家围子比较艰难，一连二排长卢德胜牺牲；攻打第三处目标天主教堂特别艰难，我军伤亡较大，二连连长陈浩牺牲，三连支部书记刘玉鉴牺牲。战役结束，我军共有11位军人牺牲，其中一团二连一个班有8名战士牺牲。

口述回忆最后讲道：

  到下午三点多钟，战斗结束。这一仗，国民党清剿团除了吴俊等十几人逃走外，被我军打死40多人，俘虏150多人。这伙盘踞在迭力素村国民党武装团被彻底扫除了。当天，康部行军至胜利营九龙湾，在九龙湾店里村宿营一夜。第二天，在当地政府的帮助下，将11位烈士埋葬在九龙湾南坡。

古塞遗踪
——和林格尔县长城论坛暨土城子国家遗址公园建设研讨会论文集

本次战斗的亲历者付生，1923年3月出生，汉族，山西省大同市上升街乡人，1944年8月参加革命，同月在家乡参加区游击队，1946年2月编入中国人民解放军晋绥蒙军区三旅九团八中队，1947年3月加入中国共产党，1947年4月在丰凉大队三连任副班长、班长，1948年11月编入大青山骑兵一师机炮连，任副排长，1949年2月在骑一师机炮连任排长，1949年8月在骑一师机炮连任副指导员，1950年任指导员，1951年8月在华北军区政干校学习，1952年6月在军委第六炮兵学校学习，后调到华北军区训练44团二营。老人家一生戎马生涯，1954年7月从部队转业，任和林格尔县山老办副主任等职，1983年离休。

写到这里，前两个问题大致清楚了，下面回答第三个问题，就是11位烈士为什么葬在九龙湾，而不是别的地方？这要从另外两部史料中寻找答案。

第一部是和林格尔县革命老区建设促进会编写的《和林格尔县革命老区发展史》，该书第78页讲道：

> 抗日战争胜利后不久，和林格尔县境内就形成了两个明显不同的区域：一个是共产党领导的抗日根据地解放区，主要分布在和林格尔县的东部和南部山区；一个是国民党郭长青部抢占的日伪时期沦陷区，主要分布在和林格尔县西部和北部的平川区。在两个区域内还存在着3个县政府：一个是共产党领导的浑河以北"和林格尔县抗日民主政府"（称归和县）；另一个是共产党领导的浑河以南"托和清县抗日民主政府（称托和清县）"；还有一个是国民党控制的"和林格尔县国民政府"。此时，和林格尔县的局势错综复杂。

第二部史料是《高增贵日记》。抗战结束，政治形势错综复杂，国共两党力量对比悬殊，共产党处于劣势，和林县城几度失守，曾任归和县委书记的高增贵在日记中写道：

一九四五年十二月中旬，我军的绥、包战役计划实行了调整，我军主力撤出了对包头和归绥市的包围。十二月一日，归绥国民党军派郭长青部袭击我驻和林县城内的县区机关，我县区机关很快撤出和林县城未遭受损失，随即转移到东区（黑老天）东南天村。一月二日，我军三旅反击郭长青部又重返和林县城，一月十三日傅作义补训二师趁停战协定生效前之机，又抢占了和林县城，我县政府机关因形势变化，这次并未再进和林县城。一九四六年一月十七日，我军三旅特务团虽再次反击和林县城之敌，但未攻克县城，而国民党军在一月十三日前已占据了和林县城。后经停战小组调停，签订了国共双方界线以章盖营村为界，国民党军抢占和林县城便成合法化。

一九四六年一月五日，国民党同我们签订了两党停止军事冲突协定，十日又签订了"十三日二十四时前为国共双方停战协定生效最后期限协定"。但在停战协定生效之前，国民党军派补训二师倚仗其人多势众，利用签订停战协定的执行和最后生效期限机会，又一次抢占了和林县城这一战略要地。同时国民党军和还乡团队首先利用停战协定签订之机，抢占了我解放区的大片土地，然后又利用停战协定生效为由，在绥蒙地区的停战军事调停小组的调停下，又一次划定了国民党占领区为和林县城章盖营以西地区为界。

上面两段文字引用《高增贵日记》原文，比较绕口，但有一点说清了，国共管控区以章盖营（即现在的胜利营村）为界。以西为国民

古塞遗踪
——和林格尔县长城论坛暨土城子国家遗址公园建设研讨会论文集

党管控区，以东为共产党管控区。那么，付生老人口述的康部迭力素战斗结束，"在九龙湾店里村宿营一夜。第二天，在当地政府的帮助下，将11位烈士埋葬在九龙湾南坡"的原因就清楚了。

九龙湾店里村，是胜利营以东第一个村子，烈士忠骨葬在共产党管控区比较安全，比较妥当。碑，确实有些简陋，是因为当时社会混乱，共产党实力弱小，经济条件更加困难，不得已而为之。

《高增贵日记》是高增贵同志1946年至1949年4月任归和县委书记期间，与国民党战斗间歇过程中写下的珍贵史料。原文个别地方语句不太通顺，逻辑不太清晰，部分时间、地名有不妥的地方，考虑到兵荒马乱的艰苦年月，能记下这些文字，实属不易。这部手稿成为研究解放战争时期和林格尔县革命史的一部珍贵史料，原件现存于内蒙古自治区委党史办。

高增贵，汉族，陕西神木人。1942年加入中国共产党，从事地下工作。1944年任中共陶林县委书记。1946年至1949年4月任归和县委书记。1949年5月在绥远省委组织部工作，任人事科科长。1955年6月至1960年任中共呼和浩特市委副书记，其间曾兼任市委监委书记。1961年至1962年5月任中共呼和浩特市委书记。1962年6月调内蒙古自治区党委监委工作。1975年12月任中共伊克昭盟委书记，后调任贵州省人大常委会副主任。

1949年3月发生的迭力素战役已经过去70多年，11位烈士如果活着，应该都是90岁上下的耄耋老人，或许都已儿孙满堂，过上了衣食无忧的幸福生活，但他们为了新中国的解放事业早早地走了，想必当时他们的父母、亲人经历了撕心裂肺的痛苦煎熬。

（刘有文，和林格尔县农牧局退休干部、高级工程师。）

话说老爷坝

刘有文

在武松村南6000米的地方，有个小山村叫老爷坝，也叫老爷庙、庙沟，清代叫胡同坝，民国时期叫上坝，与之对应，再顺路往南1000米的一个村子叫下坝，上坝、下坝属一个行政村。

老爷坝，既是一处地理分界线，也曾是清代至民国时期的一处庙宇圣地，留下不少故事和传说。云贵、王凯、马占文合著的《反清丈》，写了清朝光绪三十三年（1907年）和林东乡六十三村农民反对杀虎口垦务局清丈土地、营私舞弊、苛索民财的故事，故事主人公就是下坝村的闫三。

我早想把老爷坝另外一部分鲜为人知的故事写下来，因史料缺乏，一直没有动笔。前几天，回老家武松走了一趟，与马九小老人聊了半天，得到一些新内容，后与我大哥核实了一次，决定写入故事（我大哥今年80岁，现居北京，其岳父闫娥太是老爷坝的土著）。马九小今年83岁，耳聪目明，身体硬朗，2003年举家

古塞遗踪
——和林格尔县长城论坛暨土城子国家遗址公园建设研讨会论文集

从庙沟迁居武松。听老人讲述老爷坝的往事，我记下来，又收集了一些相关资料，整理成一篇短文，供感兴趣的读者一读。

一、高山峡谷老爷坝

提到"坝"，人们多会想到三峡大坝，想到20世纪六七十年代"学大寨"时期山沟里修筑的众多水坝、淤地坝。人们印象中的"坝"，是截住河流的土石构筑物。而好多地名中叫"坝"的地方，并不是拦水蓄洪土石构筑物，而是一个平坦的地方。记得过去小学课本上有一篇课文《吃水不忘挖井人》，第一句是"瑞金城外有个小村子叫沙洲坝"；读长篇小说《红岩》，知道雾都重庆有个沙坪坝。近年，河北承德出了个有名的塞罕坝，号称"绿色明珠"，已打造成国家级爱国主义教育基地；张家口北部的高原，称"坝上"，坝上草原，四季分明，景色优美，是摄影家的"天堂"……这些称"坝"的地方，其实都不是印象中的那种土石构筑物，都是比较平坦地方。

满语中，"坝"是"山岭"的意思。像宁古塔（黑龙江古代一个流放犯人的地方）没有塔一样，老爷坝也没有"坝"，而是个山岭，是和林格尔县宝贝河和浑河两大水系的分界线。同时，老爷坝又是清代连接晋蒙两地一条重要驿道、商道、军道上的一个点。这条大道上最难走的一段路便是老爷坝。坝顶海拔1600米左右，沟壑纵横，坡陡弯急，开花石遍地。清人吴颉鸿"车轴硌硌响，程无十步平"的诗句，形象地道出了这里的地貌和路况。尽管驿道上的商旅、军人来往无数，但都谈"坝"色变。李白有句诗说"蜀道难难于上青天"，清代的老爷坝就是晋蒙驿路上的"蜀道"。国家四级公路坡度要求不得超过10%，冬季积雪寒冷地区的四级公路最大坡度不得大于6%。途经老爷坝的公路是四级公路，冬季处于寒冷积雪区。20世纪60年代前，老爷坝南坡坡度绝对大于10%，目测坡度在13%~15%，大致每前进100米升高13~15米。北坡相对较缓，坡度在10%左右。在这样的坡道上，人畜负重行走困难，车辆行驶更不用说。清代及民国时期，途经老爷坝的路上，大都是徒步的行人、骡垛子或牛牛车（二饼子车）。1937—1944年日本占领期间，日本军车从南向北行走，到了老爷坝就要强征百姓四条犍牛拉套。喇叭一响，牛受惊吓，奋力拉动，汽车动力加上牛力，缓缓从谷底爬上坝顶。

老爷坝地处商道要冲，因地势险要，行走艰难，这里曾是土匪劫掠过往客商的黑道。清代，杀虎口税卡曾日进斗金，惊人的财富从这里流过。往来于晋蒙间的客商，常在老爷坝与土匪狭路相逢。民国时期，盘踞在马鞍山村（距老爷坝2千米）的一伙土匪，经常在月黑风高之时对目标猎物下手，多少客商在这里留下血泪。

20世纪50—70年代，路况有所好转，但南坡坡度依然较大，悠悠行走的驼队（新店子供销社的运货驼队），负重返程大都是由北向南、由南向北的载重马车，到老爷坝爬坡拉不动的时候，经常要雇用这里村民的一套骡马助力。村民凭此能挣几个小钱。

为了解决这条路的通行难问题，清代以来不知修了多少次。史料记载，康熙年间修过，康熙三十一年（1692年）驿路开通。乾隆年间修过，嘉庆年间修过，道光年修过，1938年日本人修过。新中国成立后，党和政府大修过4次。1957—1958年进行过路面整治；1966—1968年政府实施的"6634工程"，投资300万，进行过一次较大规模的改道、降坡、扩面，通行条件发生了质的变化；1984—1986年进行了一次路面升级，黏土路改成沙结石路，解决了雨季泥泞滑坡问题；2001—2003年又进行了一次扩修和改道。改道地段的节点工程就在老爷坝，这次重点解决了弯急的问题，同时升级了路面，沙结石路改成二级沥青混凝土路。2019年，和杀（和林格尔至杀虎口）省道

（S210）升级变成了209国道支线（G241），养护标准也上了一个新台阶。

几次改道、扩修、取土、填沟，把这里久负盛名的庙宇圣地逐步蚕食，也把庙沟村本来就零散曲折的村内道路、耕地切割得更加细碎，耕田种地极为不便，村民形容地块零碎说："一前晌种了八疙瘩地，中午收工撩衣看，袄底还苦着一疙瘩。"村里种庄稼，翻沟爬坡，全靠驴驮人背，十分辛苦。20世纪60年代，坝顶一眼水源旺盛的泉井（称神泉）及3个饮马石槽也因修路被掩埋。

多次修路，便利了外人，但也让老爷坝20户村民陷入走投无路的境地，修路致富的梦想终究没有看到。20世纪八九十年代，公路上往来的车辆增多，住在路南边坡的几户村民多次遭遇失控车辆从房顶落下至祸的悲剧，庙沟人苦路久矣！为此，他们于2000年后陆续迁出该村，到2014年村内仅剩两家养羊的农户。

二、烽火连天老爷坝

老爷坝地处晋蒙边塞，距杀虎口关隘40千米。

历史上的晋蒙交界地带，一直是民族纷争的焦点。秦汉时期，北有匈奴。匈奴之后，鲜卑、突厥、契丹、女真、蒙古诸族迭相崛起于北方。五代十国之后，这一带又成为两宋王朝同契丹族之辽国、女真族之金国、蒙古族之蒙古汗国，以及明王朝同蒙古族之瓦剌部、鞑靼部乃至满族激烈争战之场所。进入清代，战事有所缓和。民国时期，军阀混战，土匪横行，老百姓生灵涂炭。1937年日本侵略者封锁了和杀路，控制了晋蒙交通。1938年，因容留八路军伤员，老爷庙门楼被日军放火烧了一次。1945年到1948年，解放战争打响，硝烟再起。直到1949年新中国成立，饱受战乱之苦的百姓才终于见到了和平的曙光。

老爷坝地处高山峡谷，居高临下，易守难攻，是冷兵器时代的兵家必争之地，实属"雁塞重关"。自汉代以来，千年历史长河中，这里发生的战争无数，伤亡的人马无数。曾几何时，古道上战马嘶鸣，旌旗蔽空，行人刁斗暗，烽火连天际，千军万马呼啦啦而来，又呼啦啦而去，古战场上留下了斑斑血迹……

《和林格尔县志·军事》（433页）记载："1938年农历3月，东北军爱国将领何柱国率本部骑兵，从河曲、偏关经清水河挺进和林东部山区，配合傅作义部进攻绥远。3月27日晚，何军在头铺梁袭击日军，用手榴弹炸死敌人10多名。28日日军调集驻右玉的米三部队300多人进行报复，在茶坊、一间房、佛爷沟进行烧杀抢掠，残杀村民13人。为了讨还血债，狠狠打击侵略者，何军29日组织掩护百姓撤离隐蔽，诱敌紧追，部队向西挺进。30日何军退至老爷庙、坝梁一带，将部队埋伏在坝梁两侧山头。日军钻进坝沟伏击圈后，何军从两面山头上冲下来，打得日军昏头转向，不知所措，死伤百余人，其余逃窜山西右玉，打了一次标准的口袋仗。"此次战役国军也死伤不少。

马九小老人回忆说，村里人掏窑洞、筑板墙、打窨子、取垫圈土，经常发现乱葬坑及成堆的无名尸骨，河道里、山坡上、耕种的田地里经常能发现铜镞、骨镞、铁戈、匕首、弹壳、马镫、古币等与战争有关的金属器物。

三、香火缭绕老爷坝

清雍正十一年（1733年）成书的《朔平府志·地势·山河》载："胡同坝在归化城东南二百里，高五里，围十数里。"清咸丰九年（1859）成书的《古丰识略·地部·山川》记载："胡同坝，在城（归

古塞遗踪
——和林格尔县长城论坛暨土城子国家遗址公园建设研讨会论文集

化）东南二百余里，高五里，盘踞十数里。"清同治十二年（1873年）陈宝晋纂辑的《和林格尔厅志略·古迹》记载："胡同坝，在厅东南四十里，高五六里，盘踞十余里，上有关帝庙即老爷坝。"《和林格尔厅志略·祠祀》记载："上坝关帝庙在厅东南四十里胡同坝顶，最灵验。乾隆年有小庙三间，至嘉庆、道光等年重修。"

老爷坝的出名不仅是路难行，清代中后期、民国时期及20世纪60年代前，这里的庙宇文化也非常有名。除了每日的晨钟暮鼓，香火缭绕外，每年农历五月十三的庙会也十分红火。庙会持续三天，香客如潮，名气、人气、灵气、神气居县邑众庙之首。

五月十三是关公磨刀日，是个祈雨节。此时，各种农作物陆续进入生长旺期，需水量日增，老百姓想借关公之神威，让天公多降喜雨。民间有一谚语："五月十三雨，关公磨刀水。"

庙会是民间传承多年的一项重要民俗文化活动，人们可能忘记自己或家人的生日，但绝不会忘记举办庙会的日子。庙会临近，十里八村的人们便开始说道庙会的事情，总有人绘声绘色地渲染庙堂的灵气，人们提前几天就要做好逛庙会的各项准备。带什么贡品、许什么愿、穿哪件衣服、跟谁结伴、骑驴还是步行……一切的一切早已心中有数。

庙会开始，老爷坝周围二三十里、五六十个村的香客们早早安顿好家里的营生，或步行或骑驴骑马，兴冲冲地向老爷庙集结，一天不落地逛庙会。

五月十三，时值仲夏，绿染山丘，山花烂漫，老爷庙周边的山谷早早披上了节日的盛装，张开双臂迎接八方香客。

庙会期间，坝梁村的鼓匠班子从太阳出山就开始深吹细打，整整红火一上午。嘹亮的唢呐声，浑厚的锣鼓声，婉转的弦乐声，回荡在浑河、宝贝河两岸，给黯淡失色的社会平添几分喜庆气氛。

庙院场地不太平坦，也不算大。鱼贯而入的老少男女，摩肩接踵，人头攒动。关羽庙前跪拜上香的、抽签算卦的、求医问药的、交易牲畜的、看戏的、做买卖的、会亲聚友的……人山人海。买卖人的吆喝声、往来人畜的喧嚣声、戏班子的器乐声……响彻山谷。下坝、上坝的大发店、平天店、德胜店、马家店及每家每户的客人、亲友住得满满的。四盘碾磨日夜不停地碾米磨面，做豆腐的、压粉条的、宰鸡杀羊的、抬柴担水的一个个忙头失乱。进得村来，干锅味、烹肉香扑面而来，平日静寂的山村一下子热火朝天。

蓝天白云下，老爷坝周边山梁沟谷绿草红花中散落的驴、马、牛、羊，星星点点，比平日增添不少，大小牲畜或低头觅食，或追逐嬉戏，构成一幅壮丽的自然美景。

下午和夜间唱大戏（晋剧），开唱第一天晚间，总有半个钟头的"火"，也就是现代人说的"焰火"。届时，连二炮、满树梨、九连环、猴尿尿、鹅下蛋、炮打城，各式花炮轮番上阵，文火武火交替进行。庙宇内外烟火弥漫，震耳欲聋。老爷坝好一派热闹景象！

赶庙会的人们怀着虔诚的心情，到庙会场地的第一件事就是恭恭敬敬给关老爷跪拜上香、敬纸、许愿、还愿。第二件事是到24签挂筒前抽签，看看自己及家人的流年运程，探探当年的雨水年景。忐忑的心，颤抖的手，把挂筒摇来晃去，祈望抽个上签、上上签，好让自己未来的光景"凿石得玉，淘沙得珠"，但又担心抽出下签、下下签该如何面对！七上八下的矛盾心理难以言表。解签人先有范成福（小名五毛虎），后有马连科。两位老者神态各异。范成福头戴毡帽，面垂长髯，一副仙风道骨模样。马连科盘腿打坐，闭目鼓腮，既有和尚气质，又同道士月来。在坝顶一棵百年神树上取树皮是第三项内容。在庙殿东北的窑头有一棵百年黄榆，传说榆皮能治病，赶庙会的人凡去必取一片，认认真真用黄表包裹，小心翼翼地塞在兜里。第四项内

古塞遗踪
——和林格尔县长城论坛暨土城子国家遗址公园建设研讨会论文集

容是易物、购物、会亲、拜友、求儿祈女等。最后一项才是看唱。

戏台开场，幕布徐徐拉开，嘈杂声骤停，看戏的老少一个个瞪大眼睛，伸长脖子，在人头的缝隙中紧盯着台上的一切，跟随着剧情的悲欢离合，品味着人生百态。初看不知剧中剧，再看已是剧中人。有的戏迷戏子笑，他也乐；戏子哭，他也悲。"唱戏的是个疯子，看戏的是个愣子"，说得一点没错！

马九小老人说，老爷坝的关羽庙从清代中期就有了，开始只有小庙一座，没有东西厢房和戏台，庙里的泥塑神像也不大。一些穷人或乞丐没地方住了，常选择在这里投宿，久而久之这类人就成庙里当家老道。

史料记载，上坝关羽庙初期就是一个供奉关帝的道教小庙，道光之后，五台山寺院施香火银，对老爷坝关羽庙进行了重新修建、修缮，规模扩大，装修逐步富丽，住庙老道换成了寺院僧人，佛文化元素越来越多，佛文化气息越来越浓。

道教为本土宗教，佛教是外来宗教，两者在世界观、对待生死的态度等方面本有较大不同。道教持一种神性观念，"万物有灵""听天由命"及"神佑鬼惩"说为乡民深信。持神性观念的人认为，如不供奉、祭祀各种职能神（关老爷、土地爷、龙王爷、灶王爷等），未来将发生各种自然灾害，使五谷不收、六畜不旺，不能随心所欲、家中灾祸随时降临等等。而佛教讲的是"灵魂轮回""因果报应"。两种宗教虽有不同，但在崇拜关羽方面却找到了共同点。道教中，象征驱灾避难、大吉大利、忠诚勇猛的武将关羽，被称为"关帝""武财神"，受大众崇奉；在汉传佛教中，关羽也被尊称为"护法珈蓝菩萨"，后又被尊称"盖天古佛"。不论道教、佛教，关羽都成了"忠""勇""信""义"的化身，被百姓尊崇为心中的神灵。

庙院内外曾经竖立7通石碑。院内4通，院外3通。4通黑色石灰岩碑是道光年前竖立的，3通白色大理石碑是道光年后竖立的。有一通石碑底座特别显眼，是椭圆形的，上面雕刻一朵漂亮的莲花，是佛教的重要标志。后来，几经沧桑变迁，座碑分离，莲花碑座遗落在村民马石河门外。

石碑铭记了每次庙宇大修时各种匠人及各地布施者的功德。可惜经战乱、"文革"及多次修路破坏，6通石碑被打碎或掩埋，仅剩的一块遗弃在沟谷茂密沙棘丛中。据马九小老人回忆，这块碑黑色，3尺宽，4尺多高，5寸厚，双面有阴刻文字，内容不详。

老爷庙清代守庙的僧人情况不详。民国时期，先有五台山的三名僧人，其中一名主持的俗名叫高双罗，另一名姓金，人称金和尚，还有一名不知名姓。三名和尚相继圆寂后，下坝的一个矮胖老头王润才接续。王润才死后，《反清丈》主人公闫三的儿子闫大接续，直到人死庙倒。不浪沟村的高玉喜世代专门伺候老爷庙和尚的起居和生活。

老爷庙坐落在和杀驿道的坝顶制高处，南北岭崖夹道，古道两边各辟出一块平地，路南是钟鼓楼皆戏台，路北是庙台。钟鼓楼中空处一边吊钟，一边挂鼓。其前为连体分台。钟鼓楼与戏台均为青砖筒瓦（黄绿色琉璃瓦）木结构，四檐挑脊歇山式。

路北的庙堂及东西厢房对称布局，古色古香，金碧辉煌。庙的山门前阶下两旁各有一巨型石狮子，一雄一雌，都蹲踞于一人高的石座之上。从两石狮中间登上几级石阶，上平台后即可进入山门过道。站在平台观看，山门两侧各有厢房数间，檐下横檩上彩画八仙故事，其中一幅画是南极仙翁与太上老君对弈，李存孝（唐末至五代著名的猛将，武艺非凡，勇猛过人）手挂羊铲凝神观看，羊铲已经锈蚀还不知道。因为天上一日，人间已是百年。彩画下面吊挂牌匾多块，其上大书"报答神恩""神灵应验"等，观看时令人肃然起敬。

跨进山门过道，从两侧的厢房墙上所开窗格中望进去，其相同形制的两间厢房内，各有一人一马，所塑神像如真人真马般大小。西间内黄脸神牵黄马，东间内黑脸神牵红马。跨过门洞进入庙院，正面是平阔的高台。高台三面用石条砌高，仰视正面，紧靠土崖为大殿，崖上树木森然。正殿左右各有青砖壁面楦窑两间，加上庙院东、西、南十二间厢房，整座庙宇齐整宏大。唯庙前有路，庙后有崖，庙院不能再大，但宇舍参差错落有致，不显局促。而正殿右前平台下立一石墩，墩上正中竖插关羽武弄过的青龙偃月大刀，通体熟铁打造，高约丈许，粗可手攥。

再登石级上到平台，眼前就是正殿。仰望大开间两重三檐四出廊歇山顶，正中双扇门，两边镂空密格窗，连同圆门柱，一色朱漆。二圆柱上木雕金字对联一副：

赤面秉赤心骑赤兔追风驰驱时无忘赤帝
青灯观青史伏青龙偃月隐微处无愧青天

檐下回廊东西外墙内壁涂白灰作底，彩绘刘备麾下五虎上将之四虎：张飞、赵云、黄忠、马超。

推开正殿双扇门，跨过门槛，进入殿内。正面是以关羽为中心的一组塑像及香案香炉；空中吊下八盏六棱黑框玻璃大宫灯；东西两壁及天花板上均绘制图画，这些图画糅合了诸多道教元素。

细观关羽圣像，居中盘腿高坐在须弥座上，足有五六尺高。身着绿色战袍，脸上金光闪闪，领下三挢美髯，丹凤眼，卧蚕眉，正在阅读经书。其右手翻卷一本《春秋》，放在战袍下露出的大腿之上。身左身右又有两尊小塑像，一为义子关平，一为其子关兴。无论从正面还是侧面观瞻，都是一副忠义慈祥神情。

关羽坐像之前置放紫檀木大香案。案上摆放磬、木鱼、香炉、烛灯（此磬后流落到阳湾村，1952年辗转到武松学校做了课钟）；还有一个竖插二十四根竹签的卦筒和一摞对签的卦书。此外就是黄裱和黄香了。长方形香案两头各塑两尊神像，西边站立者是周仓、王累；东边为赵甫、关平。他们是关羽夜走麦城的谋士和战将，生死陪伴。或威武，或忠厚，神态各异。香案再前，地上平放八块跪垫，两头又有鼎足香炉各一。

再看东西两壁，全是单幅壁画，描绘关羽一生主要事迹，如桃园结义、温酒斩华雄、虎牢关三英战吕布等数十幅画面，条线清晰，着色亮丽，人物栩栩如生。天花板上，则多绘飞禽走兽，花卉人物。人物历史故事如朱买臣负荆读书、李密挂角观卷、三顾茅庐、火烧战船、苏武牧羊等，神话故事传说如萧史引凤、松下问童、天女散花、嫦娥奔月。全部生动传神，流光溢彩，耐人寻味。

游人从正殿返出时，从殿门俯视山门、戏台，三者一条轴线。耳际钟、磬声悠扬，眼前香烟缭绕，好一个老爷庙祥瑞和神秘景象。

坝顶老爷庙落成庙会过后，庙中香火旺盛。不单过往客商与行旅到此停留，进庙上香磕头许愿、还愿，或者抽签问卦，四方之士慕名而来，瞻仰其丰采。周边民众更是络绎不绝，有求财问命的，有祈求儿女的，有问流年运气的，等等，不一而足。而庙院正殿两侧的券窑之内，已有和尚住持，四时茶水方便，殷勤招徕，日日如小庙会般热闹。尤其是，日积月累，这老爷庙的神话也就多了起来，神话多了，香火也就愈加旺盛。

四、神风仙韵老爷坝

老爷坝的几个神奇传说名扬晋绥，包括神泉、神马、神签、神台、神药。这"五神"，使这里仙气十足，灵气彰显。

古塞遗踪
——和林格尔县长城论坛暨土城子国家遗址公园建设研讨会论文集

一是"头顶神泉"。塞外久旱,已是常识。而这坝顶干梁头顶上,哪来的水呢?有人解释说,地下的水就像人身体的血液,脚底有,头顶也有,况且这里是有神灵的地方,高高在上的梁顶有一汪清澈泉水就不足为奇了。

每日过往行人车辆上得坝顶老爷庙时,已是人困马乏,口渴难耐,尤其是每年的两场庙会,成千上万人无水怎过得去?恰好庙东南一里讲坡一侧崖壁下有眼石泉,方圆直径不足六尺,水深三尺有余。水从泉底石缝冒出,清澈见底。冷饮时甘甜清爽,沁人肺腑;泡茶时清香醇厚,余味无穷。神奇之处在于泉不溢不漫,水与沿平,任你多少人向外泼舀,水位不下降。于是老爷庙常年固定三个和尚从泉中取水,挑回庙中储于水瓮中,每日供应来往行旅用度,庙会时这泉供成千上万人汲用无虞。为此,老道在泉旁加盖小庙,名为"神泉",内供水神,以示保护。

二是"贪吃神马"。人们游老爷山门时,见得两厢房各有一匹栩栩如生的骏马,一红一黄,曾是关羽坐骑。细看时,却见各用玛黄钉将其一条腿锚定地面,不能走动。这是为什么呢?相传自打建庙塑马之后,梁头田中青苗常常被牲口吃掉。细心者观察蹄印,恰与庙中二马蹄相合。于是田主报告老道,才有玛黄锁蹄之举。据说,此后再未发生神马啃食青苗之说。另有与神马相关的故事,说的是有二车倌常年来往和杀驿道。一车倌信神,每过老爷庙,必进大殿焚香敬纸磕头祷告一番,还要给神马上香敬纸,祈求人马一路平安。忽一日下坡时,车马窜坡,车倌倒地。在此千钧一发之际,辕马口叼主人衣服,扬头扔过路旁,免其一死。另一位车倌从不信神,路过其庙时也不上香祷告,却在同样的情形下死于车轮之下。此说驿道传布极远,都说神马显灵能保护主人。

三是"灵验神签"。老爷庙正殿香案之上置有签筒一个,卦书一摞。

来抽签问卦时，取签筒跪于案前，双手轻摇至竹签掉出一根，然后按签号对应找出卦书，卦书上自有卦诗一首，诗下并有解语。如某号卦曰：

平生不信野狐禅，无尽风云一啸间。
霜雪骤来谁解得，流沙千里是雄关。

解曰：

占家宅恐防回禄；占身有厄，小人当道官司难赢；占财有破，田蚕不熟；占婚姻难成，灾星正照，诸事小心。

你细读卦上诗句，其意模棱两可，如坠五里烟雾之中；再看解语，也是千人千辞，未能一人一解。难得是老爷坝有"后世诸葛"范先生、马先生深通此道，常于庙中帮人解卦，能够分别据卦人具体情况，解得你心服口服。人们说老爷庙卦灵，倒不如说范马二位先生解卦灵。

四是"神奇戏台"。前文备述这坝顶驿道两旁山势紧逼，又有路南钟鼓楼加戏台，路北新庙一座，其间场地大小可想而知。传说庙会唱戏时，戏台下无论多少人看戏，都能容纳得下。谁能说得清其中奥秘呢？

五是"神树仙药"。老爷庙顶有一圆形土丘，其上生长着一株三人合抱不及的黄榆树，枝繁叶茂，荫被丘顶，下垂的树梢上系着许多红布条，艳丽夺目。你若立于丘顶榆树下，东南可望见长城烽火台和圣山、鸡山峰峦。传说当年五台山道义和尚所瞩望的西北冲天紫气，即为此丘升腾而起。是故老爷庙建成后，当地百姓又于该丘顶榆树下，用青砖砌筑拱形小洞，洞中供奉一檀木药神雕像，手持净瓶柳杖，怀抱金童玉女。求神问药时，人们于洞前烧香敬纸跪拜、磕头并禀告病人病情后，从榆树刮下小块树皮，用黄裱纸包了，再下神泉庙取水一瓶，回家水煎该树皮，可医除病患。因其灵验，日久主干树皮所剩无几，可树上枝叶仍葱茏茂密，不减当年。

查阅医学资料，看榆皮的药用功效，还真有其事。《汉书·天文志》："至河平元年三月，旱，伤麦，民食榆皮。"明李时珍《本草纲目·木二·榆》："榆皮榆叶性皆滑利下降……故人小便不通，五淋肿满，喘嗽不眠，经脉胎产诸证宜之。"榆皮，可以入药，味甘，性寒，无毒，具有安神健脾、利水通淋、化痰止咳的功效。

（刘有文，和林格尔县农牧局退休干部，高级工程师。）

万里茶道上的小客栈
——武松车马店

秋雨

万里茶道是一条始于17世纪的国际古商道，全长1.3万千米。南起福建武夷山，经江西、湖南、湖北、河南、河北、山西、内蒙古向北延伸，途经蒙古国，抵达俄罗斯，是欧亚大陆重要的经济文化交流通道。300多年来，万里茶道以其参与人口之多、行经区域之广、商品流通量之大、对历史文化影响之深，被不少专家学者称为"丝绸之路"极为重要的一部分。2013年3月，中国国家领导人在莫斯科发表演讲，将"万里茶道"和中俄油气管道并称为"世纪动脉"。

万里茶道主干线从山西杀虎口进入内蒙古和林格尔县有两条民间驼道和一条官方驿道。两条民间驼道，一条是石匣沟道，自杀虎口向北行走，经凉城永兴镇，穿越石匣子沟到达杨树湾、公喇嘛，再进入归化城；另一条是茶坊沟道，自杀虎口，途经佛岩沟、喇嘛洞窑子、前坝、茶坊沟，到陈梨禾、前公喇嘛，郊区的

古塞遗踪
——和林格尔县长城论坛暨土城子国家遗址公园建设研讨会论文集

章盖营、碾格图，再进入归化城。

一条著名的驿道、官道、军道、商道，是自杀虎口，途经佛岩沟、新店子、武松、二十家子、沙尔沁，进入呼和浩特市。在这条驿道上，内蒙古万里茶道申遗考古队，发现了包括三保岱石碑遗址、佛爷沟石刻群、武松碑等万里茶道遗址遗迹。武松碑为清代乾隆十九年（1754年）所立，记述村民及沿途商号经理人捐资建桥修路始末。无疑，武松村是万里茶道主干线上的其中一点，武松车马店是主干线沿途旅蒙商人饮水歇脚的目的地之一。

杀虎口至归化途经武松村的这条线路，自康熙三十一年（1692年）驿路开通以来，应日益兴盛的商旅往来需要，一路上开设了许多车马客店，其中山西杀虎口附近的马银河村有7家，杀虎口栅子外有5家。进入和林格尔境内，佛爷沟有李家店；新店子有牛家店、薛家店、杨家店、高升店；分水岭下坝村先后有大发店、马家店；武松村先后有北顺城店、日安店、永旺店、川新店、德和店、武松店（村集体经营）。

下坝村，也称老爷坝、胡同坝，距新店子18里，距武松村15里，本不够半个车程，但由于老爷坝这个分水岭，坡陡湾急，开花石遍地，负重车马通行十分困难，特别是自东向西通行更困难，常常需要另加牲畜帮套或驴驮、人背分批转运到山顶或武松村，再装车向西北运输。下坝虽有两家车马店，但此地沟窄地狭，容留车马、物资十分有限。从新店子到和林格尔65里，是车马、驼队、行人一日的路程。武松村距和林格尔32里，距新店子33里，处于中间位置，正好也是车马、行人打尖住宿的一站，而且场地比胡同坝开阔了许多。据《和林格尔县志》《和林格尔军事志》记载，自乾隆十二年（1747年），和林格尔靖远营就在武松村设置了防汛营铺和盗捕营铺，两个铺各安排3名铺兵维护保障驿道通行安全。在武松设置车马店既有必要性，又有可行性。

武松村车马店,在清代中期嘉庆、道光年间(1796—1850年)有北顺城店,咸丰、同治年间(1851—1874年)有日安店、永旺店,光绪及以后的民国初,有朔州人开的川新店、忻州人开的德和店。抗日战争和解放战争期间,社会动荡,村里的客店倒闭歇业。新中国成立后,社会经济发展迅速,车马流量日增,村集体在村南盖了三间正房及40多间棚圈、草房,又开了一家客店,由村集体派人经营,车倌们叫武松客店为"武松店"。店掌柜先后由本村村民刘二团员、刘存、张存子、张燕小、龚富存、郭禅、逯银兵7人担任,客店年收入200~300元。集体客店在1976年地震后,三间正房及40多间圈棚全部推倒,地皮被地震安置房占用。

我家的两间旧土房,位于客店西隔壁。冬春季节是客店旺季,店里偶有人满住不下的情况,我家也勉强留一两个空行人。1978年农村家庭联产承包责任制以后,牛马车逐渐淘汰,货运汽车日渐增多,骑自行车或开三轮车做小买卖的更是迅速增多。应旅客需要,我二哥在路边开了汽车旅店,叔叔及大哥开了接待小商小贩的行人小店。

我从小是在车马店长大的,是经常被住宿的客人们戏逗的小娃娃,客店留给我的记忆至今历历在目。

旧时,城乡间的交通工具比较落后,骆驼队、牛车、驴车、马车是主要的交通工具。这些交通工具往来于呼和浩特市与山西之间,运送煤炭、高岭土、糖菜渣、粮草、盐茶、布匹、皮毛、棉花、烟酒、铁制农具、纸张、五金器材、文化用品等五花八门的商品,解决人们日常生活、学习及工业所需。由于这些交通工具速度慢,加上路况差,一天也就是行进60里左右,中间还得打尖,重要交通要道基本每30里左右就有一个车马店,或住宿或打尖,为车马、行人提供食宿便利。

古塞遗踪
——和林格尔县长城论坛暨土城子国家遗址公园建设研讨会论文集

村集体经营的武松车马店，建于20世纪50年代，位置在村南公路东边一侧。东邻刘计小，北邻刘金宝、刘海，西邻我家，西南面是停车的空地，整个场地2亩余。客店是掏空三间正房（一出水土坯房），东西10米，南北7米。房顶最初是土的，后来扣上了青瓦。沿台及柱顶石用的是拆除洋教堂的规整长方体石条，码头、过河砖（三层）、后墙角、顶部三边用的青砖也来自教堂。店房前面是满面门窗，纸窗下面是方眼大玻璃。店的东面和北面一部分是马圈，南面是草房。客店内是纸顶棚，屋内两边是顺山大炕。锅头一南一北，北面的大锅头紧贴后墙，与西炕相连；南面的大锅头与东炕相连，两盘大通炕都铺着竹席，平时客人不多，一般用的是北锅头和西炕。西炕由于火焰重，炕席的炕头部分烧焦一大片。

北锅头与东炕之间是五个腌酸菜的大瓮。南锅头摞着十节发黑的出烧大笼，直径90多厘米，上面盖的是一个污旧的拍拍。蒸饭的时候，根据需要取上几节笼和拍拍在北锅头使用。北锅头稳着口9烧大锅，上面盖一个分成两个半圆的发黑的木质锅盖。酸菜大瓮上架着一块厚实的木质案板，案板上放着几个大瓷盆、几摞瓷碗、筷子、菜刀、勺子、铁匙、茶壶和几块发黑的揎布。东炕上放着粗壮的木制饸饹敁、钩子大秤、盘子秤、煤油灯树，也临时放一些车马随行的行囊物品。店掌柜与客人一屋，睡在西炕的炕头。冬季取暖，靠近西炕中间生个二号火炉。店内照明在20世纪70年代前是煤油灯，之后有了电灯。不过马圈一直没电灯，夜间添草需要车倌自备马灯。

南面的草房备有铡草刀一口，车马进店打尖、住宿自备草料，自己铡草喂畜。马圈是L形的，一共有60多延长米，能同时拴40多头牲口，客店最大能同时容留12辆车的人马住宿。饮牲口就到村中路边的官井，距店也就80多米，店里提供柳编水斗子，大口水井的旁边有两个大石槽。井深6尺，取水一般用扁担提。

武松村原名乌素图路，意为有水的地方，而且水质好，牲口特别爱喝，驿路开通就确定武松为"水源佳胜处"，井边摆放的两个饮水石槽自驿路开通以来，接待了无数车马行人。

住店打尖的客人自带面食。因为，那时生产队除了社员分的定额口粮、籽种、畜料外，全部为上缴的公粮，再没有机动粮食为客店所用。店里大师傅只负责将客人的自带面食（包括山药）做熟，但咸菜盐汤、辣椒是店里免费提供的。咸菜是腌萝卜、蔓菁、芥菜等。客人吃的饭有莜面、二莜面（高粱面+莜面）、玉米面、糜子米等，莜面占大多数。莜面吃上耐饥不渴，是受苦人最好的饭食。莜面以饸饹、抱扎为主，并随锅蒸（或煮）上土豆片。蘸的是盐汤，就的是咸菜。也有不吃盐汤的客人，就自己掏出准备好的酱钵子，来上半碗开水，化开，蘸莜面吃。每个人吃多吃少，饭量自定，一般是一人一斤莜面（生莜面）。做的时候，客人将面袋拿出，大师傅用盘秤称了就开始和面。不是一伙的要各做各的，按不同摆放顺序放在笼里，做好记号，或者用饸饹和抱扎两样分开，放在笼里一次蒸熟。风箱最初是手拉风箱，1973年才有了电风箱，烧的柴火是马槽中吃剩的粗草圪节。客人铺盖是自带自用，一般卷起来用硬帆布或麻袋包着。大师傅的一卷行李时常也用帆布包着，放在炕头紧贴西墙，行李下压着店掌柜的一个上锁小木箱，里面放着往来账目、算盘等小物品。由于条件所限，该店不留宿女客。

不论谁开店，店里总养一只老猫，用来逮耗子，同时与店掌柜作伴。每天上午11点以前，店里多半没有客人，炕头上悠闲地卧在店掌柜身旁打呼噜的肉乎乎的老猫，是店掌柜忠实的伙伴。店掌柜给客人压莜面饸饹时，首先要给守在一旁的老猫撕上一块。

车马店收费不多，人、牛马、车辆都是按数收钱，住店的人住一宿每人5角，牲口每个1角；打尖每人3角，牲口每个5分，牲口不

古塞遗踪
——和林格尔县长城论坛暨土城子国家遗址公园建设研讨会论文集

进圈不收费。店附近还有铁匠炉，挂马掌、给车轱辘上铆钉等维修很方便。挂一副掌（四个蹄子）2.4 元。钉掌的铁匠先后有郭来用与徒弟韩来生，闫俄换与徒弟刘三红（我三哥），刘三红与刘喜文（我二哥）。钉掌必须是俩人，一个抱蹄，铲蹄甲，一个取旧掌、配马掌、定钉、锁钉花。钉一副掌叮叮当当，手忙脚乱，熟练的铁匠也得十来分钟。碰到给高大的马骡钉掌，抱蹄子是个危险营生。因为马骡生性灵敏，桀骜不驯，力气又大，生人很难接近，如果蹄甲铲深了，钉尖入肉，穿上略微艳色的衣服更是不行，好在我三哥是个老铁匠，我二哥是个老车倌，熟悉钉掌技巧和骡马脾性，所以他俩配合钉掌从来也没用过龙门架（先绑牲口再钉掌）。

店里的收费由村集体派人开票，开票人之前先后是刘贵、陈桃女、韩喜关，1973 年到 1975 年生产队派我开票，每天放学期间有打尖住宿的就去开票。发票共四联。住宿、打尖单位一联，大师傅一联，生产队一联，开票存根一联，票上盖有大队公章。我开票的那两年，每年毛收入最多也没超 300 元，现在看微不足道，但那时是村集体一笔不小的收入。

大集体时期，出门的大胶车多数是在冬春农闲季节。住店的马车多数是在下午日落黄昏前进店，劳累了一天的车把式，个个灰头土脸。夏秋是光头、单衣，冬春戴个毡帽或皮帽，穿个大襟袄、缅裆裤、毛嘎登，裤带上带着气门钥匙、月牙刀和烟储子，腰上勒根绳子。走路摆个倒对步子、摇耧架子，口里呼着一缕白气，慢腾腾进店了。帽檐上、眉毛上、胡子上结满了白色的冰霜，粗壮的手脚冻得发红发僵。"老牛烂车疙瘩套，车倌戴个烂毡帽"，是对旧时各类车倌形象的真实写照。

过去客店的招牌上经常写着"未晚先投宿，鸡鸣早看天"。没错，往往太阳还没落山，客人们就开始寻找住宿的地方，第二天鸡叫时分,繁星满天,就张罗出发。冬春季节的晚上、中午,客店经常住得满满的,院内的马车横七竖八、密密麻麻,非常拥挤。

进店的车,一进村就把磨秆拉紧,支吾支吾的,有时发出刺耳的声音,坐在店里就听见了。车倌"得——航——得——航"地吆喝着牲口,把大车赶进院里靠边的地方,把车轱辘用石头搋住,用车辕下自带的三角木架支好车辕,把车闸拉紧。然后把马料、马鞭、马鞍、套引、马灯、气管子等贵重行囊卸下,解开鞍鞯、搭腰、肚带,挂起座秋、串套,放开牲口。一般情况下,牲口都会在附近宽敞的地面上撒欢儿,打上几个滚儿放松放松,一时间灰尘四起,站起来边抖土边兴奋地吼上几声,然后拉进棚圈歇息凉汗。接着,车倌儿把面食交代给大师傅,准备做饭,把一卷外面包着灰色帆布或麻袋的行李搬回店内,放在炕上,把马鞭、马料、马灯及料笸箩等随车物品都放回店内交代给掌柜。再把干草(一般是谷秸)卸下,开始铡草。铡草需要两个人,一个掌刀,一个入草。出行的车往往是两车以上结伴而行,路途上有个相互照应,或是一车两人,一个大车倌,一个小车倌,小车倌相当于学徒工,自然是做点苦、累、脏的活。铡完草,牲口的汗也晾干了,然后开始饮水、填草、上料。这一套忙乎之后,店里大师傅的莜面就差不多蒸熟了,门窗口向外冒着一股白色的烟气、水汽,并散发出浓香的莜面味,大师傅高声招呼一声"饭熟了"。那时的莜麦品种产量低但味道鲜美,是正宗的有机食品,站在门外远远就能闻见,加上炝辣椒的香味,令饿了一天的车倌们垂涎欲滴。听到吃饭的呼叫声,哪管大师傅干净邋遢,急着进屋,上炕就吃,有的人连鞋也顾不上脱。大师傅指给笼里的饭哪片是谁的,然后各吃各的。俗话说,猪多没好食,人多没好饭,由于吃饭人多,笼里的莜面铺得厚、蒸的时间长,出锅后往往就是粘成一坨。

冬季,气候严寒,店里水汽笼罩,伸手不见五指,谁也看不见谁,

古塞遗踪
——和林格尔县长城论坛暨土城子国家遗址公园建设研讨会论文集

玻璃上结着厚厚的冰花。莜面的香味扑鼻而闻，车倌们个个狼吞虎咽，一会儿把一斤莜面（相当于两斤多熟的）、二斤山药片吃了个精光，根本不存在剩饭一说，还要舀一碗母子水喝了。俗话说，莜面吃个半饱饱，喝一碗水正好好，而这些人一斤莜面吃下去估计不是半饱饱了。店内卫生条件不好，夏秋季节，饭场常有苍蝇飞舞，吃饭的人们，往往边吃边不住地用握筷子的手，驱散落在饭食上的一群苍蝇，屋里的五大瓮酸菜散发的味道也远远就闻见了。

饭足水饱之后，南来北往的车倌们躺在自己的行李卷上，拿出旱烟袋开始抽烟、谝啦。车倌们裤带上随身都带个皮或布做的烟储子。烟储子的口绳上还有个小酒盅大小的磕烟钵子和一个细细的、弯弯的烟沟子。烟袋要么是长杆的，要么是短噶挠。烟灰钵子是磕烟灰的，略大于烟锅子。一袋烟抽完，把烟灰磕在里面，再从袋子中挖一锅烟叶，把烟灰钵子中的带火星的烟灰扣上来，第二袋烟又着了。也有个别不抽旱烟抽水烟的，点着店里的煤油灯，开始一锅接着一锅地抽，你抽完他抽，轮流进行。

南来北往的车倌们，在相对固定区域内活动，往往经常碰面，大部分相互熟悉。吃完饭，操着不同乡音和方言的车倌们，便开始谝啦。他们谈村况、天气、年景、民俗、人物，谈天南地北的奇闻趣事、八卦段子；谈男女情事，也谈国家大事，内容十分丰富。在过去交通不便，信息闭塞的条件下，客店便成为该地区的信息中心、新闻中心、文化中心、物流中心。车倌们经常东跑西逛，见识多，也比较会谝，人称"车活子"，叨啦的段子往往引起阵阵笑声。一伙人叨啦、说笑上一会儿，一天的劳累不见了踪影，所有的身心疲惫顿然消失了，就连身上难耐的虱子痒也好像轻点了。

晚上9点多，10点左右，要再给牲口填一次草。车倌们提上马灯，拿起草筛，掇上草，边走边筛几下，到了马圈自己的牲口食槽，高声喊一声"掉",喊醒牲口,把草料倒在食槽里。安顿好牲口就开始打开行李卷睡觉了。

大师傅夜间不能睡结实,时常需要听外面的动静,听到动静总得出去看看。特别是装有贵重物品的货车,更是要加倍小心,不能懈怠。比如,新店子周围十几个村子的大胶车,每年秋冬承揽新店子粮站的送粮任务,就是要将新店子粮站收购的公粮交到和林格尔粮站,返回时再给新店子、新丰两个供销社捎百货五金等物品。粮食和商品都是贵重物品,丢一件不得了,需要店掌柜负责。好在村里社会治安一直很好,店掌柜也细心负责,客店从来没发生过偷盗、丢失现象。

店里晚上睡觉的场面也有趣,满满一炕人,打鼾的、咬牙的、放屁的、睡说的,尽显其能。而且此起彼伏、抑扬顿挫。屋内烟熏气、汗腥气、脚汗臭、口臭、发酸的泔水味等等怪味,百味杂陈,好在车马店的门窗不严,走风漏气,能补充点新鲜空气。地下的烂鞋没数,东一双、西一双,横七竖八,黑的、黄的、蓝的,毛嘎登、家做大底鞋、牛鼻子鞋、方口鞋、圆口鞋、大头鞋,应有尽有。店的地面没铺砖,坑坑洼洼。那时的人们夏天都是光脚,春秋穿长腰布袜子,冬天穿手挑毛袜子,鞋都是厚厚的、结实的家做鞋,也没有鞋垫,每双鞋几乎都既脏又破,偶有钉鞋匠做的皮头包跟。

夜深了,人静了,在众人此起彼伏的鼾声中,地下的老鼠活跃了,东奔西跳、窸窸窣窣,从一袋袋草料中忙碌地寻找"山珍海味",好像根本不把那只肉乎乎懒得动弹的老猫放在眼里。

第二天,天刚蒙蒙亮,公鸡打鸣已两三次,车倌们便起身套车上路了。待店内的客人都走了,店掌柜开始清扫卫生,把屋内屋外打扫得干干净净,准备迎接下一拨客人。铡草刀用一段时间崩了,大师傅也要抽时间磨一磨,以方便客人用刀。

车走了,人散了,车马店院内的麻雀、喜鹊活跃了。院内的、马

古塞遗踪
——和林格尔县长城论坛暨土城子国家遗址公园建设研讨会论文集

圈的，大群麻雀起起落落，根本数不清有多少，其间还夹杂几十只"鹤立鸡群"的喜鹊、红嘴鹰、黑老鸹，互不相扰地一起急急地在草滩上、粪便里寻找草籽、马料，以填饱肚子。每逢院里有了车马，大量的麻雀便落在客店外围的树上，眼盯着院内的动静，伺机下落，一有空，便静静地分散落下，一个，两个，三个……一大群接连落下，密密麻麻一大片，一有惊动，"呼"的一声，一群带声齐飞。鸟雀飞走，院内就剩孤零零散落着的大大小小的揠车石。

大集体时期，社队的拉甲车都是在冬春农闲时节出来，比如在杀虎口、马银河、梁家油坊（老右玉）、高桥矿一带，十几辆马车经常往来于右玉、呼和浩特，一般往呼和浩特送的是高岭土（俗称甘子土）、煤炭、粮食、盐茶，返回拉是甜菜渣或其他货物，路上路下都在武松店打尖或住宿。新店子供销社的骆驼队及后来的大胶车，再后来还有新丰供销社的大胶车，是武松客店一年四季的常客，三五天一趟，往和林格尔送的是供销社收购杂物（中药材、鸡蛋、废品等），返回来是日用百货。大胶车之前的一链子骆驼队（十几峰），到武松只是中午打尖，不住宿，拉骆驼的吃了中午饭、算了账就急急地赶路了。骆驼也不进院，只在客店外围卧着歇一会儿，店里也只收拉骆驼的打尖费，骆驼不收费。后来供销社的大胶车往返都是只住宿、不打尖。新店子供销社车倌叫刘登杰、胡计原，新丰供销社车倌叫郭满员。新店子一带常住的车倌有张金娃、薛二、薛三、尚从元、闫富宽等10几个村20多个车倌。这两个供销社的胶车，到了夏秋时节，冬储干草用完，就委托店掌柜平时收购芦草、毛有（狗尾草）等牲畜爱吃的鲜草，村里的孩子们放学就向店掌柜打听店里是否有住宿车，是否买鲜草。如有，就赶紧放回书包，迅速带上麻绳、镰刀，到附近的庄稼地或割或拔，背上一大捆带回店里，店掌柜负责收购，学生们经常能打捞三毛、五毛的零花钱。村里人也有时能从住店的买卖人手里买到本村供销社没有的物品，还有就是可以托打尖住宿的车倌给亲戚、朋友捎话。有了客店，通了信息，铁匠木匠有了营生，村民得了便利，活跃了经济，村里有个客店确实挺好。

我家紧邻客店，我的童年是在客店度过的。小时候，冬天自家没火炉，经常跟姐姐到店里烤火炉。半前日晌，店里没人，就跟姐姐到店里的火炉旁烧山药吃，或把山药切成薄片放在炉盖上，炕熟了吃。无论是山药蛋还是山药片吃起来真香。"文革"初期，时兴毛主席纪念章，我和姐姐也非常喜爱，看到有人戴个新鲜纪念章，非常羡慕，不亚于现在看到有人带一部高档手机，有时候店里客人让我唱个歌，我就唱，唱完就跟他们要个纪念章，欢喜地别在自己的胸前，或者放在家里收藏着，有空叫其他小伙伴们欣赏。

平时店里客人走完，不论早晚，捡拾院里散落的骡马粪总是我的营生。拾粪不是做肥，而是晒干做烧火柴。那年头，不仅吃的缺乏，家里烧火柴也很缺，家里一年四季的烧火柴几乎全是烧粪。我家住在客店隔壁，近水楼台为拾粪提供了便利。

开店也是本小利大的买卖，人们常说"对半的馆子四六的店"，也就是开店利润达60%，比饭馆还高。大集体时期的店是生产队开的，店掌柜挣工分，每天10分，管理和做饭就一个人，夏秋一般轻闲，冬春苦重。有时候，手勤的开店人把车马吃剩的草料收戳、积攒起来，遇到不带草料的马车住店、打尖能卖点小钱。大集体时，车倌们也偶有偷卖马料的，从牲口嘴里扣几个烟火钱。

客店门前的公路上，也时常能见到从南往北的羊群、骡马群、牛群、猪群，一般是右玉、新店子、新丰、羊群沟一带收购的牲畜，送往呼和浩特市或和林格尔食品公司。驱赶这些畜群的一般两三个人，日夜兼程，经常在武松打间歇息。

路上往来的车辆，起初是牛拉二饼子车（也叫牛牛车），全是木

古塞遗踪
——和林格尔县长城论坛暨土城子国家遗址公园建设研讨会论文集

制的，车上基本没铁器，后来有了花轱辘车。车轱辘是木制的，花轱辘的外缘用厚铁皮包裹，然后用大头铆钉将两者铆紧贴合，车上其他部分加固链接的铁器也较多，称"九辋十八辐，一百零单八将"，"九辋"是指辐条间连接的9块木板，"十八辐"指每个轮子上的18根木辐条，"一百零单八将"指的是车轱辘上钉着的108道铆钉。花轱辘车随车必带个油葫芦，经常在车轴上淋点油，保持润滑。有个童谣说："油葫芦油葫芦搞车头（轴头），三石麻麻炒油油……"说的就是为花轱辘车润滑的事。后来有了橡胶轮胎马车，人们叫它"大胶车"或"胶轮马车"，大胶车安上了轴承、磨锅，承载的重量大，跑起来轻快、出路，遇到紧急情况，还能拉磨秆迅速制动减速。

车倌们一般很爱惜天天陪伴自己的牲口，一有空就用扫帚扫扫牲口身上的尘土，挠挠瘙痒的身躯。有的车倌不注重自身衣着形象，却喜欢在牲畜头上装饰一些红缨穗或各色彩条，把马鬃剪得齐齐的，骡马脖子上挂着串铃，牲畜装扮得花里胡哨，上了路，车倌坐在车上，甩着长鞭，精神抖擞，神气十足，有一种现代人驾豪车的感觉。

20世纪80年代初期，马车还是主要运输工具，全县生产队拥有的大胶车1300多辆，大村几乎每个村都有几辆，全县客店还有10多家。到了80年代后期，汽车逐渐增多，车马店逐渐萧条倒闭，随之出现了汽车旅店。汽车旅店档次标准提高了一大截，客店里吃住全包，客人住店不用带米面、行李。饭菜标准也提高了，炒几个菜，做点精致的主食，种类包括莜面窝窝、千层饼、面条、馒头、大米等。住宿一人10元，打尖一人5元。到1995年，昔日车水马龙、热闹红火的车马店已退出历史舞台。

车马店，其貌不扬。破房老屋内没一件值钱好看的东西，但小客店，大社会，它在万里茶道上的功能不容小觑。它是商旅补给、歇脚、暖身的驿站，是乡土文化的博物馆和百科全书，是透过现象看本质观察社会最好的一面镜子。1981年11月30日，新华社曾播发一篇通讯稿——《夜宿车马店》，是第十八届中央政治局常委、中央书记处书记刘云山任新华社驻内蒙古记者站记者时的成名作。文章通过他去内蒙古萨拉齐古镇一车马店投宿，听几位来自不同地方住店客人的对话，反映了改革开放给农业农村带来的巨大变化，该文至今仍被新闻界视为模范，被人津津乐道。

车马店，过客匆匆。每天相遇都是披星戴月、寒来暑往的忙碌身影。"瘦马行霜栈，轻舟下雪滩"，"暮秋风雨客衣寒"。车马店的历史，在刻写劳苦大众苦难生活经历的同时，也为300多年的商道、驿路积淀了丰富的商贸、文化交流财富，是万里茶道沿线人民文化沟通、经济连通、命运与共的重要纽带。

饱经沧桑、老态龙钟的武松车马店在1976年的地震中轰然倒塌了，万里茶道上一个小客栈的物质存在消失了，但它的历史余光仍在人们心目中熠熠生辉。不思量，自难忘。

车马店的百态，就像一幅《清明上河图》，它演绎着自己的故事，在武松村说自己，也说别人……

（秋雨，和林格尔县农牧局退休干部，高级工程师。）

桥牙子袖筒里的秘密

刘有文

桥牙子,是旧时对牲畜集市交易过程中,专门为买卖双方说合"生意"并抽取佣金的中间人的称呼。因为是经纪人角色,桥牙子也称"桥纪"。以桥牙子为中介的牲畜交易方式,因带有暗箱操作性质,有悖于"公开交易,公平竞争"的原则,新中国成立后,政府对桥纪这个行当予以取缔。

桥纪这个职业不存在了,但"桥"这个特定代词,现在的农村人依然使用,代指牲畜交易市场。物资交流会期间,每天都有往来于"桥"的许多牛、马、驴、骡鱼贯进入交易场。路上,问拉着牲畜往交易会场行走的人:"干啥去呀?",回答总是"上'桥'去"。问话的人便明白,这人是要变卖牲口。

和林格尔地区历史悠久,1800年前的汉代先民就在此留下了农耕文明的足迹,著名的小板申汉墓壁画就有翔实的农耕图。牲畜伴随着农耕文明的脚步代代繁衍,在人们的生产生活中发挥了重要作用。牲畜交易与其他商品交易一样，是千百年来人们生产和经济活动的重要内容。新中国成立前的牲畜交易是民间自发的小规模行为。新中国成立后，政府应农业生产发展需要，每年定期、定地点组织牲畜交易活动，从20世纪70年代开始，牲畜交易借助每年举办的物资交流会平台，市场逐年扩张，交易规模、交易量每年刷新纪录，2000年前后达到高潮，10天内进场交易牲畜的数量一度攀升到1万多头。

每年的牲畜交易会现场，人、畜、车往来交错，牛、马、驴、骡穿梭混杂，人山畜海，黑压压一大片，形成一道独特的风景线。前来交易的牲畜，进入交易市场入口，按头交完3~5元市场管理费，市场管理人员在牲畜胴部或腰间一侧，用红颜料标注个醒目的阿拉伯数字序号，便可进入市场交易了。2000年之后，由于农业机械化的迅速发展，农业生产需要的牲畜日渐减少，延续了几百年的牲畜交易活动逐渐退出了历史舞台。

回眸历史，交易日到来的这一天，天刚蒙蒙亮，十里八村的乡亲们安顿好家里的营生，吃过早饭，换上一身出门衣裳，就拉着牲畜前往交易会现场——"桥"。到"桥"的人，有的想把自己的牲口卖个好价钱，有的想买一头称心如意的好牲口，有的则只是看看红火热闹，看看"桥"头行情。各有所谋，各有所图。到了"桥"上，精明的人们往往不急着交易牲畜，转上两三天，摸清了行情才开始交易。卖的，怕少卖了，吃亏；买的，怕多花了，也吃亏。也有的人到"桥"上转上几圈，行当一下自己家的牲口的现值，以便下一步确定去留。

历史上，和林格尔牲畜交易的"桥"，多数安排在城关西桥或东门外的空旷地带。走进热闹的"桥"，便看到有几个穿着宽袍长袖衣裳、戴一顶小白帽、留一撮山羊胡、众人围着的特殊人，这个人八九不离十就是桥牙子。桥牙子与交易者袖筒里"捏手指"讨价还价的过程颇

古塞遗踪
——和林格尔县长城论坛暨土城子国家遗址公园建设研讨会论文集

具神秘色彩,双方面部表情的变化反映的复杂心理活动耐人寻味。

和林格尔县城关镇的武松村曾有个老者,叫高和,他与牲口打了一辈子交道。老人身体纤瘦,精神矍铄,为人热心谦和,经常挎个粪箩头,提个粪杈子,边吆赶牲口边拾粪,走起路来风风火火。1950年,从和林格尔城关举家搬迁到武松村定居务农。在和林格尔城关时,他的父亲高二娃就是一名有名的桥牙。子承父业,耳濡目染,高和早早就成为一名小有名气的桥纪,到了村里也非常爱惜牲口,熟知村里每头牲畜的"口"和脾性,一双"识牲口"的慧眼被人们交口称道。农业合作社时期,村里一直委派他放牛、放马,管理村里的大牲畜。家庭联产承包责任制后,也经常为村民服务,有求必应,诚实热心,不要任何回报。

这老汉空闲之余经常给村民传授一套一套的看牲口技巧。村民买一头牲口,也总要让这位老者参谋参谋,看使首(使用价值)好赖,看"口"老小,还能养活几年……因为每家每户种地离不开牲口,所以这位老者在村里很受人尊重。经老人评价过牲口,再进行买卖,花多少钱心里也就踏实了,平衡了。

新社会,牙纪消失了,但其代代相传中形成了一套鉴别牲畜的经典评语,这些评语是许多老牙纪多年看牲口实践经验的总结,很有实用价值和文化价值。

高和老汉见到牲口,看上两眼,摸上两把,经典的评语张口就来。如"先买一张皮,后看四只蹄,槽口摸一把,再揣膀头齐不齐",这是从主要部位鉴别评价牲畜的优劣。单看腿部位也有"腿细蹄大快如飞,粗腿笨蹄压油墩,宽膛挺胸有力气,后挡狭窄跌跤多""前峰高一掌,耕田如水响,腰长肋支稀,定是懒东西""鞭子尾巴,案板脊梁,乌眼黑蹄,拉断铁犁""好黄牛尾巴拧成线"等等。如看口,则有"牛五岁生六牙,六岁生边牙,七摇八不动,九岁如钉钉,十岁裂开缝，十二岁后牙提升""牙窝磨平，十岁带零""护七不护八（牲口七岁时出犬牙，通过看其长短可推算牲口的年龄）"等等。

整理高大爷生前的零星讲述，合格的桥纪一般有几个共同特点和技能。

一要能说会道，有把死人说活的嘴上功夫。职能和媒婆差不多，媒婆是男女婚配的中介，桥牙子是从事的牲畜交易的中介，不过桥牙子说起牛马驴骡一套一套的，似乎"技术含量"比媒婆更高。有时评价嘴巴子会说的人常流行一句说辞："你说起来一套一套的，就像个桥牙子。"

二是会看牲口的使首好赖和牙口老小，精通"相马之术"。对任意一头牲口都能抓住要害，仅用几句最精练的语言就做出评价。当一名合格的、信誉好的牙纪，需掌握识别和鉴定牲畜的基本功。高明的牙纪，凭肉眼看牲畜的口齿、毛色、长相、骨架和走路的架势，用手揣摸牲畜的要害部位，问出生季节，就可以判断该头牲畜的优劣，知道它的特性，适宜何种用途。

三是要做到"三勤"：一是腿勤，在"桥"上多走动，主动寻求商机；二是脑勤，善于留心观察和琢磨买卖牲畜者双方的心理，想出对策；三是嘴勤，要练得一张好嘴皮子，能说合双方按照可以接受的价格成交买卖。

四要会"捏价"，会使眼色，情商高。袖筒里手指捏价是最神秘的商业交易。牙纪和买卖牲畜的一方在袖筒里"捏手"，成交价格。说的是外行人听不懂的行话。

"捏价"俗称"捏指头"。将右手置于草帽下，或袖筒中、衣襟里，用捏指头的隐蔽方法来表达价钱数量。一般情况下，捏住食指表示一、十、一百、一千、一万；捏住食指、中指表示二、二十、二百、二千、二万；再加无名指表示三、三十、三百、三千、三万；捏住小

古塞遗踪
——和林格尔县长城论坛暨土城子国家遗址公园建设研讨会论文集

指表示五、五十、五百、五千、五万；捏住拇指与小指表示六、六十、六百、六千、六万；捏住拇指、食指与中指表示七、七十、七百、七千、七万；拇指与食指展开表示八、八十、八百、八千、八万；食指捏弯表示九、九十、九百、九千、九万。

牲口交易双方不明讲价钱，做买卖的人也并不把物品的价格标出来，等到双方看了货以后，在袖筒里捏指头，谈价钱，不仅加强隐蔽性、防止别人干扰，而且双方在嘈杂的环境中能够清楚地了解对方的意思。双方讨价还价时，手在袖筒里活动，而嘴里只说："这个价，怎么样？"直到双方合意为止。若双方捏的数字差距较大，就各自作罢，另找交易对象。

新中国成立后的牲畜交易市场里，虽然挣佣金的牙纪不存在了，但买卖双方袖筒里或衣襟下捏价的习俗依然存在，成为民俗文化的一部分，后来虽然式微，但依旧保留着、传承着。

四要懂得行话，会说隐语，反应敏捷。牲畜交易有一套行规和行话，从"一"到"十"的数字，都有他们的叫法，外人听起来简直就是黑话，根本听不懂。比如数字一叫"叶"，二叫"都"，三叫"邪"，四叫"岔"，五叫"盘"，六叫"乃"，七叫"心"，八叫"考"，九叫"弯"。再比如，把马叫"风子"，牛叫"考子"，骡子叫"条子"，羊叫"扇子"。这些叫法是谁发明的，道理是什么，不得而知，反正约定俗成，流传久远，成为一种有趣的文化现象。

五是要有撮合交易的"霸气"，善于察言观色，对优柔寡断拿不定主意的买者或卖者，要明察对方心理动机，捕捉时机，努力促成交易。

做到这些，谈何容易！

看来，做个合格的桥纪还真得有两把牙刷子。

（刘有文，和林格尔县农牧局退休干部，高级工程师。）

十三边长城与圣山

刘建国

在内蒙古自治区的和林格尔县、凉城县与山西省的右玉县交界的长城边上有一个村子叫十三边村。十三边村北有座高耸入云的孤立山峰，当地人称此山为圣山。十三边村的十三边长城和紧邻其旁的圣山一直流传着一些具有神秘色彩的传说故事。

先说圣山。十三边长城边的圣山位于内蒙古和林格尔县、凉城县和山西省右玉县交界处，在和林格尔县的一侧，坐落于羊群沟乡和新店子镇东。这里有个三十八村傍长城而建，却分为口里三十八村和口外三十八村。曾传说本地一农妇上房引烟囱，一不小心滑落从山西跌到了内蒙古。

十三边村旁圣山拔地而起，无依无托，不与山势连绵，不和峰峦相结，孤然矗立，自得天成。圣山三面如刀削，只有东侧凿有石梯攀岩通峰顶。圣山顶上平展一面，约300平方米，中部裂开一条石缝形成"神泉"一眼，流淌清

古塞遗踪
——和林格尔县长城论坛暨土城子国家遗址公园建设研讨会论文集

图1 十三边长城与圣山

流一股。神泉长约1米，宽约0.34米，深13~17厘米。当地传说天庭仙女久见人间战乱，世间生灵涂炭，常怀恻隐之心。一次人间又是战鼓轰鸣，人马厮杀，仙女悲情之泪夺眶而出，正巧一滴眼泪滴落于圣山之顶，顶上立马现出一汪水坑。这个神泉的神奇就在于水丰年不外溢，枯水年未干涸，冬天不冻，常年流淌，清澈见底，水流不大，取之不尽，用之不竭，水质特甜，用其洗手洗脸绵如敷膏。

还有一个传说是王母娘娘闲来无事在御花园散心，见园内灵芝草缺水枯萎，便提水来浇。没走几步脚下一滑，将桶内水溅出几滴，其中一滴恰好落在圣山顶上，坚硬的岩石顿时被砸出一个水坑。后来人们发现只要喝了水坑的水和吃了圣山上的花草，可以包治百病。神水泡花、包治百病的消息传播开来。不想引来一个盗宝的大盗。一天大盗来到圣山用瓶子偷装了一瓶泉水，下山时一对羊倌将其拦住，问他上山干什么？大盗一时支支吾吾，神色慌乱，躲躲闪闪，这更加引起了羊倌的怀疑。大羊倌示意小羊倌上圣山看看，当小羊倌急告泉水只剩了半池时，大羊倌立马发怒，挥起放羊铲便打。大盗举手来挡，手中装水的瓶子被一铲子打得粉碎，水滴四溅。大盗盗宝未成，落荒而逃。而瓶水溅在圣山半山腰的许多地方生出了许多的小泉眼。至今圣山半山腰处仍能见到这些小泉眼。

当地人说，早年间这圣山平台上曾建过寺庙和戏台。庙建在神泉上，戏台盖在平台的南端。平台上演戏时，不管有多少人上去看戏，圣山上都能放得下。不知又过了多少年，戏台被拆了，庙也被毁了，只留下一口几百斤重的庙钟。20世纪60年代"破四旧"时庙钟被彻底捣毁。

再说十三边。十三边既是长城之名也是村庄之名。据说当年修长城时，计划将圣山圈在长城内侧，但头天修完了长城，第二天即发现圣山跳出了长城外侧，于是重修长城，再次圈入圣山。但次日圣山依然出现在墙外。就这样修了跳，跳出了再圈，如此这般前前后后修了十三次仍未能如愿。于是圈圣山的长城后来叫成了"十三边长城"，修长城人居住的村庄叫成了"十三边村"。

其实在当地还流传另一个"贪官圈圣山"的故事版本。话说圣山的北边有一个县，这个县官很贪婪，对他治下的地方百姓欺压、搜刮，民不聊生。老百姓生活不下去便开始纷纷逃离此地。在圣山的南侧则风清气朗，五谷丰登，逃来的人便在这里定居生活。贪官一看人都逃光了，既当不成官也贪不到财，不甘心，便想了个"苦伶仃"的办法，想把圣山圈到自己的辖区。于是县官调来兵丁，又四处抓捕了一批民夫，趁夜静更深时鞭笞民夫们沿圣山南边筑起一道墙，将圣山圈入自己的地盘。可是不知为什么晚上筑起的高墙，第二天太阳出来，那道高墙像冰雪融化一般垮掉了。县官不死心，连续筑了十三个晚上，却始终也没能将圣山圈在墙内。当筑第十四道墙时县官突然暴病身亡。县官死了，那些修墙的民夫们因眷恋这处神山宝地，便在这里住了下来，日久成村。又无村名，便依十三道坍塌的高墙遗址起名为"十三边村"。

（刘建国，清水河县文物管理所原所长。）

盛乐城下话长城 古都文脉铸国魂
——首届和林格尔县长城论坛暨土城子国家遗址公园建设研讨会侧记

高朵芬

一、新时代，以长城为底色 倾注玉壶冰心

六月的盛乐古都浸染着芍药花香，悠然的蓝天白云抚慰着青山绿水。初夏，内蒙古呼和浩特和林格尔县游人如织。据说，南山公园一时间被冲上了热搜，盛乐博物院、昭君博物院等好玩儿的地方，创下自疫情以来游客量最高记录。它预示着这个古老而文明的县城的文旅事业，将迎来一个文旅融合下的全新时代。

2023年6月7—8日，为期两天的"古塞遗踪——内蒙古万里长城璀璨华章摄影展"和"首届和林格尔县长城论坛暨土城子国家遗址公园建设研讨会"，在充满期待的气氛中开幕，经过培训、参观、考察、研讨等各种活动形式，又在不断响起的一阵又一阵和希望的掌声中落下帷幕。

连日来，此活动在国内产生了较大影响，

古塞遗踪
——和林格尔县长城论坛暨土城子国家遗址公园建设研讨会论文集

相关报道的有《人民日报》、长城网、《经济日报·中国县域经济报》、中国网、内蒙古频道、内蒙古长城之友、青城融媒、内蒙古新媒体协会腾讯新闻网、内蒙古网易新闻、草原全媒、《呼和浩特日报》等几十家媒体平台。

本次活动由中共和林格尔县委常委、统战部部长刘宁主持。研讨会还邀请到中国长城学会副会长、中国旅游协会长城分会会长、著名长城专家董耀会先生，以及内蒙古自治区博物院、内蒙古文物学会、内蒙古自治区社会科学院、内蒙古大学、内蒙古草原文化研究所、呼和浩特市科学技术协会、呼和浩特昭君博物院、包头博物馆、呼和浩特市长城科普学会在内的近30名专家、学者，同时和林格尔相关领导及百余名干部职工也参加了本次活动。

会前，和林格尔县委书记李六小与著名长城专家董耀会、内蒙古

图1　研讨会现场　李鹏/摄影

盛乐城下话说长城　　古都文脉铸就国魂
——首届和林格尔县长城论坛暨土城子国家遗址公园建设研讨会侧记

博物馆名誉院长陈永志会面，就和林格尔县发展规划情况进行了交流，呼和浩特市长城科普学会会长高晓梅，和林格尔县文化旅游体育局局长齐慧娟、副局长赵强胜参加了座谈。

董耀会以《长城国家文化公园建设之文化敬畏》为题，用中国的"中"字，形象生动地讲了长城内外的关系。他说长城是中国历史上的一座丰碑，自己早在27岁时，就用了508天徒步明长城，用亲身体验见证了长城的伟大。董耀会还向部分来宾赠送了自己的著作《长城国家文化公园建设研究》。中国长城学会副会长、河北省军区原副司令员、少将王志国给予高度评价："这本书既是董耀会先生倾心打造的一部精品力作，也是董耀会先生三十多年对全国长城考察、研究、思考的宝贵结晶，似一串串珍珠串起了长城的历史、现在和未来。"

陈永志以《内蒙古和林格尔土城子古城考古发掘与考古遗址公园建设》为题进行讲座。他说，和林格尔土城子古城遗址位于内蒙古和林格尔县上土城村北1公里处，古城东傍蛮汗山，北依大青山（古阴山），西濒黄河水道，南扼古道杀虎口，地处中原通往漠北的山口要冲地带，地理位置十分险要。这里地处我国北方农牧交错地带，是历代农耕文化和游牧文化交流交往交融之地。和林格尔土城子古城1964年被内蒙古自治区人民政府公布为第一批文物保护单位，2001年6月25日被国务院公布为第五批全国重点文物保护单位。

二、在盛乐古都的背影里，发掘中国长城的厚重之美

6月8日上午，天气晴好，阳光灿烂。与会领导、专家、来宾30余人来到和林盛乐博物馆考察，并在盛乐博物馆集体合影留念。

首先，大家参观了"古塞遗踪——内蒙古万里长城璀璨华章摄影

古塞遗踪
——和林格尔县长城论坛暨土城子国家遗址公园建设研讨会论文集

图2　与会嘉宾参观摄影展　李鹏/摄影

展"。这次影展共展出反映内蒙古地域内的长城重要点段的精美摄影作品52幅。呼和浩特市长城科普学会会长高晓梅为大家讲解每件作品的出处与背景。人们从长城摄影艺术的不同角度和画面中，了解到许多关于长城的历史节点和生动有趣故事。接着，大家一起参观盛乐博物馆。该馆讲解员何璐、马嘉辰为大家详细讲解盛乐博物馆馆藏物件来龙去脉。

之后，考察土城子古城遗址，内蒙古博物院原院长、博士生导师陈永志教授，声情并茂，不时挥动着右手，指着远处的山峦和近处的物体，详尽地介绍了古城遗址的有关情况。在他绘声绘色的讲解下，人们时而极目远眺，不时地感受着站在文明的废墟上的责任感和自豪感。

在考察清代铺墩的时候，包头博物馆副研究员杨建林讲解了清代

盛乐城下话说长城　古都文脉铸就国魂
——首届和林格尔县长城论坛暨土城子国家遗址公园建设研讨会侧记

图3　与会嘉宾考察盛乐博物馆　李鹏/摄影

铺墩遗存。人们围着它的四周转来转去，抬头望着这堆烽烟已去的残存墩体，抚今思昔……

本次研讨会按照先考察后研讨的形式进行。大家每到一处，都用眼、用情、用心体察和感受着，与这一方面古老的大地相互依存的历史地理和人文景观。的确，和林格尔县境内长城文化、古城考古遗址带来了非同凡响的精神盛宴。

三、站在古今文明的交汇点，铸牢中华民族共同体意识

6月8日下午，在和林格尔县城关镇巨华宾馆三楼会议厅举行论坛。全场座无虚席，大家从四面八方拨冗而来，以和林格尔长城遗址

古塞遗踪
——和林格尔县长城论坛暨土城子国家遗址公园建设研讨会论文集

为根脉，共话一山一水一长城。长城的宣传、保护、利用、开发，土城子国家遗址公园建设实施项目等历史文化大事。

中共和林格尔县委常委、统战部部长刘宁在致辞中说："和林格尔地区历史悠久、文化底蕴深厚，有着丰富的历史遗迹遗物，在六千年前的海生不浪遗址中就发现了石围墙，证明当时本地区已经有城市出现。和林格尔地区作为半月形文化传播带上的重要节点，自古以来都是我国北方草原地带民族交往、文化交融的中心之一，见证了草原文明与中原文明的交往历程。自先秦时期第一块城砖落下，千百年来，和林格尔地区的长城见证了无数的民族、文明的交流、交往与交融，是这段民族团结、融合历史的最好见证。"

在研讨环节中，中国长城学会副会长、中国旅游协会长城分会会长、著名长城专家董耀会首席发言。他首先预祝首届和林格尔县长城论坛暨土城子国家遗址公园建设研讨会成功举办。结合文旅方面，简短地讲述了有关长城在新时期文旅融合的相关内容。

国家为什么要建立国家文化公园（包括长城文化公园）？董耀会分享了他自己独到的见解，他说：一是按照要求首先是要打造国家文化战略高地，建立文化自信和弘扬优秀传统文化。二是推动长城区域经济如何发展。总体上来说，历史文献上看长城之地是苦寒之地，经济相对落后，这是历史上长期形成的。在这样一种情况下，基本上在改革开放之后长城沿线发生很大变化，但还是相对落后，基于这种情况下，国企、央企，包括银行在内的企业也开始进行投资项目支持。国家文化公园的建设对推动区域发展起到了一个非常重要的作用。哪里做得好，哪里就得到一个发展先机。包括内蒙古自治区以及和林格尔的长城，文化公园是文化品位更是顶级的文化资源。但在观光旅游的视野下，看我们的长城遗址，它是非物质系列的。今天的社会发展中，旅游观光不仅仅是观光旅游了。那么在休闲度假的前提下，我们

盛乐城下话说长城　古都文脉铸就国魂
——首届和林格尔县长城论坛暨土城子国家遗址公园建设研讨会侧记

的遗址就会有更大发展的空间需要。我们需要做好研究、做好规划、做好项目设计。长城国家文化公园建设是个新事物。那么长城国家文化公园的文旅融合应该怎么搞？我的认识就有两句话，一句话就是让文化好玩儿，个别地方政府做的文化很多的不好玩儿。反正我就摆在那儿了，也展示出来了，不好玩儿就很难有非常好的传播效果。那么，实际上让中国旅游达到好玩儿这个地步，这是一个非常重要的事情。让旅游和文化相结合，不是我们的旅游项目都有文化，但长城国家文化公园的建设一定要有文化，要让游人觉得有文化的感受，这就需要我们给游人提供有文化感受的服务才行。现在包括八达岭在内的国家文化公园的建设，也都在这些方面作重要的补充。我们将来的长城包括土城子长城国家文化公园的建设，如何才能走出一条新路来，走出一条好玩儿的路来，让人们这次走了下次还要再来，这是我们下一步要思考的问题。

在研讨期间，董耀会还穿插分享了新冠肺炎疫情之后的春节期间，自己在八达岭长城文化公园与孩子们的故事，讲了孩子们在活动中"研学"体验之后获得的快乐，使与会同仁们感到既生动又新鲜。

中国文物学会副会长、内蒙古文物学会会长安泳锝，在发言中讲了自己的感受并提出希望：今天我们自治区一个小小的县城召开长城遗址公园的研讨会，我代表中国文物学会和内蒙古文物学会，对董会长能够在百忙之中参加本次研讨会表示感谢，自己还有幸得到了董耀会会长的赠书。他说如果我们自治区所有有长城遗存的旗县市区，都能像和林格尔县一样重视长城保护工作，我想我们每一个人，或者说每一个不知道长城的老百姓，都会很好地用心去保护长城。我刚才在会议材料中，看到了《人民日报》（海外版）报道过的30年时间用心护长城的高晓梅会长。她确实是用心护长城的普通老百姓，她能够在我们呼市科协的关心支持下成立学会，而且无私的奉献。有一次高

古塞遗踪
——和林格尔县长城论坛暨土城子国家遗址公园建设研讨会论文集

晓梅会长去我办公室慷慨激昂地讲述长城的故事，我曾参加了几次她组织的长城研讨会，都被她的精神所感动。我认为我们每一个人都能像她那样具有长城情结，那就相当可贵了。我作为一个老的文物工作者，也要向晓梅会长那样呼吁、奔走，赋有大爱情怀。

安泳锝还对和林格尔县委、县政府机制用人，重视文化工作，把有情怀、有担当的教师岗位的人才派来做文化工作。他感动地说："我对这种知人用人的做法表示景仰。"

内蒙古博物院名誉院长，博士生导师陈永志，谈了对文旅工作初步感受和两个设想。一是关于如何利用和林格尔县最大的优势所在开发旅游；二是对于这么突出的文化遗产，如何来实施对现代文旅融合的问题。他说："我们要把自己家底得搞清楚，尤其是我们宣传、文化系统的同志，要对文化资源的优势得搞明白。"他还列举了许多事例加以说明。譬如，南山公园的钱币台、芍药花等景观，昭君文化博物馆在前些年打造的成功经验等。他围绕下一步打造长城文化与旅游相结合的益处，探讨了土城子遗址打造要靠文化为着重点。他认为我们守着如此好的资源优势，一定要把它当成一个重要的工作抓手来抓，将和林格尔县长城国家文化公园打造出来。

他还说，假如说我们要打造和林格尔县土城子国家文化公园，就得利用好现成的盛乐博物馆，因为它的位置就在长城遗址的边侧，我们需要往前迈上一步，建馆增加展示内容，把它作为和林格尔对外的一个窗口。我们现有和林格尔县土城子出土的一万多件珍贵文物，把它作为历史文化考古的一个提升就很好。现在，天时、地利都具备。下一步，在打造好展馆晋级的同时，一并做好小小讲解员的培训，以及从展柜到标牌都要打造好，另外，举办好各种社会教育活动，以便提升社会影响力。

内蒙古自治区文物局原副局长、内蒙古文物学会副会长兼秘书长

盛乐城下话说长城　古都文脉铸就国魂
——首届和林格尔县长城论坛暨土城子国家遗址公园建设研讨会侧记

王大方，以《"一带一路"，草原丝绸之路与万里茶道的影响》为题，阐述了习近平主席提出的"一带一路"倡议的重要意义。他借用图文并茂的PPT课件，详细地讲解了呼和浩特和林格尔桥头堡的重要位置。在阴山南北的草原大道上，曾有茶商的和林格尔的繁荣景象。他还从文化角度入手，联系丝路文明不同的历史节点，形象而具体地解读了纵横交错的万里茶道上，各个历史背景中所产生的古诗词、民谣、民间故事、饮食文化等，从而使得"一带一路"万里茶道上的古老故事，从尘封的历史中一跃而出。

内蒙古自治区社会科学院历史研究所副所长翟禹研究员的发言主题是《基于和林格尔长城内涵视角下的长城展示与利用线路的若干思考》。他说：能够有机会站在这里，解读和林格尔县的长城历史，感到非常荣幸。从而对中国传统文化，在不同历史背景下的和林格尔的文旅融合做了思考。2007年，翟禹从第一站杀虎口入手进行长城调查和长城研究，长城不仅仅是一个墙体，还有与墙体相关的不同设施。他从中国文化不同的历史、文化价值解读长城。他还说长城不仅是一整套的防御体系，而且由此延伸出与长城相关的历史、政治等等很多比较丰富的文化信息都很重要。与长城相关的历史，还是一部农牧社会史和中国多民族的社会关系史、地方史，构成了中国历史的组成部分。典型地体现了中华文化多姿多彩，内容丰富的文化内涵。用一句话总结，就是中国长城文化是中华民族的文化符号。我们一定要讲好长城故事，让不同的游客，在游玩的过程中，带走长城文化和长城故事。

内蒙古大学历史与旅游文化学院讲师刘一奇博士，就《加强长城文献发掘整理——以杀虎口历史文献整理为例》，分三部分进行了阐述。他说万里长城见证了长城保护者、研究者、宣传者的行万里路，而长城文献的发掘整理是整个长城文化的基石，需要读万卷书。2023

古塞遗踪
——和林格尔县长城论坛暨土城子国家遗址公园建设研讨会论文集

年6月2日,习近平总书记出席文化传承发展座谈会并发表重要讲话,强调在新的起点上继续推动文化繁荣、建设文化强国、建设中华民族现代文明,是我们在新时代新的文化使命。要坚定文化自信、担当使命、奋发有为,共同努力创造属于我们这个时代的新文化,建设中华民族现代文明。央视《典籍里的中国》节目就是宣传的典范。要讲好长城故事,也要让长城文献活起来,这是弘扬长城文化的根基。广义上的长城文献包括长城传世文字史料,长城地方碑碣史料,长城地区遗址考古发掘的地下史料如墓志铭、墓葬壁画等,以及民谣、童谣、口头传说、民间故事等口述史料,要搜集、保护、整理、研究、宣传长城文献,赋予其新的生命力。刘一奇还以杀虎口长城文献为例,讲了长城文献发掘整理、传承保护的历史意义与现实价值。

包头博物馆副研究员、呼和浩特市长城科普学会智库专家杨建林以《和林格尔及周边地区的清代铺墩》为题,详尽地展开来讲。他说:杀虎口驿路沿线铺墩多数分布在和林格尔县境内,东南起自和林格尔县新店子乡佛爷沟村,向西北沿着省道S210分布,至和林格尔县城后折向北,沿着国道G209分布,最后至土默特左旗沙尔沁乡二道凹村东0.1千米处,为今天可见沿线最后一个铺墩。这些铺墩的作用一是巩固边疆之路,二是民族团结之路,三是近代内蒙古的崛起之路。

最后一个发言的是内蒙古呼和浩特市长城科普学会会长高晓梅。她说:习近平总书记强调,当今世界,人们提起中国,就会想起万里长城;提起中华文明,也会想起万里长城。长城是中华民族的重要象征,是中华民族精神的重要标志。内蒙古境内长城资源丰富,长城是内蒙古各族人民共同认同的中华文化符号,和林格尔县明长城也是万里长城保存较为完整的一段,来到长城脚下,远远望去,山一座连着一座连绵起伏,一片苍翠,如同一条绿色的海。登上长城极目远眺,它像一条长龙,在崇山峻岭之间蜿蜒盘旋。长城所承载的爱国精神、民族精神和时代精神，对深化文化认同、汇聚民族力量、铸牢中华民族共同体意识具有重要作用。那么，和林格尔县文化旅游体育局、呼和浩特市长城科普学会选择在长城脚下的盛乐博物馆举办"古塞遗踪——内蒙古万里长城璀璨华章摄影展"，是对内蒙古自治区文化和旅游厅关于中华文化符号和中华民族形象工作要求的贯彻落实，摄影展通过摄影作品展现内蒙古长城风貌，普及长城知识，讲述长城故事，宣传长城文化，生动呈现了长城作为中华文化的独特创造和价值理念，全面彰显了长城蕴含的中华优秀传统文化和多民族融合文化，使长城这一大众普遍认可的中华文化符号和中华民族形象更加深入人心。同时，号召公众能够关注长城，增强长城保护意识。

最后，与会专家分别道出各自的寄语，为做真长城保护、做实长城文化、讲好长城故事，纷纷献上对和林格尔历史文化的一份祝福，以此表达对此次活动的肯定，对和林格尔县文旅事业再上一个新台阶寄予的深情大爱。

四、传承长城文化，不负使命担当

2023年，是《呼和浩特市长城保护条例》施行的第一年。本次活动由中共和林格尔县委、和林格尔县人民政府主办，和林格尔县文化旅游体育局、内蒙古呼和浩特市长城科普学会承办，呼和浩特市科学技术协会协办。通过此次活动，人们不仅了解到内蒙古自治区域内长城历史与遗存现状，还了解到呼和浩特域内历代长城遗存等相关知识。

内蒙古的长城，以其修筑时代最多、体量最长、分布地区最广而独具特色，为万里长城的重要组成部分。仅和林格尔县明长城大边总长就有约50千米，东起新店子镇二道边自然村，呈东北—西南走向，蜿蜒于崇山峻岭之中，多为土石结构，墙体自然基础，为黑褐色土

古塞遗踪
——和林格尔县长城论坛暨土城子国家遗址公园建设研讨会论文集

夯筑。明长城二边长约 51 千米，为内蒙古自治区和山西省的省界线，前接右玉县河西长城，至桦林山。

"万里长城万里长，长城两边是故乡。"万里长城是中国现存规模最大的文化遗产，是中华民族的精神象征，人类历史上的文化奇观。因此，保护好、传承好这一重要的历史文化遗产，成为我们共同义不容辞的责任。传承好长城文化遗产，讲好长城故事，有助于提升首府文化品味，坚定文化自信。"长城文脉 筑梦古都——首届和林格尔县长城论坛暨土城子国家遗址公园建设研讨会"，全景式展现了中华文明和内蒙古自治区的长城资源，更大程度地向外延展了和林格尔长城文化的知名度。

从"长城资源"所具备的丰富性和厚重感，人们的内心深处产生了对历史文化的敬畏，增强了对家乡本土文化建设的信心。长城文化建设，是一项承载着中华民族历史文脉源源不断的走向中华文明和世界文明的伟大工程。长城的沧桑感就是历史赋予我们每一位中华儿女的责任感，因此，从我做起，从现在做起，保护和爱护好每一处长城遗存，是具有划时代重要意义的使命和担当。

这次活动的成功举办，已经在社会各界引起很大反响。除了新闻媒体报道之外，还引起各级各界领导的重视和关注。极大地鼓舞了相关单位的士气。大家纷纷表示，今后要把这项工作做成品牌，把铸牢民族团结和中华民族共同体意识当成工作中的重中之重，为进一步促进农耕文化和游牧文化交流、交往、交融有机结合，踔厉奋发。

［高朵芬，（昂格丽玛），作家、诗人。中国诗歌学会会员，内蒙古作家协会会员，中国诗歌学会教育委员会委员，呼和浩特市诗歌学会副主席。出版诗集《一抹蓝》等三部，出版散文《巴彦淖尔传》（与人合著），曾获内蒙古文学创作索龙嘎奖等。］

后　　记

在本书编委会成员的共同努力下,《古塞遗踪——和林格尔县长城论坛暨土城子国家遗址公园建设研讨会论文集》的统稿、编校工作结束了,即将由燕山大学出版社出版。从2023年4月开始紧锣密鼓地筹备会议到2023年6月如期顺利地举办会议,我们付出了辛勤的努力。如今书稿即将付梓,研讨会学术成果即将与读者见面,我们感到很欣慰。

长城是中华民族共有的文化符号,也是中华民族的精神象征。内蒙古自治区长城资源丰富,这里广袤的大地上分布着不同历史时期各民族人民修筑的长城遗存,它们见证了生生不息的中华民族共同体的形成,见证了中华优秀传统文化的传承和发展。和林格尔地区历史悠久,文化底蕴深厚,有着丰富的历史遗存,自古就是草原文明与农耕文明激烈碰撞、不断交往的中心地带之一。和林格尔地区的长城见证了曾经生活在这片土地上的各族先民们的交往、交流与交融。

本次会议群英荟萃,是一次高水平盛会。正如前言所述,本书辑录了研讨会在专题研究、民俗文化、地方文史等方面的相关论文。在本书的编辑过程中,编委会工作人员克服了时间紧、任务重等困难,高效率地完成了统稿、编辑工作，燕山大学出版社也对本书的出版给予大力支持，在此一并感谢。由于时间仓促，水平有限，不足之处敬请读者批评指正。

编者　谨识

2023 年 10 月 18 日